Web 应用开发与安全防护

——基于 Python 和统信 UOS

木合塔尔·沙地克 编 著

電子工業出版社
Publishing House of Electronics Industry
北京·BEIJING

内 容 简 介

本书旨在帮助读者掌握在 Python 和统信 UOS 环境下，Web 应用开发与安全防护的核心技能。

本书内容广泛，涵盖前端、后端开发技术，以及 Web 应用安全与防护等多方面。全书共分 3 篇，第 1 篇为前端开发基础：介绍 HTML、CSS 和 JavaScript 的基础知识，为 Web 应用开发奠定基础。第 2 篇为后端开发基础：讲解 Python 基础及 Flask 框架的使用，帮助读者搭建 Web 应用开发环境。第 3 篇为 Web 应用安全与防护：分析常见威胁（如 SQL 注入攻击、XSS 攻击），介绍统信 UOS 环境下的防护措施和 HTTPS 配置，以及 Web 信息收集与漏洞分析，并提供 IP 地址查询、子域名挖掘等实例，支持实际安全评估与防护。

本书内容翔实，实例丰富，提供源代码、在线扩展阅读资源及 PPT 课件，适合作为高等学校网络安全相关专业教材或网络安全领域技术爱好者的自学用书，可帮助读者提升 Web 应用安全与防护能力。

图书在版编目（CIP）数据

Web 应用开发与安全防护 ：基于 Python 和统信 UOS / 木合塔尔·沙地克编著. -- 北京 ：电子工业出版社, 2025. 8. -- ISBN 978-7-121-51051-9

Ⅰ. TP393.092.2；TP393.08

中国国家版本馆 CIP 数据核字第 2025N16J94 号

责任编辑：孟泓辰
印　　刷：三河市鑫金马印装有限公司
装　　订：三河市鑫金马印装有限公司
出版发行：电子工业出版社
　　　　　北京市海淀区万寿路 173 信箱　　邮编：100036
开　　本：787 × 1092　1/16　印张：13.5　字数：346 千字
版　　次：2025 年 8 月第 1 版
印　　次：2025 年 8 月第 1 次印刷
定　　价：59.00 元

凡所购买电子工业出版社图书有缺损问题，请向购买书店调换。若书店售缺，请与本社发行部联系，联系及邮购电话：（010）88254888，88258888。

质量投诉请发邮件至 zlts@phei.com.cn，盗版侵权举报请发邮件至 dbqq@phei.com.cn。

本书咨询联系方式：liuy01@phei.com.cn。

PREFACE 前言

在当今数字化时代，Web 应用已经成为人们日常生活和工作中不可或缺的部分。无论是电子商务、社交媒体，还是在线教育、金融服务，Web 技术都在推动着行业的创新与发展。随着 Web 应用的普及，网络安全问题也日益突出，这一点从不断上升的网络犯罪数量和频繁发生的网络安全事件可见一斑。数据泄露事件频发，例如，Fortra 公司的 Go Anywhere 托管文件传输软件遭受的“零日漏洞”攻击，以及勒索软件团伙（如 Clop 和 LockBit）的侵害，黑客攻击、数据泄露、恶意软件等安全威胁层出不穷，给个人、企业乃至整个社会带来了巨大的风险和损失。因此，掌握 Web 应用安全与防护的知识和技能，已经成为每位开发者、运维人员及网络安全工作者的必备能力。

本书致力于为读者打造一套既系统又完善的 Web 应用开发与安全防护知识体系，作为学习与实践的实用指南。本书以 Python 和统信 UOS 为基础，结合前端、后端开发及 Web 应用安全与防护的实际需求，帮助读者从零开始构建安全的 Web 应用。本书既注重基础知识的讲解，又强调实际应用能力的培养。

本书内容分为 3 篇：前端开发基础、后端开发基础和 Web 应用安全与防护。

第 1 篇聚焦于 Web 应用开发的基础知识，深入浅出地剖析 HTML、CSS 及 JavaScript 的核心理论与实践技巧，为前端开发奠定坚实的基础。通过对这些内容的学习，读者将能够理解网页的组成结构，并掌握如何通过代码实现网页的布局、样式设计和交互功能。

第 2 篇深入探讨 Python 基础知识，并重点介绍如何使用 Python 进行 Web 应用开发。学习 Flask 框架后，读者将能够熟练搭建 Web 应用，有效处理用户请求，熟练操作数据库，并实现用户认证等核心功能。此外，本篇还介绍统信 UOS 的常用 Shell 命令，以帮助读者在统信 UOS 环境下高效地进行开发和部署。

第 3 篇是本书的核心内容，重点讲解 Web 应用安全与防护的相关知识，在当前全球 Web 应用遭受攻击数量激增的背景下，强调企业构建主动安全防护体系的重要性。首先概述 Web 应用安全的基本概念和常见威胁。然后详细分析 DoS 攻击、SQL 注入攻击、XSS 攻击等常见安全问题的原理及其防护策略。针对统信 UOS 的特点，本篇还特别介绍如何在该环境下进行 Web 应用安全与防护，包括防火墙配置等关键内容。接着介绍 OpenSSL 的安装与配置方法，并详细讲解如何在 Flask 中启用 HTTPS 支持，从而增强应用的安全性。最后详细列举主动与被动信息收集的多种实例，涵盖 IP 地址查询、Whois 查询、IP 地址地理位置查询、子域名挖掘、基于 TCP/UDP 的主机发现、端口探测、操作系统识别、识别网站所用技术及基于爬虫技术的漏洞分析等，为读者在实际 Web 应用安全评估与防护中提供坚实的支撑。此外，本篇还提供了大量实例代码，旨在帮助读者在 Flask Web 应用中轻松实现安全防护功能，进而综合提升应用的安全性。

本书结构清晰，内容翔实，既可作为高等学校网络安全相关专业的教材，也适合网络安全领域的技术爱好者自学参考。无论是初学者还是有一定经验的开发者，都可以通过学习本书，逐步掌握 Web 应用开发与安全防护的核心技能，提升 Web 应用开发与安全防护能力，为构建安全可靠的 Web 应用贡献力量。

在编写本书的过程中，编者力求做到理论与实践相结合。期望通过本书，为读者铺设一条明确的学习道路，助力大家在 Web 应用开发与安全防护领域持续精进。

最后，感谢所有为本书的编写和出版付出辛勤努力的人员。愿本书能成为读者探索 Web 应用开发与安全防护领域的坚实后盾，助力大家在网络安全征途上取得卓越成就。

木合塔尔・沙地克
2025 年 5 月

CONTENTS

目录

第 1 篇　前端开发基础

第 1 篇

前端开发基础

第 1 章　HTML+CSS+JavaScript

1.1 概述

前端开发是构建网站和 Web 应用用户界面的关键技术，通过实现视觉交互可以为用户提供流畅的使用体验。开发者可以使用 HTML（HyperText Markup Language，超文本标记语言）搭建页面结构，使用 CSS 设计样式和布局，使用 JavaScript 代码添加动态效果和交互功能，并借助框架（如 React、Vue、Angular）提升开发效率。现代前端开发技术还涉及响应式设计（适配不同设备）、AJAX 数据交互、Web 性能优化及跨浏览器兼容等。随着技术的发展，前端开发领域已扩展至移动端（Hybrid App、PWA）、服务器端（Node.js），以及实现跨平台开发（Electron、Flutter）。前端开发强调代码可维护性、用户体验优化和工程化（如 Webpack、Vite），是互联网产品开发的重要环节。

1.1.1　认识 WWW 架构

WWW（World Wide Web，万维网）是建立在互联网（Internet）基础上的一种全球性信息资源系统，由英国计算机科学家蒂姆·伯纳斯-李于 1989 年发明。其核心通过超文本（Hypertext）技术实现信息互联，用户可通过浏览器访问由超链接连接的网页、图像、视频等多媒体内容。WWW 依赖 3 项基础技术：HTTP（数据传输规则）、HTML（网页内容）和 URL（统一资源定位符）。不同于互联网作为物理网络的概念，WWW 是运行在互联网上的应用服务之一，与电子邮件、文件传输等并列。现代 WWW 已从静态页面发展为支持动态交互的 Web 应用（如社交媒体、在线办公），并通过移动设备普及成为信息社会的核心载体。截至 2023 年，全球网站数量超 19 亿个，日均网页访问量达万亿级，深刻改变了人类获取信息与沟通的方式。

网页、网站与浏览器是 WWW 架构中的 3 个核心组成部分，它们之间的关系和各自的作用说明如下。

1. 网页

网页（Web Page）是互联网上的基本文档，通过浏览器访问。它采用 HTML 编写，包含文本、图像、视频、超链接等多媒体内容，是用户访问 Web 内容时看到和交互的基本单位，可嵌入 CSS（串联样式表，用于控制页面布局和样式）和 JavaScript 代码（用于实现动态效果和交互功能）。网页通过 URL（Uniform Resource Locator，统一资源定位符）定位，依托 HTTP/HTTPS 协议传输。多个相互关联的网页构成网站。作为信息载体，网页是网络通信的核心，支持浏览、搜索、社交、电商等功能。

2. 网站

网站（Website）由多个相互关联的网页构成，通过统一的域名（Domain Name）访问，并托管在服务器（Server）上。网站通常具有特定的主题或功能，如新闻、电商、社交等。根据交互方式，网站可分为静态（内容固定）和动态（数据实时生成）两类。网站是互联网的核心组成部分，用于为用户提供信息和服务。

网站可以包含多个页面，如主页、关于页面、产品页面、联系页面等，这些页面通过超链接实现页面跳转，形成一个完整的网站结构。网站通常由 Web 应用服务器托管，用户可以通过浏览器访问网站页面。

3. 浏览器

浏览器（Browser）是一种用于访问和显示网页的应用程序。它通过 HTTP/HTTPS 协议从服务器获取网页内容，并利用 HTML、CSS、JavaScript 等 Web 应用开发核心技术将其渲染成可视化的页面。常见的浏览器包括 Chrome、Firefox、Edge、Safari 等，其支持多标签、书签、插件扩展等功能，可以提供不同的用户体验。作为用户与互联网交互的入口，浏览器还负责管理缓存、Cookie，并保障安全浏览（如阻止恶意网站）。

浏览器是用户访问 Web 内容的软件工具，负责向 Web 应用服务器发送请求，并接收和显示服务器返回的网页内容。浏览器能够解析 HTML 文档、应用 CSS 样式、执行 JavaScript 代码，并将最终的页面呈现给用户。

在 WWW 架构中，网页是基本单位，网站是多个网页的集合，而浏览器则是用户访问这些网页和网站的工具。这三者共同构成了用户访问 Web 内容的完整架构。

1.1.2　网页的组成

网页的组成主要包括三部分：HTML 文档、CSS 样式和 JavaScript 代码。

1. HTML 文档

HTML 是用于创建网页的超文本标记语言，通过标签（Tag）定义内容结构和语义（如标题、段落、图像等）。浏览器解析 HTML 文档后将其渲染成可视化页面。它可结合 CSS 样式和 JavaScript 代码构建动态网站。HTML 文档以.html 或.htm 为扩展名，由元素（Element）和属性（Attribute）组成。

HTML 文档是网页的骨架，用于定义网页的结构和内容。HTML 文档使用标签（如<div>、<p>、<img>、<a>等）来组织文本、图像、超链接等网页元素。HTML 文档具有一个基本的整体结构，包括开始与结束标签、头部与主体两大部分。

2. CSS 样式

CSS 是一种用于控制网页内容表现形式的样式语言，使用“属性:值”（Property:Value）规则设置样式。它与 HTML 配合使用，通过选择器（Selector）匹配特定的 HTML 元素，为其定义布局、颜色、字体、间距、边框等视觉效果，从而控制网页的外观和布局。CSS 支持层叠（Cascading）机制，允许多重样式按优先级叠加。CSS 样式包括内联、嵌入和外链 3 种引入方式，可以实现结构与样式的分离，从而提升开发效率。CSS 样式不仅可以静态地修饰网页，还可以配合各种脚本语言动态地对网页中的各元素进行格式化。

3. JavaScript 代码

JavaScript 是一种轻量级、解释型的脚本语言，主要用于为网页添加动态效果和交互功能（如表单验证、动画、数据加载）。JavaScript 代码可直接嵌入 HTML 文档，通过 DOM（Document Object Model，文档对象模型）操作改变页面内容，或配合事件监听实现用户响应。JavaScript 支持异步编程（AJAX/Promise），并衍生出 Node.js 等后端技术。现代 JavaScript 遵循 ECMAScript 标准，兼容所有主流浏览器，是 Web 应用开发的必备语言。

JavaScript 代码可以操作 DOM，与 HTML 文档和 CSS 样式一起工作，创建动态网页效果。JavaScript 代码还可以用于表单验证、数据处理，以及实现动画效果等。

HTML 文档用于定义结构，CSS 样式用于控制布局，JavaScript 代码用于实现动态效果和交互功能，它们相互协作，共同构成了网页的基础，使得网页能够呈现出丰富多样的内容和交互效果。

1.2 HTML 基础

HTML 是构建网页和 Web 应用的基础技术，用于定义网页的结构和内容。它通过标签（如 <h1>、<p>、<img>、<a>）来描述文本、图像、超链接等网页元素，并由浏览器解析渲染。HTML 历经多个版本，目前最新的 HTML5 标准支持多媒体、本地存储等现代功能。作为前端开发的基石，HTML 通常与 CSS（样式设计）和 JavaScript（交互逻辑）配合使用，实现动态、响应式的网页。其语法简单易学，跨平台兼容性强，是互联网信息呈现的核心语言，适用于网站、移动应用及嵌入式系统开发。

1.2.1 准备工作

1. 开发者模式

统信 UOS 的开发者模式是一个为系统开发者或高级用户提供的特殊模式，类似于 Windows 的管理员权限，允许用户对系统文件进行任意操作，并具备 root 权限和可执行 sudo 命令的能力。

可以通过在线模式或离线模式打开统信 UOS 的开发者模式，以下是详细的步骤。

1）在线模式

（1）在桌面或应用程序菜单中找到并选择“控制中心”命令，如图 1-1 所示。

（2）在控制中心中，找到并选择“通用”选项，如图 1-2 所示。

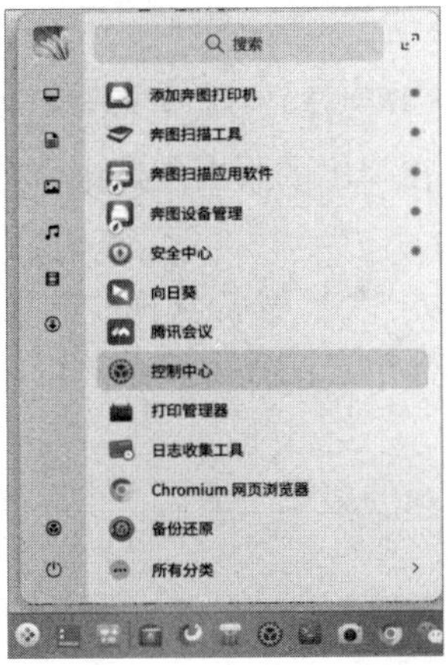

图 1-1　“控制中心”命令

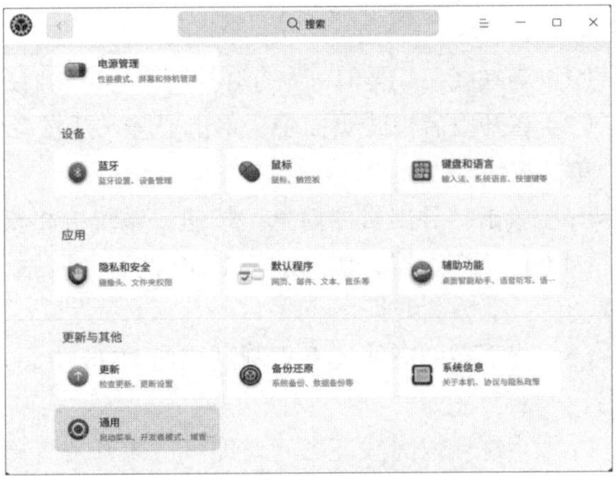

图 1-2　选择“通用”选项

（3）在通用页面中，找到并选择“开发者模式”选项，如图 1-3 所示。

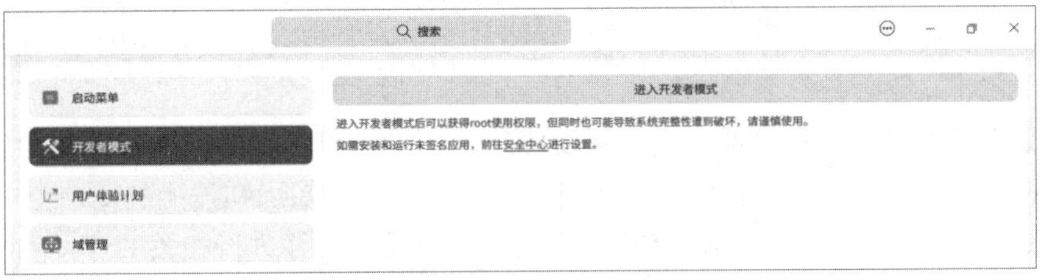

图 1-3　选择“开发者模式”选项

（4）在开发者模式页面中，单击“进入开发者模式”按钮，在弹出的页面中选中“在线激活”单选按钮，并单击“下一步”按钮，如图 1-4 所示。

（5）阅读“开发者模式免责声明”后，勾选“同意并进入开发者模式”复选框，并单击“确定”按钮，如图 1-5 所示。

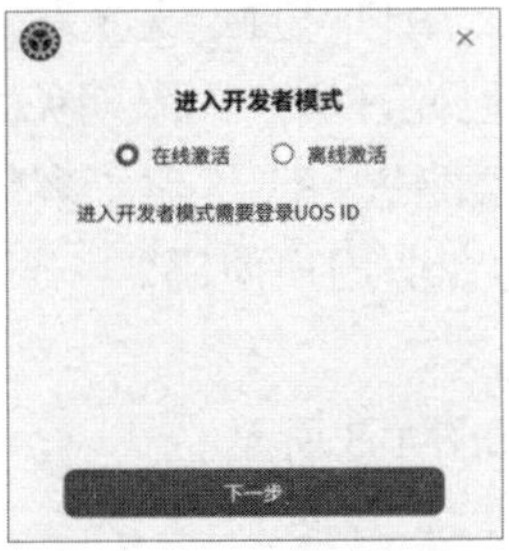

图 1-4　在线激活

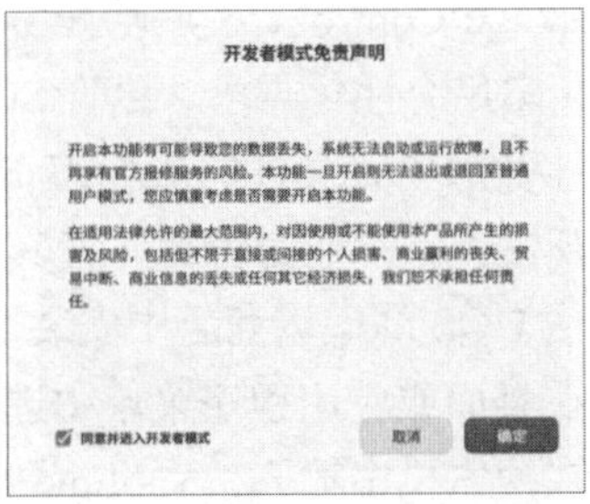

图 1-5　“开发者模式免责声明”

（6）按照提示输入管理员账号和密码进行用户认证，并单击“确定”按钮，如图 1-6 所示。

（7）开发者模式需要重启后才能生效，根据提示单击“现在重启”按钮，如图 1-7 所示。

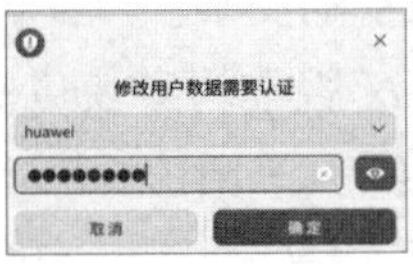

图 1-6　用户认证

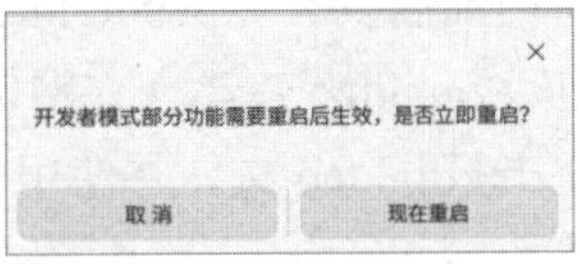

图 1-7　单击“现在重启”按钮

2）离线模式

（1）与在线模式类似，先打开控制中心，然后进入通用页面，并选择“开发者模式”选项。

（2）在开发者模式页面中，单击“进入开发者模式”按钮，在弹出的页面中选中“离线激活”单选按钮。

（3）单击“导出机器信息”按钮，系统会将机器信息保存为一个扩展名为.json 的文件。

（4）打开浏览器，访问统信 UOS 的官方网站，将导出的机器信息文件上传至该网站。上传成功后，下载离线证书。

（5）将下载的离线证书复制到统信 UOS 中，并在开发者模式的离线激活页面中，导入该证书。

（6）系统获取离线证书后，即可进入开发者模式。

注意事项如下。

- 进入开发者模式后，用户需要获取 root 权限才能执行高级操作。用户可以使用快捷键 Ctrl+Alt+T 打开终端，输入“sudo passwd root”命令来设置新的 root 密码。
- 开发者模式为单向操作，一旦进入，系统就无法回退到默认版本。因此，在进入开发者模式之前，务必备份重要资料。
- 开发者模式允许用户对系统进行深度修改，非专业用户可能会因误操作导致系统不稳定或数据丢失。因此，建议开发者模式仅由具备相应知识和技能的用户使用。

通过以上步骤，可以成功打开统信 UOS 的开发者模式，并进行相关的开发和配置工作。

2. 安装 Sublime Text

Sublime Text 是一款高效、跨平台的文本与代码编辑器，以极速响应和高度可定制的特点著称，支持 Windows、macOS 及 Linux 系统。其界面简洁，核心功能聚焦于编码效率的提升，例如，“多行编辑”功能允许用户同时修改多处文本，“Goto Anything”功能允许用户通过快捷键快速跳转到文件、符号或行号。其内置的语法高亮功能支持几乎所有编程语言，并可通过插件（如 Package Control）扩展功能（如代码调试、版本集成）。用户可自定义主题、快捷键及配置文件，满足个性化需求。尽管 Sublime Text 是付费软件，但允许用户无限期免费试用。其轻量级设计确保了大文件的流畅编辑，分屏视图和项目管理功能进一步优化了多任务处理体验，深受开发者、写作者青睐，尤其适合追求速度与灵活性的专业用户使用。

在统信 UOS 的应用商店中安装 Sublime Text 的步骤如下。

（1）在桌面或应用程序菜单中选择“应用商店”命令，如图 1-8 所示。

（2）在搜索栏中输入“Sublime Text”并按 Enter 键。

（3）在搜索结果中单击“Sublime Text”，进入详情页面，单击“安装”按钮，等待下载和安装完成。

（4）安装完成后，可以在应用程序菜单中找到 Sublime Text 并启动，如图 1-9 所示。

如果应用商店没有提供 Sublime Text，则可以通过以下方式手动安装。

（1）访问 Sublime Text 官方网站，如图 1-10 所示，下载 Linux 版本的安装包（.deb 文件）。

（2）双击打开.deb 文件并使用软件中心进行安装，或通过终端（Ctrl + Alt + T 快捷键）命令进行安装：

```
$ sudo dpkg -i sublime-text.deb
```

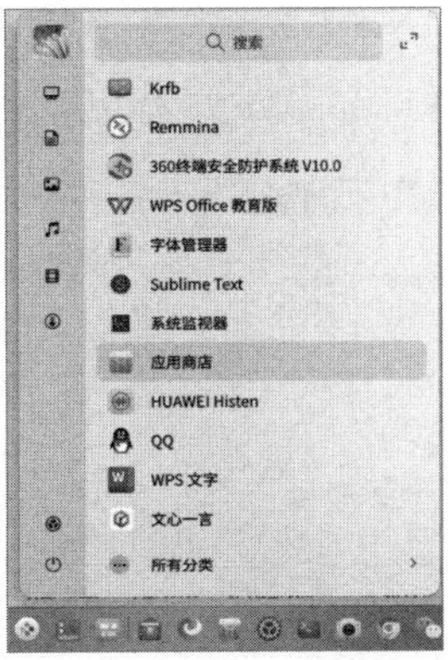

图 1-8　“应用商店”命令

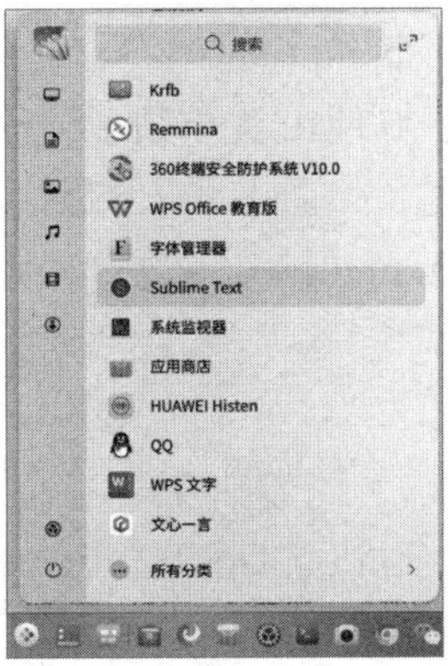

图 1-9　“Sublime Text”命令

图 1-10　Sublime Text 官方网站

注意：要确保下载的安装包与系统架构（如 amd64、arm64 等）相匹配。

通过以上步骤，可以在统信 UOS 中成功安装并使用 Sublime Text。

1.2.2　编写代码

使用 Sublime Text 编写 HTML 代码非常方便，以下是详细步骤。

1. 创建新文档

打开 Sublime Text，选择“File”→“New File”命令或按 Ctrl+N 快捷键创建新文档。

2. 设置文档类型为“HTML”

单击右下角的“Plain Text”按钮，选择“HTML”类型，或按 Ctrl+Shift+P 快捷键，输入“Set Syntax: HTML”并选择它，如图 1-11 所示。

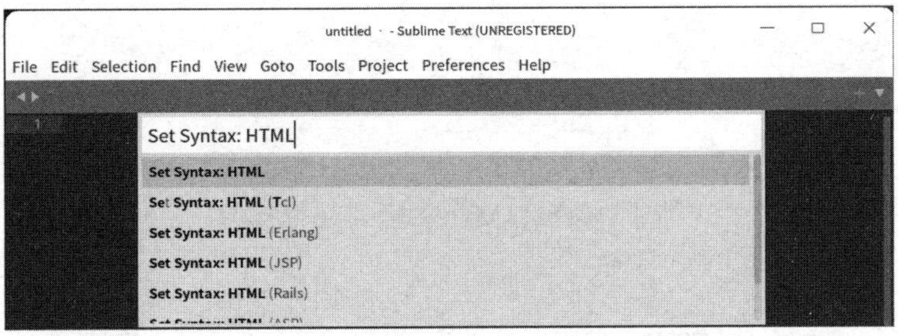

图 1-11　输入“Set Syntax: HTML”并选择它

3. 编写 HTML 代码

以下 HTML 文档用于创建一个简单的网页，该网页显示一个大标题“欢迎来到我的网页”和一段文本“这是一个段落。”。在 Sublime Text 中输入以下 HTML 代码。

【test.html】

```
<!DOCTYPE html>
<html lang="zh-CN">
<head>
    <meta charset="UTF-8">
    <meta name="viewport" content="width=device-width, initial-scale=1.0">
    <title>我的网页</title>
</head>
<body>
    <h1>欢迎来到我的网页</h1>
    <p>这是一个段落。</p>
</body>
</html>
```

这是一个基本的 HTML5 文档结构。以下是对该文档结构的逐行解释。

```
<!DOCTYPE html>
```

这行代码定义了文档类型声明，用于告诉浏览器这是 HTML5 文档。

```
<html lang="zh-CN">
```

这行代码定义了 HTML 文档的根元素，lang="zh-CN"属性指定了文档使用的语言是简体中文。

```
<head>
```

这行代码定义了文档头部开始标签，其包含元数据（Metadata）和文档信息。

```
<meta charset="UTF-8">
```

这行代码定义了文档的字符编码为“UTF-8”（可对多种语言的字符进行编码表示）。

```
<meta name="viewport" content="width=device-width, initial-scale=1.0">
```

这行代码用于进行视口设置，以确保页面能够在移动设备上正确显示。width=device-width 表示页面宽度与设备屏幕宽度一致，initial-scale=1.0 表示页面初始缩放比例为 1：1（不缩放）。

```
<title>我的网页</title>
```

这行代码定义了网页标题（显示在浏览器标签页上）。

```
</head>
```

这行代码定义了文档头部结束标签。

```
<body>
```

这行代码定义了文档主体开始标签，其包含所有可见的网页内容。

```
<h1>欢迎来到我的网页</h1>
```

这行代码定义了一级标题（最大的标题级别）。

```
<p>这是一个段落。</p>
```

这行代码定义了段落文本。

```
</body>
</html>
```

这两行代码分别定义了文档主体和 HTML 文档的结束标签。

4. 保存文档

选择“File”→“Save”命令或按 Ctrl+S 快捷键，选择保存位置并命名为 test.html。test.html 文档结构如图 1-12 所示。

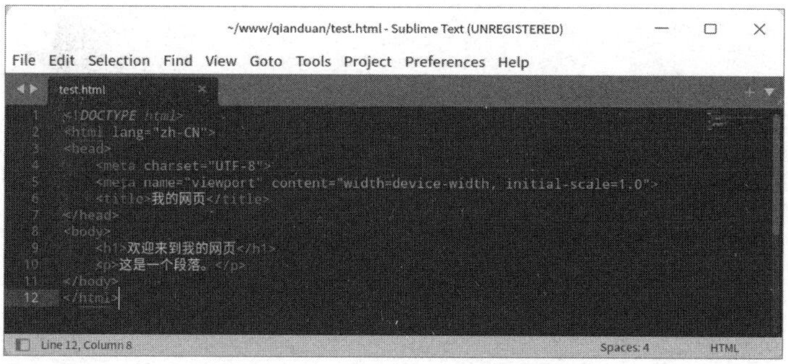

图 1-12 test.html 文档结构

5. 预览 HTML 文档

在浏览器中打开保存的 test.html 文档，效果如图 1-13 所示。

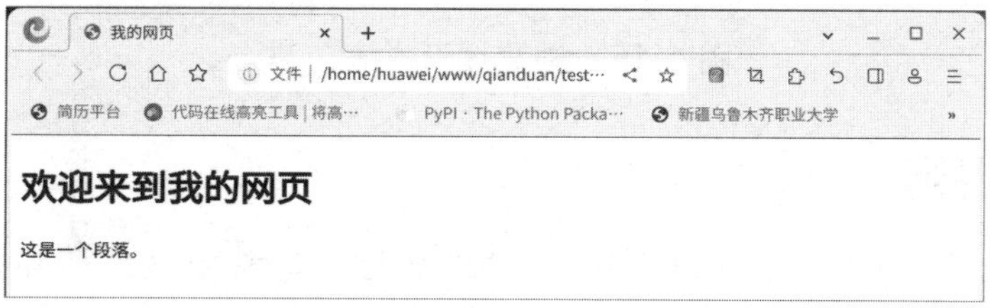

图 1-13 预览 HTML 文档

6. 使用插件增强功能（可选）

安装插件管理器。按 Ctrl+Shift+P 快捷键，输入“Install Package Control”并选择它，安装 Package Control 插件管理器，如图 1-14 所示。

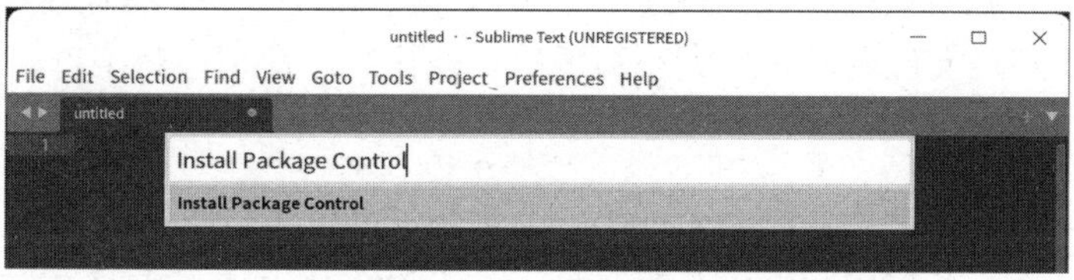

图 1-14 安装 Package Control 插件管理器

7. 常用快捷键

- 保存：Ctrl+S。
- 注释：Ctrl+/。
- 查找：Ctrl+F。
- 替换：Ctrl+H。

8. 调试与验证

使用浏览器开发者工具（按 F12 或 Ctrl+Shift+I 快捷键）调试 HTML 代码，如图 1-15 所示。开发者工具（Developer Tools）是浏览器内置的网页调试工具，用于查看、分析和修改网页的 HTML、CSS 和 JavaScript 代码，是前端开发的必备工具。

通过以上步骤，可以在 Sublime Text 中高效地编写 HTML 代码。

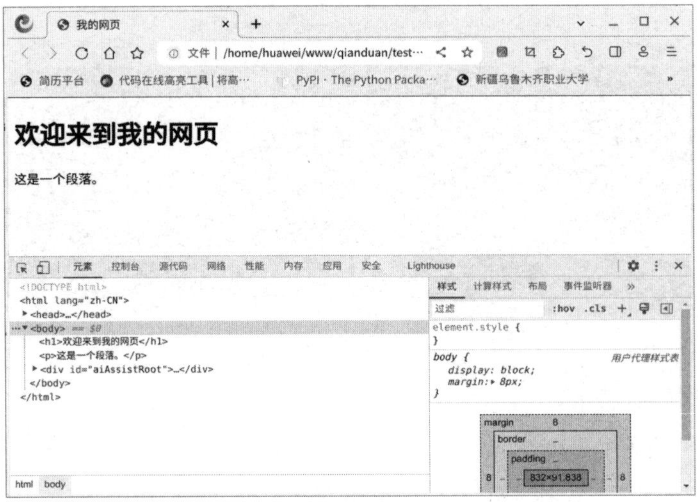

图 1-15　浏览器开发者工具

1.2.3　命名规则

文件名是计算机中用于标识和存储文件的名称，通常由文件名和扩展名组成（如 index.html）。良好的文件名应简洁、有意义（如 contact.html），以提高可读性和可维护性。HTML 文档的命名应遵循以下规则，以确保文件的兼容性和可读性。

1. 基本规则

扩展名：必须使用.html 或.htm，推荐使用.html。

字符限制：可以使用字母、数字、连字符（-）和下画线（_），避免使用特殊字符。

区分字母大小写：文件名对字母大小写敏感，建议统一使用小写字母。

2. 命名建议

简洁、有意义：文件名应能反映文件内容，如 about.html、contact.html。

使用连字符：多个单词用连字符分隔，如 user-profile.html。

避免使用特殊字符：不要使用&、%、#、空格等字符。

主页文件使用默认命名方式：通常命名为 index.html，作为网站的默认主页。

3. 命名实例

主页：index.html。

关于页面：about.html。

联系页面：contact.html。

用户资料页面：user-profile.html。

博客页面：blog.html。

4. 注意事项

一致性：保持命名风格一致，以便维护。

SEO 友好：文件名可包含关键词，如 seo-tips.html。

避免过长：文件名应简短，避免过长而导致管理困难。

5. 文件夹命名

文件夹（也称目录）是计算机中用于分类存储文件和其他文件夹的容器，可帮助用户高效管理数据。合理命名文件夹（如 css、js）能提升文件系统的清晰度和工作效率。将 HTML 文档放在合适的文件夹中，例如：

```
/project
│
├── /css
│   └── styles.css
├── /js
│   └── script.js
├── /images
│   └── logo.png
├── index.html
├── about.html
└── contact.html
```

遵循以上命名规则，可以确保 HTML 文档的命名规范且易于管理。

1.2.4 文档结构

HTML 文档采用标准化的分层结构，这种分层结构可以确保浏览器正确解析和渲染网页内容，是前端开发的基础框架。标准的 HTML 文档通常具有一个基本的整体结构，主要包括以下几部分。

1. 文档类型声明

文档类型（Doctype）声明位于 HTML 文档的最开始，用于告诉浏览器这是一个 HTML5 文档（或其他版本的 HTML 文档），如<!DOCTYPE html>。

2. <html>标签

<html>标签定义了 HTML 文档的根元素，必须与</html>标签成对使用，所有其他元素都包含在<html>和</html>标签内。

3. <head>标签

<head>标签包含关于文档的元数据，定义了文档头部，如网页标题、字符编码、样式表链接文件、脚本等，必须与</head>标签成对使用。

4. <meta>标签

<meta>标签在<head>和</html>标签内，用于提供关于 HTML 文档的元数据。例如，<meta charset="UTF-8">，用于指定文档的字符编码。

元数据是 HTML 文档中用于提供关于文档本身信息的元素，这些信息不会直接显示在网页上，但可以被浏览器、搜索引擎及其他网络工具读取和使用。HTML 元数据对于提高网页的可访问性、可搜索性和增强用户体验具有重要意义。

5. <title>标签

<title>标签必须与</title>标签成对使用，位于<head>和</head>标签内，用于定义文档的标题，这个标题会显示在浏览器标签页上。例如，<title>我的网页</title>。

6. <link>标签

<link>标签在<head>和</head>标签内，用于链接外部资源（如 CSS 样式表）。例如，<link rel= "stylesheet" href="styles.css">。

7. <body>标签

<body>标签包含文档的主体，如文本、图像、视频、超链接等，必须与</body>标签成对使用。

8. 其他标签

在<body>和</body>标签内，可使用各种 HTML 标签来组织和展示内容。例如，<h1>到<h6>标签用于定义标题，<p>标签用于定义段落，<a>标签用于定义超链接等。

注意：除某些自闭合标签（如<img>、
等）以外，每个开始标签都需要有一个对应的结束标签，如<html>和</html>，称为标签对。为叙述简便，用开始标签代表标签对。

9. 文档结构实例

以下是一个 HTML 文档结构实例。这个 HTML 文档结构展示了一个标准网页的基本框架。DOCTYPE 声明指定了 HTML5 文档类型，头部包含元数据，如字符编码、网页标题，以及外部 CSS 样式表链接文件。主体包含文档的主要内容，如标题、段落和超链接。

【index.html】

```
<!DOCTYPE html>
<html>
<head>
    <meta charset="UTF-8">
    <title>我的网页</title>
    <link rel="stylesheet" href="styles.css">
</head>
<body>
    <h1>欢迎来到我的网页</h1>
    <p>这是一个实例段落。</p>
    <a href="https://www.***.com">访问实例网站</a>
</body>
</html>
```

这是一个标准的 HTML5 文档结构，包含了基本的网页元素和外部资源引用。以下是对这段代码的解释。

```
<!DOCTYPE html>
```

这行代码定义了文档类型声明，用于告诉浏览器这是一个 HTML5 文档。

```
<html>
```

这行代码为 HTML 文档的开始标签，其他元素都包含在其中。

```
<head>
```

这行代码为文档头部开始标签。

```
<meta charset="UTF-8">
```

这行代码定义了文档的字符编码为“UTF-8”，其可对多种语言的字符进行编码表示。

```
<title>我的网页</title>
```

这行代码定义了网页标题，该标题会显示在浏览器标签页上。

```
<link rel="stylesheet" href="styles.css">
```

这行代码用于链接外部 CSS 样式表文件“styles.css”，该文件用于定义网页的样式。

```
</head>
```

这行代码定义了文档头部结束标签。

```
<body>
```

这行代码定义了文档主体开始标签，其包含所有可见的网页内容。

```
<h1>欢迎来到我的网页</h1>
```

这行代码定义了一级标题，其通常是页面中最重要的标题。

```
<p>这是一个实例段落。</p>
```

这行代码定义了段落文本，用于展示正文内容。

```
<a href="https://www.***.com">访问实例网站</a>
```

这行代码定义了超链接，单击该超链接后会跳转到相应网站。href 属性用于指定超链接的目标 URL。“访问实例网站”是超链接的显示文本。

```
</body>
</html>
```

这两行代码分别定义了文档主体和 HTML 文档的结束标签。

这个 HTML 文档创建了一个简单的网页，包含标题、段落文本和一个外部超链接，同时引用了外部 CSS 样式表来控制页面样式。这个结构确保了 HTML 文档的正确性和可读性，同时为浏览器提供了必要的信息来正确渲染和显示网页内容。运行结果如图 1-16 所示。

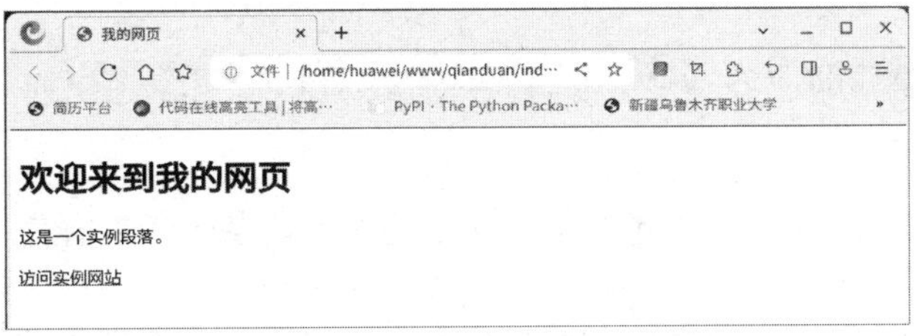

图 1-16　HTML 文档运行结果

1.2.5　文本段落

文本段落是网页内容的基本组织单元，合理使用文本段落能显著提升网页内容的可读性和可访问性。在 HTML 中，文本段落主要通过以下几种标签来实现。

1. 段落标签

段落标签（<p>）用于定义文本段落。浏览器会自动在段落前后添加空行，以区分不同的段落。

实例：

```
<p>这是一个段落。</p>
```

2. 标题标签

标题标签（<h1>到<h6>）用于定义 HTML 文档中的标题，从<h1>到<h6>，字体依次减小。

实例：

```
<h1>一级标题</h1>、<h2>二级标题</h2>……
```

3. 换行标签

换行标签（
）用于在文本中插入一个换行符，实现文本的换行显示。

实例：

```
这是一行文本。<br>这是下一行文本。
```

4. 水平线标签

水平线标签（<hr>）用于在网页中插入一条水平线，通常用于分隔内容或段落。

实例：

```
<hr>
```

5. 预格式化文本标签

预格式化文本标签（<pre>）用于保留文本中的空格和换行符，通常用于显示代码或预格式化的文本。

实例：

```
<pre>这是预格式化的文本。保留空格和换行符。</pre>
```

6. 块级引用标签

块级引用标签（<blockquote>）用于表示长段落的引用，通常会在文本周围添加缩进或特殊样式。

实例：

```
<blockquote>这是引用的段落。</blockquote>
```

7. 地址标签

地址标签（<address>）用于表示文档或文章的作者信息或联系信息。

实例：

```
<address>作者：张三<br>邮箱：zhangsan@example.com</address>
```

这些标签共同构成了 HTML 中文本段落的基本元素，使得网页内容能够以清晰的结构展示给用户。

1.2.6 对文本的强调

HTML 提供了多种方式来强调文本，以增强语义和视觉效果。合理使用强调标签可提升内容层次和可访问性。在 HTML 中，对文本进行强调可以通过以下几种方式来实现。

1. 加粗标签

加粗标签（<b>）用于将文本加粗显示，但仅从样式上进行强调，不带有语义上的重要性。

加粗标签（<strong>）同样用于将文本加粗显示，但它在语义上表示文本的重要性，通常会被搜索引擎和屏幕阅读器优先考虑。

实例：

```
<b>这是加粗的文本</b>
```

或

```
<strong>这是重要的文本</strong>
```

2. 斜体标签

斜体标签（<i>）用于将文本显示为斜体，通常用于表示术语、想法等。

斜体标签（<em>）同样用于将文本显示为斜体，但它在语义上表示强调，通常会被搜索引擎和屏幕阅读器优先考虑。

实例：

```
<i>这是斜体的文本</i>
```

或

```
<em>这是强调的文本</em>
```

3. 下画线标签

下画线标签（<u>）用于为文本添加下画线，但通常不推荐使用，因为它没有明确的语义，且可能与其他文本样式（如超链接）混淆。

实例：

```
<u>这是带有下画线的文本</u>
```

4. 删除线标签

删除线标签（<s>）用于为文本添加删除线，通常用于表示不准确或不再相关的文本。

删除线标签（<del>）同样用于为文本添加删除线，但它在语义上表示文本已被删除或不再适用。

实例：

```
<s>这是已被删除的文本</s>
```

或

```
<del>这是不再适用的文本</del>
```

5. 高亮标签

高亮标签（<mark>）用于高亮显示文本，通常用于表示需要用户特别注意的内容。

实例：

```
<mark>这是高亮显示的文本</mark>
```

在实际应用中，读者应根据文本的具体含义和需要强调的程度选择合适的标签，以确保网页内容的可读性和可访问性。

1.2.7 多媒体与超链接

HTML 支持丰富的多媒体和超链接功能，其可以使网页内容更丰富，以及实现互联，极大地增强网页的交互性和表现力。以下是关于 HTML 中多媒体与超链接的详细说明。

1. 多媒体

多媒体元素允许用户在网页中嵌入图像、音频、视频等不同类型的媒体内容。

1）图像

图像标签（<img>）用于在网页中嵌入图像。

实例：

```
<img src="image.jpg" alt="描述性文本" width="500" height="300">
```

其中，src 属性用于指定图像文件的路径；alt 属性用于提供图像的替代文本，可以在图像无法显示时显示替代文本，也便于屏幕阅读器读取；width 和 height 属性用于指定图像的显示尺寸。

2）音频

音频标签（<audio>）用于在网页中嵌入音频内容。

实例：

```
<audio controls>
    <source src="audio.mp3" type="audio/mpeg">
    您的浏览器不支持 audio 元素。
</audio>
```

其中，controls 属性用于显示播放控件（如播放、暂停、音量等），source 元素用于指定音频文件的路径和类型。

3）视频

视频标签（<video>）用于在网页中嵌入视频内容。

实例：

```
<video width="640" height="360" controls>
    <source src="video.mp4" type="video/mp4">
    您的浏览器不支持 video 元素。
</video>
```

其中，width 和 height 属性用于指定视频的显示尺寸，controls 属性用于显示播放控件，source 元素用于指定视频文件的路径和类型。

2. 超链接

超链接在被用户单击后可以跳转到另一个页面或位置。

1）基本超链接

基本超链接（<a>）用于创建超链接。

实例：

```
<a href="https://www.***.com">访问实例网站</a>
```

其中，href 属性用于指定超链接的目标 URL。基本超链接（<a>）中的文本将显示在网页上，用户单击后会跳转到指定的 URL。

2）锚点超链接

锚点超链接用于在同一页面中跳转到指定位置。

实例：

```
<a href="#section2">跳转到第二节</a>
...
<h2 id="section2">第二节标题</h2>
```

其中，href 属性值以“#”开关，后跟目标元素的 id 属性值。

3）电子邮件超链接

电子邮件超链接用于创建发送电子邮件的超链接。

实例：

```
<a href="mailto:example@example.com">发送电子邮件</a>
```

其中，href 属性值以“mailto:”开头，后跟电子邮件地址。

4）电话超链接

电话超链接用于创建拨打电话的超链接（在支持的设备上）。

实例：

```
<a href="tel:+1234567890">拨打电话</a>
```

其中，href 属性值以“tel:”开头，后跟电话号码。

通过合理使用多媒体和超链接，可以创建出内容丰富、交互性强的网页。

1.2.8 列表与表格

列表用于以结构化方式展示项目，表格用于以行和列形式组织数据，两者均为数据展示的核心工具。在 HTML 中，列表与表格是组织和展示数据的重要元素。以下是关于 HTML 中列表与表格的详细说明。

1. 列表

列表分为无序列表、有序列表和定义列表 3 种类型。

1）无序列表

无序列表使用<ul>标签来定义，其列表项使用<li>标签表示。

实例：

```
<ul>
    <li>列表项 1</li>
    <li>列表项 2</li>
    <li>列表项 3</li>
</ul>
```

2）有序列表

有序列表使用<ol>标签来定义，其列表项同样使用<li>标签表示，且可以自动编号。

实例：

```
<ol>
    <li>列表项 1</li>
    <li>列表项 2</li>
    <li>列表项 3</li>
</ol>
```

3）定义列表

定义列表使用<dl>标签来定义，其列表项由<dt>（定义术语）和<dd>（定义描述）标签组成。

实例：

```
<dl>
    <dt>术语 1</dt>
```

```
    <dd>描述 1</dd>
    <dt>术语 2</dt>
    <dd>描述 2</dd>
</dl>
```

2. 表格

表格用于展示结构化数据，如数据表、日历等。

1）表格结构

表格使用<table>标签来定义。其中，<tr>标签用于定义行，<th>标签用于定义表头单元格，通常用于显示列标题，且内容默认加粗居中，<td>标签用于定义单元格，用于显示数据。

实例：

```
<table>
    <tr>
        <th>列标题 1</th>
        <th>列标题 2</th>
    </tr>
    <tr>
        <td>数据 1</td>
        <td>数据 2</td>
    </tr>
</table>
```

2）表格属性

在表格中，使用 border 属性添加边框。表格的 cellpadding 和 cellspacing 属性分别用于控制单元格内边距和单元格间距（但新版 HTML 推荐使用 CSS 来控制这些样式）。

实例：

```
<table border="1" cellpadding="10" cellspacing="5">
    <!-- 表格内容 -->
</table>
```

3）表格标题与摘要信息

在表格中，使用<caption>标签添加标题，使用<summary>标签（不是所有浏览器都支持）提供摘要信息，这有助于屏幕阅读器理解表格内容。

实例：

```
<table>
    <caption>表格标题</caption>
    <summary>表格摘要信息</summary>
    <!-- 表格内容 -->
</table>
```

4）表格分组

在表格中，使用<thead>、<tbody>和<tfoot>标签分组，它们分别表示表头、表体和表尾。这有助于提升表格的可读性和可维护性。

实例：

```
<table>
    <thead>
        <tr>
            <th>列标题 1</th>
            <th>列标题 2</th>
```

```
        </tr>
    </thead>
    <tbody>
        <tr>
            <td>数据 1</td>
            <td>数据 2</td>
        </tr>
    </tbody>
    <tfoot>
        <tr>
            <td colspan="2">表尾信息</td>
        </tr>
    </tfoot>
</table>
```

通过合理使用列表和表格，可以清晰地组织和展示网页内容，提升用户体验。

1.2.9　表单与内嵌式网页

表单（Form）是用户与网页交互的核心工具，广泛用于登录、搜索、支付等场景。在 HTML 中，表单用于收集用户输入的数据，而内嵌式网页（Iframe）则用于在当前网页中嵌入另一个网页。这两者虽然功能不同，但在某些场景下可以结合使用，从而为用户带来更丰富的体验。

1. 表单

表单是 HTML 中用于收集用户输入数据的元素，它包含各种输入控件，如输入框、复选框、单选按钮、下拉列表等。表单通过<form>标签定义，并可以包含多个输入元素。表单数据通常通过 HTTP 请求（如 GET 或 POST）提交到服务器中进行处理。

实例：

```
<form action="/submit" method="POST">
    <label for="username">用户名:</label>
    <input type="text" id="username" name="username">

    <label for="password">密码:</label>
    <input type="password" id="password" name="password">

    <input type="submit" value="提交">
</form>
```

2. 内嵌式网页

内嵌式网页通过<iframe>标签定义，允许用户在当前网页中嵌入另一个网页。<iframe>标签可以包含多个属性，如 src（指定要嵌入的网页地址）、width 和 height（指定 iframe 的宽度和高度）等。

实例：

```
<iframe src="https://www.***.com" width="600" height="400"></iframe>
```

3. 结合使用

在某些情况下，读者可能希望在表单中嵌入另一个网页，以便用户可以在不离开当前页面的情况下与嵌入的网页进行交互。这可以通过将<iframe>标签放置在表单内部来实现。

实例：

```
    <form action="/submit" method="POST">
        <label for="username">用户名:</label>
        <input type="text" id="username" name="username">

        <label for="embedded-content">嵌入内容:</label>
        <iframe src="https://www.***.com/embedded-form" width="600"
height="400"></iframe>

        <input type="submit" value="提交">
    </form>
```

在这个实例中，表单包含一个文本输入框和一个<iframe>标签，<iframe>标签用于嵌入另一个网页（假设该网页也包含了一个表单或其他交互内容）。用户可以在不离开当前页面的情况下填写嵌入网页中的内容，并提交整个表单。

需要注意的是，由于安全性和跨域问题，嵌入的网页可能无法与父页面进行直接的交互。因此，在设计这种结合使用方式时，需要仔细考虑安全性和用户体验。

1.3 CSS 基础

CSS（Cascading Style Sheets，串联样式表）是用于控制网页样式和布局的核心技术，与 HTML、JavaScript 并称前端开发三大核心技术。CSS 通过选择器为 HTML 元素添加样式，如字体、颜色、间距和动画效果，可以实现内容与表现的分离。其核心特性包括盒模型、浮动、定位、Flexbox 和 Grid 布局，为页面响应式设计提供了精准支撑，可以适配不同设备屏幕。CSS3 引入渐变、阴影、过渡和媒体查询等高级功能，极大地提升了网页视觉效果和交互体验。借助预处理器（如 Sass/Less）和框架（如 Bootstrap），开发者能更高效地编写可维护的样式代码。CSS 持续演进，已成为构建现代化、美观网页不可或缺的工具。

1.3.1 在网页中加入 CSS 样式

在网页中加入 CSS 样式可以通过多种方式实现，以下是一些常见的方式。

1. 内联样式

内联样式是指直接在 HTML 元素的 style 属性中定义 CSS 样式。这种方式适用于对单个元素的样式进行快速调整，但不利于样式的复用和维护。

```
<p style="color: red; font-size: 16px;">这是一个带有内联样式的段落。</p>
```

2. 内部样式表

在 HTML 文档的头部使用<style>标签定义 CSS 样式。这种方式适用于对单个网页进行样式定义，但同样不利于样式的复用。

```
<head>
    <style>
        body {
            background-color: #f0f0f0;
        }
        p {
            color: blue;
```

```
            font-size: 18px;
        }
    </style>
</head>
```

3. 外部样式表

首先将 CSS 样式定义在一个独立的 CSS 文件中，然后在 HTML 文档中使用<link>标签链接该 CSS 文件。这种方式有利于样式的复用和维护，是推荐的做法。

```
<!-- 在 HTML 文档的头部链接 CSS 文件 -->
<head>
    <link rel="stylesheet" type="text/css" href="styles.css">
</head>

<!-- 在 styles.css 文件中定义 CSS 样式 -->
body {
    background-color: #f0f0f0;
}
p {
    color: blue;
    font-size: 18px;
}
```

4. 使用 CSS 框架

为了快速构建具有一致性和响应式的网页，可以使用 CSS 框架，如 Bootstrap、Foundation 等。这些框架提供了大量的预定义样式和组件，可以大大简化开发过程。

```
<!-- 引入 Bootstrap CSS 框架 -->
<link rel="stylesheet"
href="https://stackpath.bootstrapcdn.com/bootstrap/4.5.2/css/bootstrap.min.css">

<!-- 使用 Bootstrap 的样式类 -->
<div class="container">
    <p class="text-center">这是一个使用 Bootstrap 样式的段落。</p>
</div>
```

具体选择使用哪种方式，应根据项目的具体需求和规模来决定。对于小型项目或快速原型开发，内联样式或内部样式表可能就足够了；对于大型项目或需要长期维护的项目，外部样式表或 CSS 框架是更好的选择。

1.3.2　CSS 样式规则的组成

CSS 样式规则主要由两部分组成：选择器和声明块。

1. 选择器

选择器用于指定要应用样式的 HTML 元素。它可以是元素名称、类名、ID 名、属性选择器、伪类等，如 p、.myClass、#myId、[type="text"]、:hover 等。

2. 声明块

声明块包含一组 CSS 样式声明，每个声明由属性和属性值组成，用于定义具体的样式。声明块用花括号（{}）包围，每个声明之间用分号（;）分隔。例如：

```
p {
    color: blue;
```

```
    font-size: 16px;
}
```

在这个实例中，p 是选择器，表示所有的 p 元素；“color: blue;” 和 “font-size: 16px;” 是声明，分别定义了文本的颜色和字体大小。

CSS 样式规则首先通过选择器定位到具体的 HTML 元素，然后通过声明块中的属性和属性值来定义这些元素的样式。

1.3.3 文本效果

CSS 提供了多种属性来实现文本效果，以下是一些常见的文本效果属性及其用法。

1. 颜色

颜色（color）属性用于设置文本的颜色。

```
p {
    color: red;
}
```

2. 字体大小

字体大小（font-size）属性用于设置文本的字体大小。

```
p {
    font-size: 16px;
}
```

3. 字体家族

字体家族（font-family）属性用于设置文本的字体类型。

```
p {
    font-family: Arial, sans-serif;
}
```

4. 字体加粗

字体加粗（font-weight）属性用于设置文本的粗细程度。

```
p {
    font-weight: bold;
}
```

5. 字体样式

字体样式（font-style）属性用于设置文本的样式，如斜体。

```
p {
    font-style: italic;
}
```

6. 文本对齐

文本对齐（text-align）属性用于设置文本的对齐方式，如左对齐、右对齐、居中对齐等。

```
p {
    text-align: center;
}
```

7. 文本装饰

文本装饰（text-decoration）属性用于设置文本的装饰效果，如下画线、上画线、删除线等。

```
a {
    text-decoration: none;
}
```

8. 文本阴影

文本阴影（text-shadow）属性用于为文本添加阴影效果。

```
p {
    text-shadow: 2px 2px 5px rgba(0, 0, 0, 0.3);
}
```

9. 文本间距

文本间距（letter-spacing）属性用于设置文本之间的距离。

```
p {
    letter-spacing: 2px;
}
```

10. 行高

行高（line-height）属性用于设置行与行之间的距离。

```
p {
    line-height: 1.5;
}
```

通过组合使用这些属性，可以创建出丰富多样的文本效果，提升网页的视觉表现力和可读性。

1.3.4 背景效果

CSS 提供了多种属性来实现背景效果，以下是一些常见的背景效果属性及其用法。

1. 背景颜色

背景颜色（background-color）属性用于设置元素的背景颜色。

```
body {
    background-color: #f0f0f0;
}
```

2. 背景图像

背景图像（background-image）属性用于设置元素的背景图像。

```
body {
    background-image: url('background.jpg');
}
```

3. 背景重复

背景重复（background-repeat）属性用于设置背景图像是否重复以及如何重复。

```
body {
    background-repeat: no-repeat; /* 不重复 */
    /* 其他值包括 repeat（水平和垂直重复）、repeat-x（水平重复）、repeat-y（垂直重复） */
}
```

4. 背景位置

背景位置（background-position）属性用于设置背景图像在元素中的位置。

```
body {
    background-position: center center; /* 居中 */
    /* 其他值可以是具体的像素值、百分比或关键字（如 top、right、bottom、left） */
}
```

5. 背景大小

背景大小（background-size）属性用于设置背景图像的大小。

```
    body {
        background-size: cover; /* 覆盖整个元素 */
        /* 其他值可以是具体的像素值、百分比、auto（自动）或 contain（保持图像的宽高比，使图像完全可见） */
    }
```

6. 背景附着

背景附着（background-attachment）属性用于设置背景图像是随页面或元素内容滚动，还是固定在视口上。

```
    body {
        background-attachment: fixed; /* 固定 */
        /* 其他值包括 scroll（随页面滚动）和 local（随元素内容滚动） */
    }
```

7. 背景样式简写

背景样式简写（background）属性是以上所有背景样式属性的简写形式，可以一次性设置多个背景样式属性。

```
    body {
        background: #f0f0f0 url('background.jpg') no-repeat center center / cover 
fixed;
    }
```

通过灵活使用这些属性，可以创建出丰富多样的背景效果，增强网页的视觉吸引力和用户体验。

1.3.5 设计边框与列表样式

在使用 CSS 设计边框与列表样式时，可以使用以下属性。

1. 边框宽度

边框宽度（border-width）属性用于设置边框的宽度。

```
    .element {
        border-width: 2px; /* 所有边框宽度均为 2 像素 */
        /* 也可以单独设置，如 border-top-width、border-right-width、border-bottom-width、
border-left-width */
    }
```

2. 边框样式

边框样式（border-style）属性用于设置边框的样式，如实线、虚线、点线等。

```
    .element {
         border-style: solid; /* 所有边框为实线 */
         /* 其他值包括 dotted（点线）、dashed（虚线）、double（双线）等 */
    }
```

3. 边框颜色

边框颜色（border-color）属性用于设置边框的颜色。

```
    .element {
        border-color: #333; /* 所有边框颜色均为#333 */
        /* 也可以单独设置，如 border-top-color、border-right-color、border-bottom-color、
border-left-color */
    }
```

4. 边框样式简写

边框样式简写（border）属性是以上所有边框样式属性的简写形式，可以一次性设置多个边框样式属性。

```
.element {
    border: 2px solid #333; /* 边框宽度为 2 像素，样式为实线，颜色为#333 */
}
```

5. 列表标记类型

列表标记类型（list-style-type）属性用于设置列表项前的标记类型，如方块、圆点、数字、空心圆等。

```
ul {
    list-style-type: square; /* 列表项前为方块标记 */
    /* 其他值包括 disc（圆点）、decimal（数字）、circle（空心圆）等 */
}
```

6. 列表标记图像

列表标记图像（list-style-image）属性用于将图像设置为列表项前的标记。

```
ul {
    list-style-image: url('marker.png'); /* 将 marker.png 设置为列表项前的标记 */
}
```

7. 列表标记位置

列表标记位置（list-style-position）属性用于设置列表项标记的位置，如内部或外部。

```
ul {
    list-style-position: outside; /* 列表项标记位于外部 */
    /* 其他值为 inside（内部） */
}
```

8. 列表样式简写

列表样式简写（list-style）属性是以上所有列表样式属性的简写形式，可以一次性设置多个列表样式属性。

```
ul {
    list-style: square url('marker.png') outside; /* 列表项前为方块标记，将
marker.png 设置为列表项前的标记，标记位于外部 */
}
```

通过合理使用这些 CSS 属性，可以轻松设计出符合需求的边框和列表样式，提升网页的美观性和可读性。

1.3.6 设计版面与特效

在使用 CSS 设计版面与特效时，可以运用多种属性与技巧来创建吸引人的视觉效果和布局。以下是一些常用的 CSS 属性和方法。

1. 布局模型

布局模型 Flexbox：用于创建灵活的盒模型布局，能够轻松实现水平或垂直对齐、等分布局等。

```
.container {
    display: flex;
```

```
    justify-content: space-between; /* 水平分布 */
    align-items: center; /* 垂直居中 */
}
```

布局模型 Grid：提供了更强大的二维布局能力，适用于复杂的网格布局。

```
.grid-container {
    display: grid;
    grid-template-columns: repeat(3, 1fr); /* 三列等宽布局 */
    grid-template-rows: auto;
}
```

2. 定位

相对定位（relative）：相对于元素正常位置进行偏移。

```
.element {
    position: relative;
    top: 10px; /* 向下偏移 10 像素 */
    left: 20px; /* 向右偏移 20 像素 */
}
```

绝对定位（absolute）：相对于最近已定位的祖先元素进行定位。

```
.parent {
    position: relative;
}
.child {
    position: absolute;
    top: 0;
    right: 0;
}
```

3. 浮动与清除浮动

浮动（float）：使元素脱离文档流，向左或向右浮动。

```
.float-left {
    float: left;
}
```

清除浮动（clear）：防止浮动的元素影响后续元素的布局。

```
.clear {
    clear: both;
}
```

4. 过渡

过渡（transition）：用于在元素状态发生改变时添加平滑的过渡效果。

```
.element {
    transition: background-color 0.5s ease;
}
.element:hover {
    background-color: #f00;
}
```

5. 变换

变换（transform）：用于对元素进行旋转、缩放、倾斜或位移。

```
.element {
    transform: rotate(45deg); /* 旋转 45 度 */
}
```

6. 动画

动画（animation）：用于创建复杂的动画效果，通过@keyframes 规则定义动画序列。

```
@keyframes example {
    0%   {background-color: red; left: 0px; top: 0px;}
    25%  {background-color: yellow; left: 200px; top: 0px;}
    50%  {background-color: blue; left: 200px; top: 200px;}
    75%  {background-color: green; left: 0px; top: 200px;}
    100% {background-color: red; left: 0px; top: 0px;}
}

.element {
    animation-name: example;
    animation-duration: 4s;
    animation-timing-function: linear;
    animation-iteration-count: infinite;
}
```

7. 阴影与渐变

阴影（box-shadow、text-shadow）：为元素添加阴影效果。

```
.element {
    box-shadow: 10px 10px 5px rgba(0, 0, 0, 0.3);
}
```

渐变（linear-gradient、radial-gradient）：创建平滑的颜色过渡效果。

```
.gradient-background {
    background: linear-gradient(to right, red, yellow);
}
```

通过综合使用这些 CSS 属性和方法，可以创建出既美观又实用的网页版面和特效，提升用户体验。

1.3.7 创建实例

以下是一个使用 CSS 样式的实例，用于创建一个带有特殊效果的按钮。

【css.html】

```
<!DOCTYPE html>
<html lang="en">
<head>
    <meta charset="UTF-8">
    <meta name="viewport" content="width=device-width, initial-scale=1.0">
    <title>CSS Special Effect Button</title>
    <style>
        .special-button {
            background-color: #4CAF50; /* 背景颜色为绿色 */
            border: none; /* 无边框 */
            color: white; /* 白色文本 */
            padding: 15px 32px; /* 内边距 */
            text-align: center; /* 文本居中 */
            text-decoration: none; /* 无下画线 */
            display: inline-block; /* 行内块级元素 */
            font-size: 16px; /* 字体大小 */
            margin: 4px 2px; /* 外边距 */
            cursor: pointer; /* 鼠标指针悬停时显示指针 */
            border-radius: 12px; /* 圆角边框 */
            transition: background-color 0.3s; /* 背景颜色过渡效果 */
        }
```

```
        .special-button:hover {
            background-color: #45a049; /* 鼠标指针悬停时，背景颜色变深 */
        }

        .special-button:active {
            background-color: #45a049; /* 被单击时，背景颜色保持鼠标指针悬停时的颜色不变 */
            box-shadow: 0 5px #666; /* 被单击时产生阴影 */
            transform: translateY(4px); /* 被单击时按钮下移 */
        }
    </style>
</head>
<body>

    <button class="special-button">单击我</button>

</body>
</html>
```

在这个实例中，我们创建了一个带有以下特殊效果的按钮。

背景颜色过渡：当鼠标指针悬停在按钮上时，背景颜色会平滑过渡到一个更深的绿色。

阴影效果：当按钮被单击时，会产生一个轻微的阴影效果，使按钮看起来像是被按下去了。

按钮下移：当按钮被单击时，按钮会稍微下移，增加单击的反馈感。

这些效果通过 CSS 的 transition、box-shadow 和 transform 属性实现，为按钮增添了动态效果和交互功能。图 1-17 所示是“单击我”按钮原始效果。图 1-18 所示是增添了动态效果和交互功能后的 CSS 样式按钮效果。

图 1-17　“单击我”按钮原始效果

图 1-18　CSS 样式按钮效果

1.4 JavaScript 基础

JavaScript 是一种轻量级、解释型的编程语言，主要用于为网页添加交互功能。作为前端开发的三大核心技术之一，它能让静态网页实现动态效果，如表单验证、动画、数据加载等。JavaScript 支持事件驱动、异步编程（Promise、async/await），并拥有丰富的内置 API（如 DOM

操作)。随着 Node.js 的出现，JavaScript 还可用于服务器端开发，实现全栈应用。现代 JavaScript 通过框架（React、Vue、Angular）和工具链（Webpack、Babel）可以构建复杂 Web 应用，其语法灵活、生态庞大，是 Web 应用开发中流行的语言之一，并逐步扩展到移动端（React Native）和桌面端（Electron）。

1.4.1　认识 JavaScript

JavaScript 是一种被广泛使用的脚本语言，主要用于 Web 应用开发。它可以在浏览器中直接运行，实现网页的动态效果和交互功能。以下是对 JavaScript 的一些基本介绍。

1. 基本特性

动态类型：JavaScript 是一种弱类型语言，变量的类型在运行时确定。

面向对象：虽然 JavaScript 是基于原型的面向对象语言，但它也支持面向对象程序设计的许多特性，如封装、继承和多态。

事件驱动：JavaScript 能够响应用户的操作，如单击、输入等，实现丰富的交互效果。

2. 语法特点

简洁明了：JavaScript 的语法相对简洁，易于学习和使用。

灵活多变：JavaScript 支持多种编程方式，如函数式编程、面向对象程序设计等。

异步编程：JavaScript 通过回调函数、Promise、async/await 等方式实现异步编程，使得用户处理异步操作更加简便。

3. 生态系统

丰富的库和框架：JavaScript 拥有庞大的生态系统，包括 jQuery、React、Vue、Angular 等流行的库和框架，这些工具极大地提高了开发效率和代码质量。

社区支持：JavaScript 拥有庞大的开发者社区，其提供了丰富的资源和支持。

4. 学习建议

基础语法：首先学习 JavaScript 的基础语法，包括变量、数据类型、控制结构、函数等。

DOM 操作：掌握如何通过 JavaScript 操作 DOM，实现网页的动态效果。

异步编程：深入理解 JavaScript 的异步编程模型，掌握 Promise 和 async/await 的使用方法。

实际项目：通过实际项目来巩固所学知识，提高编程能力。

总之，JavaScript 是一种功能强大、灵活多变的编程语言，在 Web 应用开发和其他领域都有广泛的应用。

1.4.2　在网页中加入 JavaScript 代码

在网页中加入 JavaScript 代码通常涉及以下内容。

1. 编写代码

首先，开发者需要编写或获取要嵌入网页的 JavaScript 代码。这些代码可以放在单独的

JavaScript 文件中，也可以直接写在 HTML 文档的<script>标签内。

2. 引用 JavaScript 文件

如果将 JavaScript 代码放在了单独的 JavaScript 文件中，则需要在 HTML 文档的头部或主体内使用<script>标签的 src 属性来引用该文件。例如：

```
<script src="path/to/your/script.js"></script>
```

注意： 要确保 path/to/your/script.js 是正确的文件路径。

3. 直接编写 JavaScript 代码

如果选择直接在 HTML 文档中编写 JavaScript 代码，则可以将代码放在<script>标签内。例如：

```
<script>
    // JavaScript 代码
    console.log("Hello, World!");
</script>
```

通常，习惯将 JavaScript 代码放在<body>标签的底部，这样可以确保在执行 JavaScript 代码时，HTML 文档已经被完全加载。

4. 注意执行时机

如果 JavaScript 代码依赖于 DOM 元素（如操作按钮单击事件），则要确保这些元素在 JavaScript 代码执行前已经被加载到页面中。可以将<script>标签放在<body>标签的底部，或者使用 window.onload 事件或 DOMContentLoaded 事件来确保 DOM 元素完全加载后再执行 JavaScript 代码。

5. 调试和测试

在浏览器中打开网页，使用浏览器开发者工具（通常可以通过按 F12 键或右击页面选择“检查”命令来打开）来调试和测试 JavaScript 代码，如图 1-19 所示。

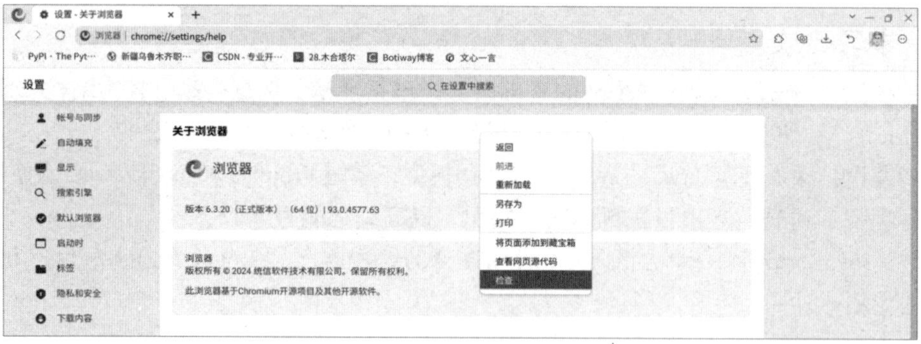

图 1-19　打开浏览器开发者工具

通过以上内容，就可以在网页中成功加入 JavaScript 代码，实现各种动态效果和交互功能。

1.4.3 改变网页内容

使用 JavaScript 代码改变网页内容是一种常见的操作，可以通过多种方式来实现。以下是一些常见的方式。

1. 修改文本内容

使用 innerHTML 属性或 textContent 属性来修改元素的文本内容。例如：

```
document.getElementById("myElement").innerHTML = "新的内容";
```

或者

```
document.getElementById("myElement").textContent = "新的内容";
```

2. 修改 HTML 结构

通过 innerHTML 属性，可以直接修改元素的 HTML 结构。例如：

```
document.getElementById("myDiv").innerHTML = "<p>这是一个新的段落。</p>";
```

3. 修改样式

使用 style 属性来修改元素的 CSS 样式。例如：

```
document.getElementById("myElement").style.color = "red";

document.getElementById("myElement").style.fontSize = "20px";
```

4. 创建、添加或删除元素

使用 createElement、appendChild、removeChild 等方法来创建、添加或删除元素。例如：

```
// 创建一个新元素
var newElement = document.createElement("div");
newElement.textContent = "我是一个新元素";

// 将新元素添加到现有元素中
document.getElementById("myContainer").appendChild(newElement);

// 删除一个元素
var elementToRemove = document.getElementById("elementToRemove");
elementToRemove.parentNode.removeChild(elementToRemove);
```

5. 响应用户事件

通过为元素添加事件监听器（如 click、mouseover 等），可以在用户与网页交互时改变内容。例如：

```
document.getElementById("myButton").addEventListener("click", function() {
    document.getElementById("myText").textContent = "按钮被单击了！";
});
```

通过这些方式，可以使用 JavaScript 代码灵活地改变网页内容，提升用户体验和交互性。

1.4.4　DOM 与事件处理

JavaScript 的 DOM 与事件处理是 Web 应用开发中非常重要的概念，它们允许开发者与网页内容进行交互。以下是对这两个概念的详细解释。

1. DOM

DOM 是一种编程接口，允许开发者通过 JavaScript 代码访问或操作 HTML 和 XML 文档的内容、结构及样式。

1）主要特点

- 文档树：DOM 将 HTML 文档表示为一个树状结构，其中的每个元素、属性、文本节点等都是树的一个节点。
- 节点类型：DOM 定义了多种节点类型，如元素节点、属性节点、文本节点等，每种节点类型都有其特定的属性和方法。
- 遍历和修改：开发者可以使用 JavaScript 遍历 DOM 树，访问和修改节点的属性、内容或样式。

2）常用操作

- 获取元素：使用 document.getElementById、document.getElementsByClassName、document.getElementsByTagName 等方法获取元素。
- 修改内容：使用 innerHTML、textContent 等属性修改元素的内容。
- 修改样式：使用 style 属性或 classList 方法修改元素的 CSS 样式。
- 添加/删除元素：使用 createElement、appendChild、removeChild 等方法添加或删除 DOM 元素。

2. 事件处理

事件处理是 JavaScript 中用于响应用户交互（如单击、输入、悬停等）的机制。通过事件处理，开发者可以为网页元素添加事件监听器，当特定事件发生时执行相应的 JavaScript 代码。

1）主要事件类型

- 鼠标事件：如 click（单击）、mouseover（鼠标指针悬停）、mouseout（鼠标指针移出）等。
- 键盘事件：如 keydown（按键按下）、keyup（按键释放）等。
- 表单事件：如 submit（表单提交）、change（输入值更改）等。

2）事件处理步骤

（1）选择元素：使用 DOM 方法选择需要添加事件监听器的元素。

（2）定义回调函数：在回调函数中编写当事件发生时需要执行的代码。

（3）添加事件监听器：使用 addEventListener 方法为元素添加事件监听器。该方法接收 3 个参数：事件类型（如 click）、回调函数（当事件发生时执行的代码）和可选的捕获/冒泡阶段参数。

实例：

```
// 选择元素
var button = document.getElementById("myButton");

// 定义回调函数
function handleClick() {
    alert("按钮被单击了！");
}

// 添加单击事件监听器
button.addEventListener("click", handleClick);// 注意：这里传递的是函数名，不加括号
button.addEventListener("click", function() {
    alert("按钮被单击了！");
});
```

通过 DOM 和事件处理，JavaScript 能够动态地改变网页内容、响应用户交互，从而实现丰富的 Web 应用功能。

1.4.5　DOM 操作实例

以下是一些更具体的 DOM 操作实例，涵盖获取元素并修改其内容、设置元素属性、修改元素样式及处理事件等常见操作。

1. 获取元素并修改其内容

这个实例将演示如何使用 JavaScript 的 DOM 操作来修改 HTML 文档的内容。首先通过 document.getElementById 方法获取页面元素，然后修改其 textContent 属性值，实现内容的动态更新。这是一个非常基础的 DOM 操作实例，对于学习 JavaScript 和 Web 应用开发非常有帮助。

【实例 1.html】

```
<!DOCTYPE html>
<html lang="en">
<head>
    <meta charset="UTF-8">
    <meta name="viewport" content="width=device-width, initial-scale=1.0">
    <title>DOM Example 1</title>
</head>
<body>
    <p id="myParagraph">Hello, World!</p>

    <script>
        // 获取元素
        var paragraph = document.getElementById('myParagraph');

        // 修改元素内容
        paragraph.textContent = 'Hello, DOM!';
    </script>
</body>
</html>
```

对上述代码的解释如下。

HTML 部分如下。

```
<!DOCTYPE html>
<html lang="en">
<head>
    <meta charset="UTF-8">
    <meta name="viewport" content="width=device-width, initial-scale=1.0">
    <title>DOM Example 1</title>
</head>
<body>
    <p id="myParagraph">Hello, World!</p>

</body>
</html>
```

- <!DOCTYPE html>：文档类型声明，用于告诉浏览器这是一个 HTML5 文档。
- <html lang="en">：<html>标签定义了整个 HTML 文档的根元素，lang="en"属性用于指定文档使用的语言为英语。
- <head>：包含文档的元数据，如字符编码、视口设置和标题等。
- <meta charset="UTF-8">：指定文档使用 UTF-8 字符编码，这是一种被广泛使用的字符编码，可对多种语言的字符进行编码表示。

- <meta name="viewport" content="width=device-width, initial-scale=1.0">：设置视口，使页面在移动设备上能正确显示，width=device-width 表示页面宽度等于设备屏幕的宽度，initial-scale=1.0 表示页面初始缩放比例为 1：1。
- <title>DOM Example 1</title>：设置页面的标题，该标题将显示在浏览器标签页上。
- <body>：包含文档的主体内容，即用户可见的部分。
- <p id="myParagraph">Hello, World!</p>：一个段落元素，其 id 属性值为“myParagraph”，内容为“Hello, World!”。

JavaScript 代码如下。

```
<script>
    // 获取元素
    var paragraph = document.getElementById('myParagraph');

    // 修改元素内容
    paragraph.textContent = 'Hello, DOM!';
</script>
```

- <script>：用于在 HTML 文档中嵌入或引用 JavaScript 代码。
- var paragraph=document.getElementById('myParagraph');：使用 document.getElementById 方法获取页面中 id 属性值为“myParagraph”的元素，并将其存储在变量 paragraph 中。document 是代表整个文档的对象，getElementById 是一个方法，用于通过元素的 id 属性值来获取该元素。
- paragraph.textContent = 'Hello, DOM!';：这行代码用于修改 paragraph 元素的内容。textContent 属性用于获取或设置指定节点的文本内容。这里，其属性值被设置为“Hello, DOM!”，因此段落中原本显示的“Hello, World!”会被替换为“Hello, DOM!”。

图 1-20 所示是动态修改 HTML 文档内容之前的运行结果。图 1-21 所示是动态修改 HTML 文档内容之后的运行结果。

图 1-20　动态更新前的运行结果

图 1-21　动态更新后的运行结果

2. 设置元素属性

这个实例将创建一个简单的网页，其中包含一个超链接。通过 JavaScript 代码，该超链接的 href 属性值被修改为指向指定网站，并且设置 target 属性值为“_blank”，使得用户单击超链接时在新标签页或窗口中打开指定网站。这是一个使用 DOM 操作修改网页元素属性和行为的基本实例。

【实例 2.html】

```
<!DOCTYPE html>
<html lang="en">
<head>
    <meta charset="UTF-8">
    <meta name="viewport" content="width=device-width, initial-scale=1.0">
    <title>DOM Example 2</title>
</head>
<body>
    <a id="myLink" href="#">Click me</a>

    <script>
        // 获取元素
        var link = document.getElementById('myLink');

        // 设置元素属性
        link.href = 'https://www.***.com';
        link.target = '_blank';
    </script>
</body>
</html>
```

对上述代码的解释如下。

HTML 部分如下。

```
<!DOCTYPE html>
<html lang="en">
<head>
    <meta charset="UTF-8">
    <meta name="viewport" content="width=device-width, initial-scale=1.0">
    <title>DOM Example 2</title>
</head>
<body>
    <a id="myLink" href="#">Click me</a>
</body>
</html>
```

- <!DOCTYPE html>：文档类型声明，这是一个 HTML5 文档。PICTURE
- <html lang="en">：定义文档的根元素，lang="en"属性用于指定文档使用的语言是英语。
- <head>：包含文档的元数据，如字符编码、视口设置和标题。
- <meta charset="UTF-8">：指定文档使用 UTF-8 字符编码。
- <meta name="viewport" content="width=device-width, initial-scale=1.0">：设置视口，以确保页面在移动设备上能正确显示且具有适当的缩放比例。
- <title>DOM Example 2</title>：设置文档的标题，该标题将显示在浏览器标签页上。
- <body>：包含文档的主体内容。
- <a id="myLink" href="#">Click me</a>：一个超链接元素，id="myLink"用于标识该元素，href="#"表示默认链接到当前页面，文本"Click me"是超链接的显示内容。

JavaScript 代码如下。

```
<script>
    // 获取元素
    var link = document.getElementById('myLink');
```

```
    // 设置元素属性
    link.href = 'https://www.***.com';
    link.target = '_blank';
</script>
```

- <script>：用于在 HTML 文档中嵌入或引用 JavaScript 代码。
- var link = document.getElementById('myLink');：使用 document.getElementById 方法获取 id 属性值为“myLink”的元素，并将其存储在变量 link 中。这是通过 DOM 操作元素的一种方式。
- link.href = 'https://www.***.com';：设置 link 元素的 href 属性值为“https://www.***.com”，这意味着当用户单击超链接时，网页将被重定向到指定网站。
- link.target = '_blank';：设置 link 元素的 target 属性值为“_blank”，这意味着网页将在新的浏览器标签页或窗口中打开。

图 1-22 所示是超链接的 href 属性值被修改之前的运行结果，单击超链接，网页没有任何反应。图 1-23 所示是超链接的 href 属性值被修改为指向指定网站，并且单击超链接时会在新标签页中打开该网站（设置 target 属性值为“_blank”）的运行结果。

图 1-22　动态修改属性值前的运行结果

图 1-23　动态修改属性值后的运行结果

3. 修改元素样式

这个实例将演示如何使用 JavaScript 代码通过 DOM 访问和修改 HTML 元素的样式属性。在这个实例中，一个红色的 100 像素×100 像素的 div 元素被选中，之后通过 JavaScript 代码将其宽度和高度分别更改为 200 像素和 200 像素，并将背景颜色更改为蓝色。

【实例 3.html】

```
<!DOCTYPE html>
<html lang="en">
<head>
    <meta charset="UTF-8">
    <meta name="viewport" content="width=device-width, initial-scale=1.0">
    <title>DOM Example 3</title>
```

```
    </head>
    <body>
        <div id="myDiv" style="width: 100px; height: 100px; background-color: red;"></div>

        <script>
            // 获取元素
            var div = document.getElementById('myDiv');

            // 修改元素样式
            div.style.width = '200px';
            div.style.height = '200px';
            div.style.backgroundColor = 'blue';
        </script>
    </body>
    </html>
```

对上述代码的解释如下。

HTML 部分如下。

```
<!DOCTYPE html>
<html lang="en">
<head>
    <meta charset="UTF-8">
    <meta name="viewport" content="width=device-width, initial-scale=1.0">
    <title>DOM Example 3</title>
</head>
<body>
    <div id="myDiv" style="width: 100px; height: 100px; background-color: red;"></div>
</body>
</html>
```

- <!DOCTYPE html>：声明文档类型为 HTML5。
- <html lang="en">：定义 HTML 文档的根元素，并设置文档使用的语言为英语。
- <head>：包含文档的元数据，如字符编码、视口设置和标题。
- <meta charset="UTF-8">：指定文档使用 UTF-8 字符编码。
- <meta name="viewport" content="width=device-width, initial-scale=1.0">：设置视口，以确保页面在移动设备上能正确显示且具有适当的缩放比例。
- <title>DOM Example 3</title>：设置文档的标题，该标题将显示在浏览器标签页上。
- <body>：包含文档的主体内容。
- <div id="myDiv" style="width: 100px; height: 100px; background-color: red;"></div>：创建一个 div 元素，初始宽度和高度均为 100 像素，背景颜色为红色。通过设置 id 属性，该元素可以在 JavaScript 代码中被引用。

JavaScript 代码如下：

```
<script>
    // 获取元素
    var div = document.getElementById('myDiv');

    // 修改元素样式
    div.style.width = '200px';
    div.style.height = '200px';
    div.style.backgroundColor = 'blue';
</script>
```

- <script>：用于在 HTML 文档中嵌入或引用 JavaScript 代码。
- var div=document.getElementById('myDiv');：使用 document.getElementById 方法获取 id 属性值为“myDiv”的 div 元素，并将其存储在变量 div 中。document 是表示整个 HTML 文档的对象，getElementById 是查找具有指定 id 属性值的元素的方法。
- div.style.width='200px';：修改 div 元素的宽度样式属性值，将其设置为 200 像素。style 属性提供了对元素内联样式的访问和修改。
- div.style.height='200px';：类似地，修改 div 元素的高度样式属性值，将其设置为 200 像素。
- div.style.backgroundColor = 'blue';：修改 div 元素的背景颜色样式属性值，将其设置为蓝色。

图 1-24 所示是红色的 100 像素 × 100 像素的 div 元素的运行结果。图 1-25 所示是通过 JavaScript 代码将 div 元素的宽度和高度更改为 200 像素 × 200 像素，并将其背景颜色更改为蓝色后的运行结果。

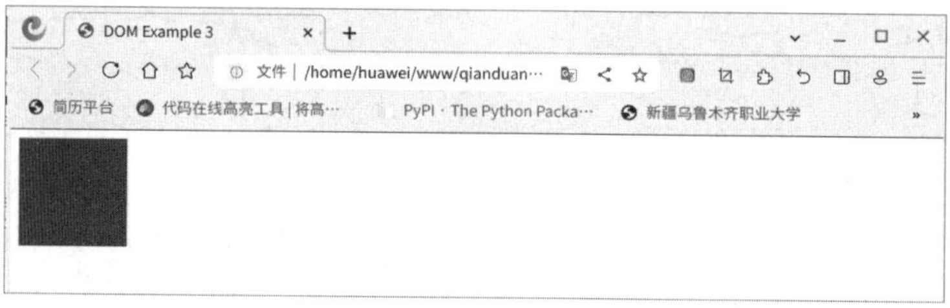

图 1-24　动态修改 div 元素前的运行结果

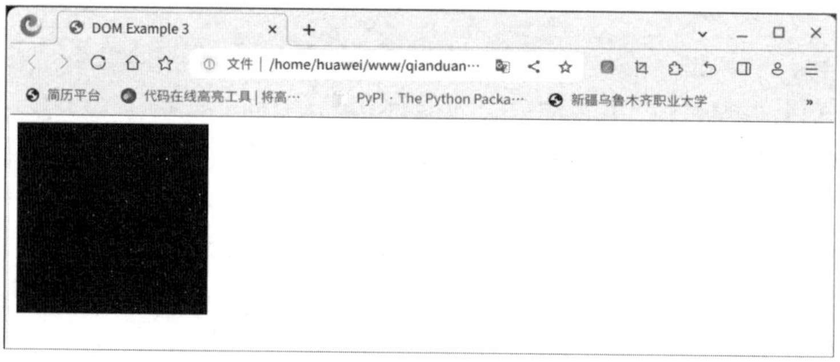

图 1-25　动态修改 div 元素后的运行结果

4. 处理事件

这个实例将演示如何使用 HTML 和 JavaScript 代码创建一个简单的交互网页。当用户单击按钮时，通过 JavaScript 事件监听器改变段落元素的内容。这是学习 Web 应用开发时常见的实例，展示了 DOM 操作和事件处理的基本概念。

【实例 4.html】

```
<!DOCTYPE html>
<html lang="en">
<head>
    <meta charset="UTF-8">
    <meta name="viewport" content="width=device-width, initial-scale=1.0">
    <title>DOM Example 4</title>
</head>
<body>
    <button id="myButton">Click me</button>
```

```
    <p id="message"></p>

    <script>
        // 获取元素
        var button = document.getElementById('myButton');
        var message = document.getElementById('message');

        // 添加事件监听器
        button.addEventListener('click', function() {
            message.textContent = 'Button was clicked!';
        });
    </script>
</body>
</html>
```

这段 HTML 和 JavaScript 代码创建了一个简单的网页，其中包含一个按钮和一个段落元素。当用户单击按钮时，段落元素的内容会发生变化。以下是对这段代码的解释。

HTML 部分如下。

```
<!DOCTYPE html>
<html lang="en">
<head>
    <meta charset="UTF-8">
    <meta name="viewport" content="width=device-width, initial-scale=1.0">
    <title>DOM Example 4</title>
</head>
<body>
    <button id="myButton">Click me</button>
    <p id="message"></p>
</body>
</html>
```

- <!DOCTYPE html>：声明文档类型为 HTML5。
- <html lang="en">：定义 HTML 文档的根元素，并设置文档使用的语言为英语。
- <head>：包含文档的元数据，如字符编码、视口设置和标题。
- <meta charset="UTF-8">：设置文档使用 UTF-8 字符编码。
- <meta name="viewport" content="width=device-width, initial-scale=1.0">：设置视口，以确保页面在移动设备上能够正确显示且具有适当的缩放比例。
- <title>DOM Example 4</title>：设置文档的标题。
- <body>：包含文档的主体内容。
- <button id="myButton">Click me</button>：创建一个带有文本“Click me”的按钮，并设置 id 属性值为“myButton”。
- <p id="message"></p>：创建一个段落文本，初始内容为空，并设置 id 属性值为“message”。

JavaScript 代码如下。

```
<script>
    // 获取元素
    var button = document.getElementById('myButton');
    var message = document.getElementById('message');

    // 添加事件监听器
    button.addEventListener('click', function() {
        message.textContent = 'Button was clicked!';
    });
</script>
```

- <script>：用于在 HTML 文档中嵌入或引用 JavaScript 代码。
- var button = document.getElementById('myButton');：使用 document.getElementById 方法获取 id 属性值为“myButton”的按钮元素，并将其存储在变量 button 中。
- var message = document.getElementById('message');：使用相同的方法获取 id 属性值为“message”的段落元素，并将其存储在变量 message 中。
- button.addEventListener('click', function() { ... });：为按钮元素添加一个单击事件监听器。当按钮被单击时，会执行由开发者定义并传入的回调函数。
- message.textContent = 'Button was clicked!';：在回调函数中，将段落元素（message）的 textContent 属性值设置为“Button was clicked!”。这会导致段落元素的内容变为“Button was clicked!”。

图 1-26 所示是在单击按钮时，通过 JavaScript 事件监听器动态改变段落元素内容的运行结果。

图 1-26　动态改变段落元素内容

这些实例演示了如何通过 DOM 进行基本的元素操作，包括获取元素并修改其内容、设置元素属性、修改元素样式及处理事件。这些操作是前端开发中的基础，掌握它们对于构建动态和交互式网页至关重要。

1.4.6　控制浏览器

在 JavaScript 中，window 对象是一个全局对象，代表浏览器窗口，并提供了许多方法和属性来控制浏览器的行为和状态。以下是一些常见的使用 window 对象控制浏览器的操作。

1. 打开新窗口或新标签页

```
window.open('https://www.***.com', '_blank');
```

这行代码会在新标签页中打开指定的 URL。打开浏览器，按 F12 键，打开浏览器开发者工具，并在控制台中执行以上代码，如图 1-27 所示。

图 1-27　浏览器开发者工具的控制台

2. 关闭当前窗口

```
window.close();
```

注意： 出于安全考虑，大多数现代浏览器只允许通过 window.open 方法打开的窗口使用 window.close 方法关闭。

3. 调整窗口大小

```
window.resizeTo(800, 600);
```

这行代码会将当前窗口大小调整为 800 像素 × 600 像素。

4. 滚动页面

```
window.scrollTo(0, 100);
```

这行代码会将页面滚动到垂直位置为 100 像素的位置。

5. 设置或获取窗口的定时器

```
// 设置一个定时器，在 3 秒后执行指定的函数
var timer = window.setTimeout(function() {
    alert('3 秒已过！');
}, 3000);

// 清除定时器
window.clearTimeout(timer);
```

6. 控制浏览器历史记录

```
// 加载历史记录中的上一个页面
window.history.back();

// 加载历史记录中的下一个页面
window.history.forward();

// 添加特定状态和 URL 到浏览器历史记录中（不触发页面加载）
window.history.pushState({page: 1}, "Title 1", "?page=1");
```

7. 获取窗口信息

```
var width = window.innerWidth;
var height = window.innerHeight;
console.log('窗口宽度:', width, '像素');
console.log('窗口高度:', height, '像素');
```

8. 创建对话框

```
// 显示一个警告框
window.alert('这是一个警告框！');

// 显示一个确认框，并获取用户的选择
var userConfirmed = window.confirm('你确定要继续吗？');
if (userConfirmed) {
    console.log('用户单击了“确定”按钮');
} else {
    console.log('用户单击了“取消”按钮');
}

// 显示一个输入框，并获取用户输入的值
```

```
var userInput = window.prompt('请输入你的名字：');
console.log('用户输入了：', userInput);
```

在浏览器开发者工具的控制台中执行 window.alert('这是一个警告框！');代码后的运行结果如图 1-28 所示。

图 1-28　window.alert 警告框

这些只是 window 对象提供的一部分功能，它还提供了许多其他方法和属性用来控制浏览器的行为和状态。

1.4.7　JavaScript 语法

1. 变量声明

变量是用于存储数据的内存存储单元，其值在程序运行期间可以被改变。变量通过标识符（名称）引用，并关联特定的数据类型（如整数、字符串等）。变量作用域决定了其可访问的范围（局部、全局等），是程序管理数据的基础工具，支持状态存储和逻辑操作。使用 var、let 或 const 关键字来声明变量。

```
var name = "Alice";
let age = 25;
const PI = 3.14;
```

启动浏览器，按 F12 键，打开浏览器开发者工具，在控制台中输入以上代码，如图 1-29 所示。

图 1-29　在浏览器开发者工具控制台中声明变量

2. 数据类型

数据类型定义了数据的种类及其可执行的操作，决定了内存分配方式。数据类型用于约束有效值范围和允许执行的运算（如数值加减、字符串拼接），以确保程序逻辑的正确性和内存高效使用。JavaScript 支持多种数据类型，包括字符串、数值、布尔、对象、数组、null 和

undefined 等。

```
let str = "Hello, World!";
let num = 42;
let bool = true;
let obj = {name: "Bob", age: 30};
let arr = [1, 2, 3, 4, 5];
```

3. 运算符

运算符是用于对变量或值执行特定操作的符号或关键字。JavaScript 支持算术运算符、赋值运算符、比较运算符、逻辑运算符等。

```
let sum = 5 + 3; // 算术运算符
let count = 0;
count += 1; // 赋值运算符
let isEqual = (5 > 3); // 比较运算符
let isTrue = (true && false); // 逻辑运算符
```

4. 条件语句

条件语句是根据不同条件执行不同代码块的控制结构，用于实现分支逻辑。条件通常由比较或逻辑表达式（布尔值）生成，是程序动态决策的核心机制（如处理用户输入或异常）。使用 if...else、switch 等语句来实现分支逻辑。

```
let score = 85;
if (score >= 60) {
    console.log("及格");
} else {
    console.log("不及格");
}
```

```
switch (day) {
    case 'Monday':
        console.log('今天是星期一');
        break;
    case 'Tuesday':
        console.log('今天是星期二');
        break;
    default:
        console.log('今天是其他星期');
}
```

5. 循环语句

循环语句是重复执行特定代码块的控制结构，直到满足终止条件为止。循环依赖条件表达式和循环控制语句（如 break、continue）来管理流程，用于处理重复任务（如数据遍历、批量操作）。使用 for、while、do...while 等循环语句来重复执行代码块。

```
for (let i = 0; i < 5; i++) {
    console.log(i);
}
```

```
let j = 0;
while (j < 5) {
    console.log(j);
    j++;
}
```

```
let k = 0;
do {
    console.log(k);
    k++;
} while (k < 5);
```

6. 函数

函数是一段可重复调用的代码块，用于封装特定功能。它通过参数接收输入数据，经逻辑处理后返回结果（可选）。函数是结构化编程的核心，可以提升代码的可读性和可维护性。函数定义可使用 function 关键字或 ES6+引入的箭头函数语法。

```
function greet(name) {
    console.log("Hello, " + name + "!");
}
```

```
const add = (a, b) => a + b;
```

7. 对象字面量

对象是面向对象程序设计（Object-oriented Programming，OOP）的基本单元，是类的实例化实体。对象通过封装隐藏内部细节，通过继承复用代码，通过多态实现同一接口的不同行为。对象将数据与操作绑定，提升了代码的组织性和可扩展性。对象字面量（Object Literal）是一种直接定义和创建对象的语法形式，使用花括号（{}）来定义对象，对象可以包含属性和方法。

```
let person = {
    name: "John",
    age: 30,
    greet: function() {
        console.log("Hello, my name is " + this.name);
    }
};
```

8. 数组

在 JavaScript 中，数组是一种线性数据结构，用于存储任意类型的元素，通过索引（从 0 开始）访问。数组用于批量处理数据（如矩阵、队列实现），使用方括号（[]）来定义，可混合存储任意类型的元素。

```
let fruits = [1, "hello", true, {name: "Alice"}];
```

9. 模板字符串（ES6+）

模板字符串使用$标识变量（如${expr}），相比传统字符串拼接更简洁灵活，适用于用户输入或国际化场景。使用反引号（`）来定义模板字符串，可以在字符串中嵌入表达式。

```
let name = "Alice";
let greeting = `Hello, ${name}!`;
```

10. 解构赋值（ES6+）

解构赋值可以从数组或对象中提取数据，赋值给变量。

```
let arr = [1, 2, 3];
let [a, b, c] = arr; // a = 1, b = 2, c = 3

let obj = {name: "Bob", age: 30};
let {name, age} = obj; // name = "Bob", age = 30
```

这些只是 JavaScript 语法的一部分，JavaScript 还包含许多其他特性和高级用法，如闭包、原型继承、异步编程（Promise、async/await）等。

1.4.8　常见 DOM 事件

DOM 事件是浏览器提供的交互机制，允许开发者监听并响应用户操作（如单击、滚动）或页面状态变化（如加载完成）。每个事件都会传递 event 对象，其包含关键信息（如 target 触发元素、preventDefault()阻止默认行为）。DOM 事件用于动态交互、表单验证、性能优化（事件委托）等，是前端开发的核心基础。以下是一些常见的 DOM 事件，涵盖鼠标事件、键盘事件、表单事件、窗口事件等。

1. 鼠标事件

鼠标事件可以响应用户的鼠标操作，用于实现交互控制、拖曳、悬停等效果。其支持事件对象（event）获取坐标、按键状态等属性。

➢ 单击事件（click）：

```
document.getElementById('myButton').addEventListener('click', function() {

   alert('Button clicked!');

});
```

➢ 鼠标指针悬停事件（mouseover）：

```
document.getElementById('myDiv').addEventListener('mouseover', function() {

   this.style.backgroundColor = 'yellow';

});
```

➢ 鼠标指针移出事件（mouseout）：

```
document.getElementById('myDiv').addEventListener('mouseout', function() {

   this.style.backgroundColor = '';

 });
```

2. 键盘事件

键盘事件可以响应用户的键盘操作，通过 event.key 获取按键字符，event.code 用于获取物理键码，支持检测修饰键（Ctrl、Shift、Alt 等）。键盘事件用于快捷键、表单验证、游戏控制等交互场景。

➢ 按键按下事件（keydown）：

```
document.addEventListener('keydown', function(event) {

   if (event.key === 'Enter') {

      alert('Enter key pressed!');

   }

});
```

➢ 按键释放事件（keyup）：

```
document.getElementById('myInput').addEventListener('keyup', function() {

   console.log('Input value:', this.value);

});
```

3. 表单事件

表单事件可以监听用户与表单元素（form、input 等）的交互行为，用于数据验证、动态交互、提交拦截等场景。

➢ 表单提交事件（submit）:

```
document.getElementById('myForm').addEventListener('submit', function(event) {
    event.preventDefault(); // 阻止表单默认提交行为
    alert('Form submitted!');
});
```

➢ 输入框变化事件（input）:

```
document.getElementById('myInput').addEventListener('input', function() {
    console.log('Input value changed:', this.value);
});
```

4. 窗口事件

窗口事件可以监听浏览器窗口的状态变化，用于响应式布局、性能优化、导航控制等场景。

➢ 窗口加载事件（load）:

```
window.addEventListener('load', function() {
    console.log('Window loaded!');
});
```

➢ 窗口调整大小事件（resize）:

```
window.addEventListener('resize', function() {
    console.log('Window resized to:', window.innerWidth, window.innerHeight);
});
```

5. 拖曳事件

拖曳事件可以实现元素拖放交互，用于文件上传、排序列表、可视化搭建等场景。其需要配合 draggable="true"属性使用。

➢ 拖曳开始事件（dragstart）:

```
document.getElementById('myDraggable').addEventListener('dragstart',
function(event) {
    event.dataTransfer.setData('text/plain', event.target.id);
});
```

➢ 拖曳进入目标事件（dragenter）:

```
document.getElementById('myDropzone').addEventListener('dragenter',
function(event) {
    event.preventDefault();
    this.style.border = '3px solid blue';
});
```

➢ 拖曳离开目标事件（dragleave）：

```
document.getElementById('myDropzone').addEventListener('dragleave', function() {

    this.style.border = '';

});
```

➢ 拖曳放置事件（drop）：

```
document.getElementById('myDropzone').addEventListener('drop', function(event) {

    event.preventDefault();

    var data = event.dataTransfer.getData('text');

    alert('Dropped data:', data);

});
```

这些事件实例展示了如何在 JavaScript 代码中处理各种 DOM 事件，从而增强用户交互体验。开发者可以根据实际需求，将这些事件应用到项目中。

1.4.9　DOM 事件处理实例

以下是一个 DOM 事件处理实例。这个实例将演示如何在一个表单中处理多个事件，包括输入框的输入事件、复选框的更改事件及表单的提交事件。

1. HTML 代码

【dom.html】

```
<!DOCTYPE html>
<html lang="en">
<head>
    <meta charset="UTF-8">
    <meta name="viewport" content="width=device-width, initial-scale=1.0">
    <title>DOM 事件处理实例</title>
    <script src="script.js" defer></script>
    <style>
        .error {
            color: red;
        }
    </style>
</head>
<body>
    <form id="myForm">
        <div>
            <label for="username">用户名:</label>
            <input type="text" id="username" name="username">
            <span id="usernameError" class="error"></span>
        </div>
        <div>
            <label for="email">电子邮件:</label>
            <input type="email" id="email" name="email">
            <span id="emailError" class="error"></span>
        </div>
        <div>
            <label>
                <input type="checkbox" id="subscribe" name="subscribe"> 订阅新闻
```

```
            </label>
        </div>
        <button type="submit">提交</button>
    </form>
</body>
</html>
```

2. JavaScript 代码

【script.js】

```
document.addEventListener('DOMContentLoaded', function() {
    var form = document.getElementById('myForm');
    var usernameInput = document.getElementById('username');
    var emailInput = document.getElementById('email');
    var usernameError = document.getElementById('usernameError');
    var emailError = document.getElementById('emailError');
    var subscribeCheckbox = document.getElementById('subscribe');

    // 处理用户名输入框的输入事件
    usernameInput.addEventListener('input', function() {
        var value = usernameInput.value.trim();
        if (value === '') {
            usernameError.textContent = '用户名不能为空';
        } else {
            usernameError.textContent = '';
        }
    });

    // 处理电子邮件输入框的输入事件
    emailInput.addEventListener('input', function() {
        var value = emailInput.value.trim();
        var emailPattern = /^[a-zA-Z0-9._%+-]+@[a-zA-Z0-9.-]+\.[a-zA-Z]{2,}$/;
        if (value === '') {
            emailError.textContent = '电子邮件不能为空';
        } else if (!emailPattern.test(value)) {
            emailError.textContent = '请输入有效的电子邮件地址';
        } else {
            emailError.textContent = '';
        }
    });

    // 处理复选框的更改事件
    subscribeCheckbox.addEventListener('change', function() {
        if (subscribeCheckbox.checked) {
            console.log('用户选择订阅新闻');
        } else {
            console.log('用户取消订阅新闻');
        }
    });

    // 处理表单的提交事件
    form.addEventListener('submit', function(event) {
        // 阻止表单的默认提交行为
        event.preventDefault();

        // 验证表单数据
        if (usernameInput.value.trim() === '') {
            usernameError.textContent = '用户名不能为空';
```

```
            return;
        }
        if (emailInput.value.trim() === '') {
            emailError.textContent = '电子邮件不能为空';
            return;
        }
        var emailPattern = /^[a-zA-Z0-9._%+-]+@[a-zA-Z0-9.-]+\.[a-zA-Z]{2,}$/;
        if (!emailPattern.test(emailInput.value.trim())) {
            emailError.textContent = '请输入有效的电子邮件地址';
            return;
        }

        // 如果验证通过，则提交表单数据
        console.log('表单数据验证通过，准备提交');
        // 在这里可以添加提交表单数据的代码。例如，使用 AJAX 发送请求
    });
});
```

3. 代码解释

HTML 部分的代码解释如下：

- 创建了一个包含用户名输入框、电子邮件输入框和订阅新闻复选框的表单。
- 为每个输入框和复选框添加了 id 属性，以便在 JavaScript 代码中引用它们。
- 为每个输入框添加了一个用于显示错误消息的 span 元素，并设置了 class="error"，以便进行样式控制。

JavaScript 代码解释如下：

- 使用 document.addEventListener('DOMContentLoaded', function() {...})确保 DOM 元素完全加载后再执行脚本中的代码。
- 获取表单及其子元素（输入框、复选框和错误消息元素）的引用。
- 为用户名输入框和电子邮件输入框添加 input 事件监听器，以便在用户输入时验证数据并显示相应的错误消息。
- 为复选框添加 change 事件监听器，以便在用户勾选或取消勾选时执行特定操作。
- 为表单添加 submit 事件监听器，以便在用户提交表单时验证数据。如果数据无效，则显示错误消息并阻止表单提交；如果数据有效，则执行提交操作（例如，使用 AJAX 发送请求）。

这个实例演示了如何在 Web 应用开发中处理 DOM 事件，包括输入验证、用户交互和表单提交等，运行结果如图 1-30 所示。

图 1-30 DOM 事件处理实例运行结果

第 2 篇

后端开发基础

第 2 章　Python 基础

Python 是一种高级、解释型、交互式和面向对象的脚本语言。其设计哲学强调代码的可读性和简洁的语法（尤其是使用空格缩进来区分代码块，而不是使用花括号或者关键字）。Python 支持多种编程方式，包括面向对象程序设计，以及命令式、函数式和过程式编程。在人工智能、Web 应用开发、网络爬虫、数据分析、自动化运维等多个领域，Python 都有广泛的应用。Python 的语法简洁且易于学习。Python 具有强大的功能，非常适合处理复杂的任务。随着不断学习和实践，读者会发现 Python 的更多魅力和潜力。

2.1 准备工作

2.1.1 Shell 常用命令

Shell 是用户与操作系统内核（Kernel）交互的命令行接口（CLI），充当“翻译器”角色，可以将用户输入的命令解析为系统可执行的指令（如文件操作、进程管理）。常见的 Shell 包括 Bash（Bourne-Again Shell）、Zsh、Fish 等，其支持脚本编程（Shell Script），可实现任务的自动化处理。Shell 通过终端（Terminal）调用，是系统管理、开发及运维的核心工具。

在统信 UOS 中，Shell 命令是进行系统管理和应用部署的重要工具。以下是一些统信 UOS 中常用的 Shell 命令及其详解，以帮助读者更好地理解和使用统信 UOS Shell。

1. 环境变量设置

```
$ export PATH=$PATH:/new/path
```

以上命令用于将/new/path 添加到 PATH 环境变量中，使得在该路径下的可执行文件可以直接通过命令名调用。

2. 文件与目录操作

```
$ ls
```

以上命令用于列出当前目录下的文件和子目录。

```
$ cd /path/to/directory
```

以上命令用于切换到指定目录。

```
$ mkdir directory_name
```

以上命令用于创建新目录。

```
$ rm file_name
```

以上命令用于删除文件。

```
$ rm -r directory_name
```

以上命令用于删除目录及其下的内容。

```
$ cp source_file destination_file
```

以上命令用于复制文件。

```
$ cp -r source_directory destination_directory
```

以上命令用于复制目录。

```
$ mv old_name new_name
```

以上命令用于重命名文件或目录。

3. 文本处理

```
$ cat file_name
```

以上命令用于查看文件内容。

```
$ grep "pattern" file_name
```

以上命令用于在文件中搜索包含指定模式的行。

```
$ awk '{print $1}' file_name
```

以上命令将使用 awk 处理文本。例如，打印每行的第一个字段。

4. 权限管理

```
$ chmod 755 file_name #设置文件权限为所有者具有读、写、执行权限，其他用户具有读、执行权限
```

以上命令用于更改文件或目录的权限（要查看帮助文档，则在终端执行：chmod --help）。

```
$ chown root /u          #将 /u 的所有者更改为“root”
```

以上命令用于更改文件或目录的所有者（要查看帮助文档，则在终端执行：chown --help）。

5. 系统信息

```
$ uname -a
```

以上命令用于显示系统信息，包括内核版本、主机名等。

```
$ df -h
```

以上命令用于以人类可读的格式显示磁盘空间使用情况。

```
$ top
```

以上命令用于实时显示系统进程和资源使用情况。

6. 网络操作

```
$ ping hostname
$ ping ip
```

以上命令用于测试与指定主机的网络连接情况。

```
$ ifconfig
```

以上命令用于显示或配置网络接口。

```
$ netstat
```

以上命令用于显示网络连接、路由表、接口统计等信息。

7. 软件包管理

```
$ apt update
```

以上命令用于更新软件包列表。

```
$ apt install package_name
```

以上命令用于安装指定软件包。

```
$ apt remove package_name
```

以上命令用于卸载指定软件包。

8. 进程管理

```
$ ps
```

以上命令用于显示当前运行的进程。

```
$ kill process_id
```

以上命令用于终止指定进程。

```
$ nohup my_command &
```

以上命令用于在后台运行命令，即使关闭终端也不会中断。

9. 编辑文件

```
$ vi
$ vim
```

以上命令用于打开强大的文本编辑器，其支持多种编辑模式。

```
$ nano
```

以上命令用于打开简单易用的文本编辑器，其适合初学者使用。

10. 其他常用命令

```
$ echo "message"
```

以上命令用于在终端显示消息。

```
$ pwd
```

以上命令用于显示当前工作目录的完整路径。

```
$ history
```

以上命令用于显示命令历史记录。

这些命令只是统信 UOS Shell 中的一部分，但它们涵盖了系统管理和日常操作的大部分需求。熟练掌握这些命令，有助于读者更高效地管理和使用统信 UOS。

2.1.2 安装 pip

pip 是 Python 中的软件包管理工具，用于安装、卸载和管理第三方库（PyPI 仓库）。python3-pip 是一个软件包，包含了 Python 3 的软件包管理工具 pip3。在统信 UOS 中安装 python3-pip 可以通过系统的软件包管理器来实现，这是一个相对简单且直接的过程。以下是具体的安装步骤。

在安装新的软件包之前，建议先更新系统的软件包列表，以确保安装的是最新版本的软件包。打开终端（快捷键为 Ctrl+Alt+T），并输入以下命令：

```
$ sudo apt update
```

对于 Python 3，pip 通常作为 python3-pip 软件包提供。在终端中输入以下命令来安装 pip：

```
$ sudo apt install python3-pip
```

以上命令会安装与 Python 3 版本相匹配的 pip。

安装完成后，可以通过运行以下命令来检查 pip 是否已成功安装，以及安装的版本信息：

```
$ pip3 --version
```

如果显示了具体的版本号，则表示 pip 已成功安装。

安装完成后，可以通过运行 pip3 命令来使用 pip 的 Python 3 版本。例如，要安装一个软件包，可以运行以下命令：

```
$ pip3 install 软件包名
```

卸载软件包，可以运行以下命令：

```
$ pip3 uninstall 软件包名
```

从文件安装软件包，可以运行以下命令：

```
$ pip3 install -r requirements.txt
```

升级软件包，可以运行以下命令：

```
$ pip3 install -U 软件包名
```

-U 是--upgrade 的简写形式，两者是等价的，都用于将指定的软件包升级到最新版本。

从指定镜像源安装软件包，可以运行以下命令：

```
$ pip3 install -i https://pypi.tuna.tsinghua.edu.cn/simple 软件包名
```

要列出已安装的软件包，可以运行以下命令：

```
$ pip3 list
```

导出依赖（生成依赖文件），可以运行以下命令：

```
$ pip3 freeze > requirements.txt
```

要升级一个软件包，可以运行以下命令：

```
$ pip3 install --upgrade 软件包名
```

- pip3 install --upgrade 软件包名：安装并强制升级指定的软件包到最新版本。无论当前是否已安装该软件包，都会从 PyPI 获取并安装最新版本。如果已安装旧版本，则会先卸载旧版本再安装新版本。
- pip3 install 软件包名：安装指定的 Python 软件包。如果该软件包未安装，则直接安装最新版本。如果该软件包已安装，但本地版本低于最新版本，则不会自动升级。

可以运行以下命令来升级 pip：

```
$ pip3 install --upgrade pip
```

需要注意的是，随着 Python 及其生态系统的不断发展，具体的安装命令和可用选项可能会有所变化。读者要始终参考正在使用的统信 UOS 发行版的官方文档，以获取最新信息。

2.1.3　安装 DB Browser for SQLite

DB Browser for SQLite 是一款开源、跨平台的图形化数据库管理工具，专为 SQLite 设计，它简化了数据库的创建、编辑与维护操作。用户无须掌握复杂的 SQL 命令，可通过直观的界面完成建表、数据的增/删/改/查、索引管理等任务。DB Browser for SQLite 支持直接浏览和编辑数据库内容（如文本、BLOB 字段）。其核心功能包括可视化表结构设计、SQL 脚本编辑与执行、将数据导入/导出软件（CSV、JSON 等格式）及数据库加密（需扩展支持）。另外，其还提供了数据筛选、图表化展示及历史操作回退等实用特性，适用于开发调试、数据分析或教学场景。作为轻量级工具，DB Browser for SQLite 兼容 Windows、macOS 和 Linux 系统，且完全免费，是 SQLite 用户快速上手的高效选择，尤其适合非专业开发者使用，并可满足小型项目的数据管理需求。

在统信 UOS 的应用商店中安装 DB Browser for SQLite 的步骤如下。

在桌面或应用程序菜单中选择“应用商店”命令。

在搜索栏中输入“DB Browser for SQLite”并按 Enter 键。

在搜索结果中单击“DB Browser for SQLite”，进入详情页面，单击“安装”按钮，等待下载和安装完成，如图 2-1 所示。

安装完成后，在应用商店详情页面中单击“打开”按钮或在应用程序菜单中选择“DB Browser for SQLite”命令来启动，如图 2-2 所示。

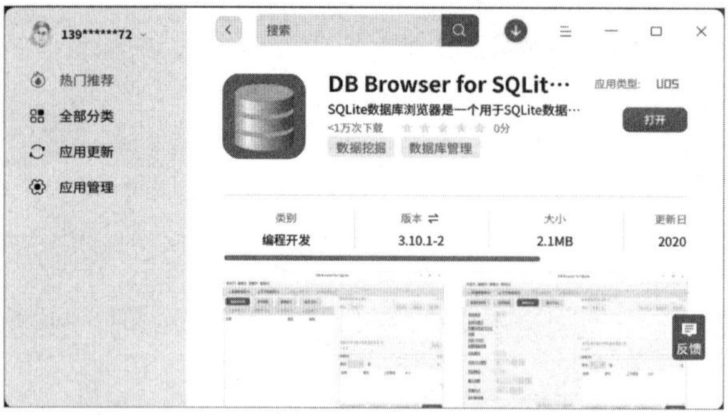

图 2-1　安装 DB Browser for SQLite

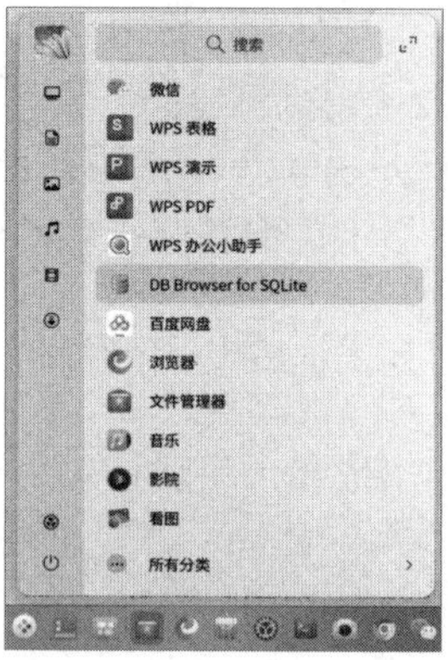

图 2-2　“DB Browser for SQLite”命令

2.2 变量和数据类型

在 Python 编程中，变量和数据类型是不可或缺的基础概念。以下是对这两个概念的详细解析。

2.2.1 变量

1. 定义

变量在 Python 中扮演着存储数据的角色。可以将变量视为存储数据的容器。

2. 命名规则

变量名需要以字母或下画线（_）开头，后续字符可以是字母、数字或下画线。

变量名区分字母大小写，即 var 与 Var 被视为两个不同的变量。

避免使用 Python 的关键字（如 if、else、for 等）作为变量名，因为这会导致语法错误。

3. 赋值

在 Python 中，使用等号（=）来为变量赋值。例如，x=10 表示将整数 10 赋值给变量 x。

4. 动态类型

Python 是一种动态类型语言，这意味着，变量的类型是在赋值时确定的，并且可以在程序运行过程中被改变。例如，在 var=10 中，var 是整数类型，但执行 var = "hello"后，var 就变成了字符串类型。

2.2.2 数据类型

Python 支持多种数据类型，以下是几种常见的数据类型。

1. 数值类型

➢ 整型（int）：如 10、−20、0。

- 浮点型（float）：如 3.14、−0.001。
- 复数（complex）：如 1+2j，其中 j 是虚数单位。

2. 字符串类型

字符串（str）用于表示文本数据，如"hello"或'world'。字符串可以由单引号（'）、双引号（"）或三引号（'''或"""）括起来。

3. 列表类型

列表（list）是有序的元素集合，可以包含不同类型的元素，如[1, "hello", 3.14]。

4. 元组类型

元组（tuple）是不可变的列表，即一旦创建，其内容就不能被修改，如(1, "hello", 3.14)。

5. 集合类型

集合（set）是无序且不包含重复元素的类型，如{1, 2, 3}。

6. 字典类型

字典（dict）是无序的键值对集合，键必须是唯一的，而值则可以是任意数据类型，如{"name": "Alice", "age": 25}。

7. 布尔类型

布尔（bool）类型用于表示真（True）值或假（False）值。

8. None 类型

None 类型是用于表示空值或“无”的特殊类型，只有一个值，即 None。

了解变量和数据类型是编写 Python 程序的基础。通过合理地使用变量和选择适当的数据类型，可以编写出更加高效、易于理解和维护的代码。

2.3 控制结构

Python 的控制结构是编程中用于控制程序执行流程的重要部分。它们允许程序根据条件执行或重复执行代码块。Python 中的控制结构主要包括条件语句（if 语句）和循环语句（for 循环和 while 循环）。

2.3.1 条件语句

条件语句用于根据一个或多个条件来执行不同的代码块。Python 中的条件语句使用 if、elif（else if 的缩写）和 else 关键字来定义。

```
# 简单的 if 语句
x = 10
if x > 5:
    print("x is greater than 5")
```

```
# 使用elif和else的if语句
x = 3
if x > 5:
    print("x is greater than 5")
elif x == 5:
    print("x is equal to 5")
else:
    print("x is less than 5")
```

2.3.2 循环语句

循环语句允许程序重复执行一段代码，直到满足某个条件为止。Python 主要提供了两种循环结构：for 循环和 while 循环。

1. for 循环

for 循环用于遍历序列（如列表、元组、字符串或字典等）或其他可迭代对象。

```
# 遍历列表
fruits = ["apple", "banana", "cherry"]
for fruit in fruits:
    print(fruit)

# 使用 range 函数生成数字序列
for i in range(5):  # 相当于 0 到 4
    print(i)
```

2. while 循环

while 循环在给定条件为真时重复执行代码块。

```
# 简单的 while 循环
count = 0
while count < 5:
    print(count)
    count += 1
```

3. 嵌套循环

循环可以嵌套在其他循环内部，创建更复杂的执行流程。

```
# 嵌套循环实例
for i in range(3):
    for j in range(2):
        print(f"i={i}, j={j}")
```

4. 控制循环的语句

- break 语句：用于立即退出循环，无论循环条件是否满足，都不再执行循环中剩余的语句。
- continue 语句：用于跳过当前循环的剩余部分，并继续进行下一次循环迭代。
- pass 语句：一个空操作，什么也不做。它通常用作占位符，以保持程序结构的完整性。

```
# 使用break语句
for i in range(10):
    if i == 5:
        break  # 当 i 等于 5 时退出循环
```

```
    print(i)

# 使用 continue 语句
for i in range(10):
    if i % 2 == 0:
        continue  # 跳过偶数
    print(i)  # 只打印奇数
```

通过理解和使用以上控制结构，可以编写出更加灵活和强大的 Python 程序。

2.4 函数

在 Python 中，函数是一种可重用的代码块，作用是执行特定的任务或计算。函数使得代码更加模块化和易于维护，因为它们可以将复杂的任务分解为更小、更易于管理的部分。以下是关于 Python 函数的一些关键点。

1. 定义函数

使用 def 关键字来定义一个函数。函数名后面跟着一对圆括号，括号内可以包含参数（也被称为形参），这些参数在函数被调用时被赋予实际的值（实参）。函数体由冒号后面的一个缩进块组成。

```
def my_function(param1, param2):
    # 函数体
    result = param1 + param2
    return result
```

2. 调用函数

在定义函数后，需要通过函数名加上一对圆括号（可以包含实参）来调用它。

```
result = my_function(5, 10)
print(result)  # 输出: 15
```

3. 参数

必需参数：在定义函数时括号内的参数是必需的，并且在调用函数时必须提供相应数量的实参。

默认参数：可以在定义函数时为参数指定默认值，这样在调用函数时可以省略这些参数。

可变数量参数：使用*args 可以接收任意数量的位置参数，使用**kwargs 可以接收任意数量的关键字参数。

4. 返回值

函数可以使用 return 语句返回一个或多个值。如果函数没有 return 语句，那么它将返回 None。

5. 局部变量和全局变量

局部变量：在函数内部定义的变量是局部变量，只能在该函数内部被访问。

全局变量：在函数外部定义的变量是全局变量，可以在整个程序中被访问。在函数内部，可以使用 global 关键字来声明一个全局变量，从而在函数内部修改它。

6. Lambda 函数

Lambda 函数（也被称为匿名函数）是一种简洁的定义函数的方式。它使用 lambda 关键字，并且只能有一个表达式。

```
my_lambda = lambda x, y: x + y
print(my_lambda(5, 10))  # 输出: 15
```

7. 文档字符串

可以在函数定义的第一行使用三引号来添加文档字符串，它描述了函数的功能、参数和返回值。

```
def my_function(param1, param2):
    """
    计算两个参数的和。

    参数:
    param1 -- 第一个参数
    param2 -- 第二个参数

    返回值:
    两个参数的和
    """
    result = param1 + param2
    return result
```

8. 嵌套函数

可以在函数内部定义另一个函数，这种函数被称为嵌套函数或内部函数。

9. 闭包

闭包是指一个函数对象，记住了其创建时的环境（即外部函数的局部变量）。这意味着闭包可以访问和操作其外部函数的局部变量，即使外部函数已经返回。

Python 函数是强大且灵活的，通过合理使用它们，可以编写出更加模块化和可维护的代码。

2.5 类和对象

在 Python 编程中，类和对象是面向对象程序设计（OOP）的核心概念。类作为创建对象的蓝图或模板，定义了对象所应拥有的属性和方法。而对象则是根据类实例化出来的具体实体，继承了类的所有属性和方法，并可能包含特有的数据。

1. 类（Class）

- 定义：在 Python 中，使用 class 关键字来定义一个类。在类体中，可以声明变量（即属性）和函数（即方法）。
- 属性：属性代表了类的状态或数据。在类中声明的变量默认为类属性，但通常在__init__方法中定义的属性为实例属性，它们与特定的对象实例相关联。
- 方法：方法是与类相关联的函数。它们定义了对象能执行的操作。__init__方法是一个特殊的方法，被称为类的构造函数，用于在创建对象时初始化其状态。

2. 对象（Object）

- 创建：使用类名并调用它来创建一个对象实例。在调用时，可以向__init__方法传递参数，以初始化对象的属性。
- 访问属性：通过点（.）操作符来访问对象的属性。
- 调用方法：同样通过点操作符来调用对象的方法。

3. 实例代码

以下是一个简单的 Python 类和对象的实例代码：

```
class Dog:
    # 类属性（通常用于定义所有实例共享的常量）
    species = "Canis familiaris"

    def __init__(self, name, age):
        # 实例属性
        self.name = name
        self.age = age

    def bark(self):                          # 实例方法
        return f"{self.name} says Woof!"

    @classmethod
    def get_species(cls):                    # 类方法，使用 cls 代表类本身
        return cls.species

    @staticmethod
    def just_info():                         # 静态方法，不依赖类或实例的状态
        return "This is a static method."

# 创建对象实例
d = Dog("Rex", 3)

# 访问属性
print(d.name)  # 输出：Rex
print(d.age)  # 输出：3
print(Dog.species)  # 输出：Canis familiaris，也可以通过类来访问类属性

# 调用方法
print(d.bark())  # 输出：Rex says Woof!
print(Dog.get_species())  # 输出：Canis familiaris，通过类调用类方法
print(d.just_info())  # 输出：This is a static method.，静态方法也可以通过实例调用
```

4. 注意事项

类属性和实例属性：类属性是所有实例共享的，而实例属性是针对单个对象的。修改实例属性不会影响其他对象或类属性。

方法类型：普通方法接收 self 作为第一个参数，代表调用该方法的对象实例。类方法使用@classmethod 装饰器，并接收 cls 作为第一个参数，代表类本身。静态方法使用@staticmethod 装饰器，它们不依赖类或实例的状态。

封装：虽然 Python 没有像 Java 那样的访问修饰符（如 public、private），但通常约定以下

画线（_）开头的属性或方法被视为“受保护的”或“私有的”，不应直接从外部访问。然而，这只是一个约定，Python 并未通过语法强制限定这类访问控制规则。

2.6 模块和包

在 Python 编程中，模块（Module）和包（Package）是组织代码的关键概念，它们有助于代码的重用、维护和分发。

1. 模块

模块是一个包含 Python 代码的文件，扩展名为.py。模块可以定义函数、类和变量，还可以包含可执行的代码。模块的主要功能是将相关的函数和类组织在一起，以便重用。

在使用模块时，需要使用 import 语句将其导入当前的命名空间。例如，要导入一个名为“math”的模块，可以使用以下代码：

```
import math
```

导入后，就可以访问该模块中定义的函数和变量了。例如，math.sqrt(9)将返回 3.0。

2. 包

包是一个包含多个模块的文件夹。包通常有一个__init__.py 文件（该文件可以是空的），它用于告诉 Python 该文件夹是一个包。__init__.py 文件还可以包含包的初始化代码，或者用来定义当包被导入时要执行的代码。

包的目录结构通常如下：

```
mypackage/
    __init__.py
    module1.py
    module2.py
    subpackage/
        __init__.py
        module3.py
```

要导入包中的模块，可以使用点（.）操作符。例如，要导入 mypackage 包中的 module1.py 模块，可以使用以下代码：

```
import mypackage.module1
```

或者，可以使用 from ... import ...语法来导入模块中的特定函数或类：

```
from mypackage.module1 import some_function
```

此外，如果__init__.py 文件中定义了__all__列表，那么在使用 from ... import *语法时，将只导入__all__列表中指定的名称（例如，__all__ = ["module1", "some_function"]，则只会导入 module1 和 some_function，未列在__all__中的名称不会被导入）；如果没有定义__all__列表，那么将会导入所有不以下画线开头的全局名称）。

3. 使用模块和包的好处

- 代码重用：通过定义模块和包，可以将常用的代码封装起来，在多个项目中重用。
- 命名空间管理：模块和包提供了命名空间，避免了名称冲突。
- 代码组织：模块和包有助于将大型项目分解为更小、更易于管理的部分。
- 分发和安装：模块和包可以被打包成分发包（如.whl 或.tar.gz 文件），并通过 Python 包索引（Python Package Index，PyPI）等渠道进行分发和安装。

总之，模块和包是 Python 中组织代码的重要工具，它们使得代码可重用且更加模块化、更易维护。

2.7 文件操作

在 Python 中，文件操作是通过内置的文件处理函数和方法来实现的。这些函数和方法允许打开、读取、写入和关闭文件。以下是一些基本的文件操作概念和方法。

1. 打开文件

要使用 Python 打开文件，需要使用其内置的 open 函数。这个函数返回一个可访问的文件对象，可以用它来读取或写入数据。

```
file=open('filename.txt', 'r') # 打开“filename.txt”文件进行读取（“r”表示读取模式）
```

open 函数的第一个参数是文件的名称，第二个参数是模式。模式决定了是以读取（r）、写入（w）、追加（a）还是二进制（b）方式打开文件。常见的模式有以下几种。

- r：读取模式（默认）。
- w：写入模式，打开文件用于写入。如果文件已存在，则会被覆盖。如果文件不存在，则会创建一个新文件。
- a：追加模式，打开文件用于写入。如果文件已存在，则写入的数据会被追加到文件末尾。如果文件不存在，则会创建一个新文件。
- b：二进制模式，用于打开非文本文件，如图片等。
- +：更新模式，用于读取和写入文件。例如，“r+”表示可以读取和写入文件（文件必须存在）。

2. 读取文件

一旦打开了文件，就可以使用文件对象的 read、readline 或 readlines 方法来读取文件内容。

```
content = file.read()          # 读取整个文件内容
line = file.readline()         # 读取文件的下一行
lines = file.readlines()       # 读取文件的所有行，并将它们作为列表返回
```

3. 写入文件

以写入模式打开文件，并使用 write 方法将数据写入文件。

```
file = open('filename.txt', 'w')
file.write('Hello, world!')  # 将字符串“Hello, world!”写入文件
```

4. 关闭文件

当完成文件操作后，应该关闭文件以释放系统资源。可以使用 close 方法来关闭文件。

```
file.close()  # 关闭文件
```

更好的做法是，使用 with 语句来管理文件上下文，这样可以确保文件在使用完成后被正确关闭，即使在写入文件时发生异常也是如此。

```
with open('filename.txt', 'w') as file:
    file.write('Hello, world!')  # 文件会在 with 块结束时自动关闭
```

5. 文件路径

在打开文件时，可以指定相对路径或绝对路径。相对路径是相对于当前工作目录的路径，而绝对路径是从文件系统的根目录开始的完整路径。

```
# 相对路径
with open('data/filename.txt', 'r') as file:
    content = file.read()

# 绝对路径
with open('Home/www/data/filename.txt', 'r') as file:
    content = file.read()
```

通过以上这些基本的文件处理函数和方法，可以在 Python 中轻松地进行文件操作。

2.8 异常处理

Python 的异常处理机制使程序在运行遇到错误时能够优雅地处理这些错误，而不是简单地崩溃。通过使用 try、except、else 和 finally 关键字，可以捕获和处理可能发生的异常，从而确保程序的健壮性和可靠性。

1. 基本结构

try 块：包含可能引发异常的代码。当异常发生时，程序会立即跳转到相应的 except 块（如果存在）。

except 块：用于捕获和处理特定类型的异常。可以使用多个 except 块来捕获不同类型的异常。

else 块（可选）：当 try 块中的代码没有引发任何异常时，else 块中的代码会被执行。它通常用于进行清理操作或执行一些只有在没有异常发生时才应该执行的代码。

finally 块（可选）：无论是否发生异常，finally 块中的代码都会被执行。它通常用于释放资源，如关闭文件或断开网络连接。

2. 实例

```
try:
    # 可能引发异常的代码
    result = 10 / 0  # 这将引发一个 ZeroDivisionError 异常
except ZeroDivisionError:
    # 处理 ZeroDivisionError 异常的代码
    print("除数不能为零！")
else:
    # 如果没有异常发生，则执行这里的代码
    print(f"结果是：{result}")
finally:
    # 无论是否发生异常，都会执行这里的代码
    print("执行完成。")
```

在上面的实例中，由于 10/0 会引发一个 ZeroDivisionError 异常，因此程序会跳转到 except ZeroDivisionError 块，并打印出“除数不能为零！”的消息。然后，无论是否发生异常，finally 块中的代码都会被执行，打印出“执行完成。”的消息。

3. 捕获多种异常

可以使用单个 except 块来捕获多种类型的异常，只需在括号中列出这些异常类型，并用逗号分隔它们即可。

```
try:
    # 可能引发异常的代码
    pass  # 这里只是占位，用于放置实际代码中有可能引发异常的代码
except (ValueError, TypeError):
    # 处理 ValueError 和 TypeError 异常的代码
    print("发生了 ValueError 或 TypeError 异常！")
```

4. 捕获所有异常

可以使用不带任何异常类型的 except 块来捕获所有异常，但不推荐这样做（因为它会捕获所有类型的异常，包括可能不想捕获的系统退出异常等）。

```
try:
    # 可能引发异常的代码
    pass  # 这里只是占位，用于放置实际代码中有可能引发异常的代码
except:
    # 处理所有类型异常的代码
    print("发生了未知异常！")
```

然而，更好的做法是，尽量捕获种类清晰的异常，以便能够针对每种异常类型提供不同的处理逻辑。

5. 自定义异常

在 Python 中，还可以自定义异常类，其通过继承内置的 Exception 类来实现：

```
class MyCustomError(Exception):
    def __init__(self, message):
        super().__init__(message)
        self.message = message

try:
    # 可能引发自定义异常的代码
    raise MyCustomError("这是一个自定义异常！")
except MyCustomError as e:
    # 处理自定义异常的代码
    print(e.message)
```

在上面的实例中，首先自定义了一个名为“MyCustomError”的异常类，并在 try 块中显式地引发了它（raise，为了将程序的控制权转移到异常处理部分，即 except 块）。然后，在 except 块中，捕获了这个异常并打印出了它的消息。

2.9 标准库和第三方库

Python 标准库和第三方库共同构成了 Python 的强大生态系统，为开发者提供了丰富的功能和工具。以下是对这两者的详细介绍。

1. Python 标准库

Python 标准库是随 Python 解释器一起安装的，无须额外安装。它包含了很多模块和包，

具有丰富的功能，如操作系统接口、文件 I/O、字符串处理、网络通信、多线程支持、数学计算等。这些模块通常被认为是 Python 的核心部分，因为它们在不同的 Python 实现和发行版中是一致的。以下是一些常用的 Python 标准库模块。

- os：提供了与操作系统交互的功能，如文件和目录操作。
- sys：提供了与 Python 解释器及其环境有关的功能，如访问命令行参数。
- math：提供了基本的数学运算函数，如三角函数、对数函数等。
- random：用于生成随机数。
- time：提供了各种与时间相关的函数，如获取当前时间、时间格式化等。
- datetime：提供了丰富的日期和时间处理功能。
- re：正则表达式模块，用于字符串的搜索、替换、分隔等操作。
- json：用于处理 JSON 数据。
- argparse：命令行选项、参数和子命令解析器。
- logging：Python 的日志记录工具。

此外，Python 还包括具有文本处理（如字符串操作、正则表达式匹配）、网络通信（如套接字编程）、文件压缩与归档等功能的标准库模块。

2. Python 第三方库

Python 第三方库是指由 Python 社区或其他开发者开发并共享的软件包或模块。这些库通常不是 Python 标准库的一部分，但它们提供了丰富的功能和工具，可以帮助开发者在项目中快速实现特定的功能或解决特定的问题。以下是一些常用的 Python 第三方库及其应用领域。

- 数据分析与科学计算。
  - ✧ NumPy：提供高性能的多维数组对象并支持任意维度的数组操作，是许多高级数学、科学计算库的基础。
  - ✧ Pandas：基于 NumPy 的开源数据分析和操作库，提供了快速、灵活和表达式丰富的数据结构。
  - ✧ SciPy：基于 NumPy 的开源 Python 算法库和数学工具包，应用于数学、科学和工程领域。
- 数据可视化。

Matplotlib：用于数据可视化的库，可以绘制线图、散点图、柱状图、饼图、3D 图形等多种类型的图形。

- Web 应用开发。
  - ✧ Flask：轻量级的 Web 应用框架，设计简单，易于上手，且可扩展性强。
  - ✧ Django：高级的 Python Web 应用框架，强调快速开发和干净、实用的设计，遵循 MVC（Model-View-Controller，模型-视图-控制器；Model 表示数据或业务逻辑；View 表示用户看到的界面；Controller 用于处理输入，协调 Model 和 View）设计模式。
  - ✧ Requests：简单易用的 HTTP 库，用于发送各种类型的 HTTP 请求。
- 网络爬虫。

Scrapy：高效、可扩展的网络爬虫框架，用于抓取和提取结构化数据。

- 自然语言处理。
  - NLTK（Natural Language Toolkit）：广泛使用的自然语言处理工具包，提供了丰富的语料库和函数。
  - spaCy：自然语言处理的库，提供了工业级高性能的文本处理和分析功能。
  - TextBlob：简单易用的文本处理和情感分析库，基于 NLTK 和 Pattern。
- 图像处理。
  - Pillow：PIL（Python Imaging Library）的友好分支与升级版本，提供了广泛的文件格式支持和强大的图像处理能力。
  - OpenCV：开源的计算机视觉和机器学习软件库，包含了大量图像处理函数和视频分析函数。
- 机器学习。
  - Scikit-learn：基于 Python 的机器学习库，提供了大量的机器学习算法和数据预处理工具。
  - PyTorch：深度学习库，提供了灵活的张量操作和高级的神经网络模型。
  - TensorFlow：广泛使用的机器学习和深度学习库，提供了丰富的工具和算法。
- 数据库操作。
  - SQLAlchemy：强大的数据库 ORM（Object Relational Mapping，对象关系映射）工具，用于简化数据库操作和管理流程。
  - psycopg2：用于连接和操作 PostgreSQL 的驱动程序。
  - pymongo：用于连接和操作 MongoDB 的驱动程序。
  - redis-py：用于连接和操作 Redis 的驱动程序。
- 图形用户界面（Graphical User Interface，GUI）。

PyQt：PyQt 是一个用于创建桌面应用程序的库，提供了许多 GUI 组件，包括窗口、按钮、输入框、菜单等，以及一些常用的工具，如数据库连接和网络编程。

第三方库可以从 PyPI 网站安装，其主页如图 2-3 所示。

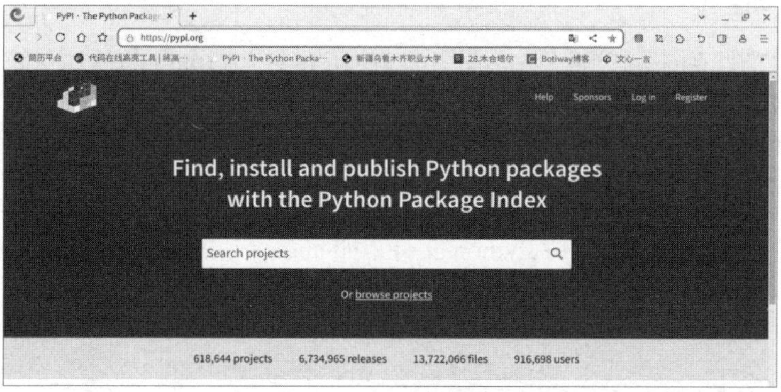

图 2-3　PyPI 网站主页

第 3 章　Flask 基础

Flask 是一个轻量级的 Python Web 框架，基于 Werkzeug WSGI 工具包和 Jinja2 模板引擎设计，以简洁、灵活著称。它采用“微核心”架构，仅提供路由、请求响应等基础功能，但可通过扩展灵活集成 ORM、表单验证等组件，适合快速开发小型应用或 API。Flask 的学习曲线平缓，代码直观，如定义路由仅需@app.route()装饰器。其支持 RESTful 开发，兼容 Jinja2 模板渲染，并内置开发服务器与调试器。尽管 Flask 的默认功能精简，但凭借丰富的扩展库（如 Flask-SQLAlchemy、Flask-Login），能轻松实现数据库操作、用户认证等复杂需求，是 Python 领域十分受欢迎的 Web 框架之一。

3.1 Flask Web 应用开发

Flask Web 应用设计简洁、易于上手。其核心非常简单，只包括两个主要对象：WSGI（Web Server Gateway Interface，服务网关接口）应用和请求上下文。通过使用扩展，可以轻松地扩展其功能，如数据库集成、表单处理、用户认证等。强大的模板引擎 Jinja2 使得动态网页的生成变得简单直观。

3.1.1 创建 Flask Web 应用

下面是一个简单的 Flask Web 应用开发实例。这个实例将创建一个基本的 Flask Web 应用程序，它包含一个主页（显示“Hello, World!”消息），以及一个关于页面。

1. 安装 Flask

首先，需要确保系统上安装了 Flask，可以使用 pip3（Python 的软件包管理器）来安装。打开命令行终端，输入以下命令：

```
$ pip3 install Flask
```

2. 创建应用

在工作目录中，创建一个新的 Python 文件，如 app.py。在这个文件中，编写 Flask Web 应用代码。

【app.py】

```
# app.py
from flask import Flask, render_template

app = Flask(__name__)

@app.route('/')
def home():
    return render_template('index.html', message='Hello, World!')
```

```
@app.route('/about')
def about():
    return render_template('about.html')

if __name__ == '__main__':
    app.run(debug=True)
```

这段代码是一个使用 Flask 框架创建的简单 Web 应用程序。以下是对这段代码的解释。

```
from flask import Flask, render_template
```

这行代码从 Flask 库中导入了两个重要的组件：Flask 类和 render_template 函数。Flask 类用于创建 Web 应用实例，而 render_template 函数则用于渲染 HTML 模板。

```
app = Flask(__name__)
```

这行代码创建了一个 Flask Web 应用实例，并将其赋值给变量 app。__name__是当前 Python 模块的名称，在这个实例中，它是__main__，表示这个脚本是作为主程序运行的。

```
@app.route('/')
```

这是一个路由装饰器，用于将 URL（/）与 home 函数关联起来。当用户访问网站根目录时，会调用 home 函数。

```
def home():
    return render_template('index.html', message='Hello, World!')
```

第一行代码定义了 home 函数，该函数没有参数。home 函数调用 render_template 函数，渲染 index.html 模板文件，并传递一个名为“message”的变量，其值为“Hello, World!”。渲染后的 HTML 内容将作为 HTTP 响应返回客户端。

```
@app.route('/about')
```

这是另一个路由装饰器，将 URL（/about）与 about 函数关联起来。当用户访问/about 路径时，会调用 about 函数。

```
def about():
    return render_template('about.html')
```

第一行代码定义了 about 函数，该函数同样没有参数。about 函数调用 render_template 函数渲染 about.html 模板文件，并将其内容作为 HTTP 响应返回客户端。

```
if __name__ == '__main__':
    app.run(debug=True)
```

第一行代码用于检查是否直接运行该脚本（而不是作为模块导入）。如果是，则执行以下语句，启动 Flask Web 应用，并启用调试模式。调试模式提供了许多有用的功能，如自动重载和调试信息。

3. 创建模板

Flask 使用 Jinja2 模板引擎来渲染 HTML。需要在应用中创建一个 templates 目录，并在其中放置 HTML 文档。

在工作目录中，创建一个名为 templates 的目录，并在其中创建两个 HTML 文档：index.html 和 about.html。

【index.html】

```
<!DOCTYPE html>
<html lang="en">
<head>
    <meta charset="UTF-8">
    <meta name="viewport" content="width=device-width, initial-scale=1.0">
    <title>Home</title>
```

```
</head>
<body>
    <h1>{{ message }}</h1>
    <a href="{{ url_for('about') }}">About</a>
</body>
</html>
```

这段代码是一个简单的 HTML 模板，以下是对这段代码的解释。

```
<!DOCTYPE html>
```

这行代码声明了文档类型，用于告诉浏览器这是一个 HTML5 文档。

```
<html lang="en">
```

<html>标签定义了 HTML 文档的根元素。lang="en"属性指定了文档使用的语言是英语。

```
<head>
```

<head>标签包含了文档的元数据，如字符编码、网页标题、样式表链接文件、脚本等。

```
<meta charset="UTF-8">
```

这行代码指定了页面的字符编码为“UTF-8”，这是一种广泛使用的字符编码，支持多种语言字符。

```
<meta name="viewport" content="width=device-width, initial-scale=1.0">
```

这行代码用于优化移动设备上的显示。viewport 用于控制网页在移动设备视口中的显示尺寸和缩放行为。width=device-width 表示页面宽度等于设备屏幕宽度，initial-scale=1.0 表示页面初始缩放比例为 1∶1。

```
<title>Home</title>
```

<title>标签定义了浏览器标签页上的标题，这里设置为“Home”。

```
</head>
<body>
```

</head>标签结束了<head>标签，<body>标签包含用户可见的页面内容。

```
<h1>{{ message }}</h1>
```

<h1>标签定义了一个一级标题。{{ message }}是一个模板变量，通常在使用模板引擎（如 Jinja2，Flask 的默认模板引擎）时，它会被替换为变量 message 的值。这意味着实际显示的内容取决于 message 变量的值。

```
<a href="{{ url_for('about') }}">About</a>
```

<a>标签定义了一个超链接。href="{{ url_for('about') }}"是一个模板表达式，用于生成指向“about”视图的 URL。url_for 是 Flask 中的一个函数，接收视图函数名作为参数，并返回该视图函数对应的 URL。这里，它用于创建一个链接到名为“about”的页面。

```
</body>
</html>
```

</body>标签结束了<body>标签，</html>标签结束了整个 HTML 文档。

【about.html】

```
<!DOCTYPE html>
<html lang="en">
<head>
    <meta charset="UTF-8">
    <meta name="viewport" content="width=device-width, initial-scale=1.0">
    <title>About</title>
</head>
<body>
    <h1>About Page</h1>
    <p>This is the about page of our Flask application.</p>
    <a href="{{ url_for('home') }}">Home</a>
</body>
```

```
</html>
```

这段代码是一个简单的 HTML 模板，用于在 Web 应用程序中显示一个关于页面。它使用了 Flask 框架的模板引擎特性，特别是{{ url_for('home') }}部分，这是 Flask 特有的功能，用于动态生成 URL。以下是对这段代码的解释。

```
<!DOCTYPE html>
```

这行代码声明了文档类型，用于告诉浏览器这是一个 HTML5 文档。

```
<html lang="en">
```

<html>标签定义了 HTML 文档的根元素，lang="en"属性指定了文档使用的语言为英语。

```
<head>
    <meta charset="UTF-8">
```

<head>标签包含了文档的元数据。<meta charset="UTF-8">指定了文档使用 UTF-8 字符编码，这是一种广泛使用的国际字符编码，支持多种语言字符。

```
<meta name="viewport" content="width=device-width, initial-scale=1.0">
```

另一个<meta>标签用于设置视口（viewport），这是针对移动设备的优化。content="width=device-width, initial-scale=1.0"确保了页面宽度等于设备屏幕宽度，并且初始缩放比例为 1：1，这有助于页面在移动设备上正确显示。

```
<title>About</title>
```

<title>标签定义了文档的标题，这个标题会显示在浏览器标签页上。

```
<body>
    <h1>About Page</h1>
```

<body>标签包含了文档的主体内容。<h1>标签定义了一个一级标题，这里是“About Page”。

```
<p>This is the about page of our Flask application.</p>
```

<p>标签定义了一个段落，这里的内容是“This is the about page of our Flask application.”，说明这是 Flask Web 应用程序的关于页面。

```
<a href="{{ url_for('home') }}">Home</a>
</body>
</html>
```

<a>标签定义了一个超链接。

href="{{ url_for('home') }}"是 Flask 模板引擎的语法，用于动态生成指向名为“home”的超链接的 URL。这意味着，当用户单击这个超链接时，其会被重定向到应用程序中定义的“home”路由。Home 是超链接的文本，将显示在页面上。

4. 运行应用

现在已经创建了 Flask Web 应用和模板，可以通过运行 app.py 文件来启动应用。回到命令行终端（快捷键为 Ctrl+Alt+T），进入包含 app.py 文件的目录，并输入以下命令：

```
$ python3 app.py
```

将看到类似以下的输出，表明 Flask Web 应用正在运行：

```
* Running on http://127.0.0.1:5000/ (Press CTRL+C to quit)
* Restarting with stat
* Debugger is active!
* Debugger PIN: 123-456-789
```

打开网络浏览器，并访问 http://127.0.0.1:5000/，将看到“Hello, World!”消息和指向关于页面的超链接，如图 3-1 所示。单击超链接，将看到关于页面的内容，如图 3-2 所示。

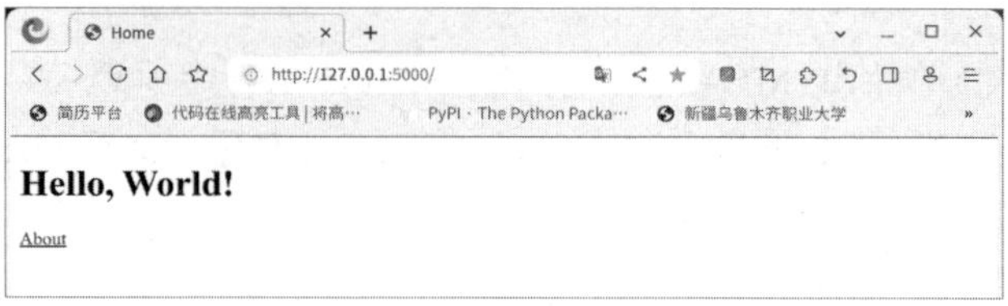

图 3-1　Flask Web 应用主页

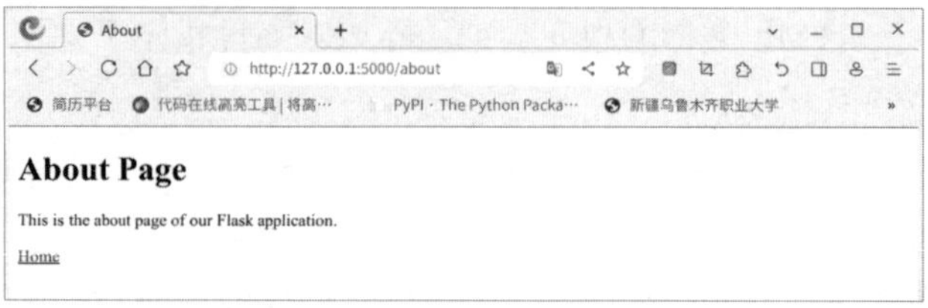

图 3-2　Flask Web 应用关于页面

这个简单的 Flask Web 应用开发实例展示了如何创建一个基本的 Web 应用，它包含两个页面：主页和关于页面。通过使用 Flask 的路由和模板功能，可以很容易地扩展这个实例，添加更多的页面和功能。

3.1.2　【扩展】templates 和 static 目录的用途

在 Flask Web 应用中，templates 和 static 是两个核心目录，它们都有明确的用途和最佳实践。以下是对这两个目录的详细解释。

1. templates 目录

1）用途

- 专门存放 Jinja2 模板文件（HTML 文档，但支持动态内容）。
- Flask 默认从此目录加载网页模板，用于渲染动态网页。

2）关键特性

- 动态渲染：模板中可以嵌入变量、控制逻辑（如 {% if %}、{% for %}）。
- 模板继承：通过{% extends %}可以实现布局复用。例如，某个模板（如 page.html）可以继承基础模板（如 base.html）的结构和内容。
- 自动查找：Flask 的 render_template 函数默认从该目录查找文件。

3）实例结构

```
flask_app/
├── templates/
│   ├── base.html                  # 基础模板
│   ├── index.html                 # 主页模板
│   └── user/profile.html          # 嵌套子目录
```

4）代码实例

```
from flask import render_template

@app.route('/')
def home():
```

```
    # 自动从 templates 目录查找文件
    return render_template('index.html', title='Home')
```

2. static 目录

1）用途

- 存放静态资源文件，如 CSS 文件、JavaScript 文件、图片、字体等。
- 这些文件无须服务器端处理，直接由客户端（浏览器）加载。

2）关键特性

- 直接访问：通过/static/URL 访问静态文件（如/static/css/style.css）。
- 性能优化：适合搭配 CDN（Content Delivery Network，内容分发网络，这是一种分布式服务器网络，通过将内容缓存到全球多个边缘节点，使用户可以从最近的服务器获取数据）或缓存策略。
- 默认路径：Flask 自动为此目录创建路由。

3）实例结构

```
flask_app/
├── static/
│   ├── css/
│   │   └── style.css          # 样式表
│   ├── js/
│   │   └── script.js          # JavaScript 文件
│   └── images/
│       └── logo.png           # 图片文件
```

4）代码实例

```
<!-- 在模板中引用静态文件 -->
<link rel="stylesheet" href="{{ url_for('static', filename='css/style.css') }}">
<img src="{{ url_for('static', filename='images/logo.png') }}">
```

3. 为什么需要分离

templates 目录与 static 目录的内容类型和文件处理方式对照如表 3-1 所示。

表 3-1　templates 目录与 static 目录的内容类型和文件处理方式对照

目录	内容类型	处理方式	是否动态
templates	HTML+Jinja2	服务器端渲染	是
static	CSS 文件、JavaScript 文件、图片文件等	客户端直接加载	否

templates 目录与 static 目录分离的作用如下。

- 安全：防止用户直接访问模板文件（可能包含敏感逻辑）。
- 效率：静态文件可通过 Nginx/Apache 直接处理，减轻 Flask 负担。
- 可维护性：代码结构清晰。

4. 自定义目录路径

若需要修改默认路径，则可在创建 Flask Web 应用时进行配置。

```
app = Flask(__name__,
            template_folder='custom_templates',          # 自定义模板目录
            static_folder='custom_static')               # 自定义静态目录
```

5. 实际开发建议

- 模板组织。
  - 使用子目录进行分类（如 templates/admin/、templates/blog/）。
  - 通过{% include 'partials/header.html' %}拆分重复组件。
- 静态文件优化。
  - 对静态文件使用版本控制（如 style.v2.css，以避免出现“缓存问题”）。
  - 在生产环境中使用 flask-static-compress 压缩资源。
- 调试技巧。
  - 在开发时启用 debug=True 自动重载模板。
  - 使用 url_for('static', ...)确保路径正确。

通过这种分离设计，Flask Web 应用能更好地遵循 MVC（模型—视图—控制器）规范模式（模板为 View，静态资源为前端依赖），从而提升项目的可扩展性和可维护性。

3.1.3 【扩展】Flask 路由配置

Flask 的路由系统是 Web 应用的核心，该装饰器用于负责将 URL 请求映射到相应的处理函数中。下面简要介绍 Flask 路由的配置方式并给出代码实例。

1. 基本路由配置

在 Flask 中，路由通过@app.route()装饰器定义，该装饰器用于将 URL 与视图函数绑定。路由用于定义 Web 应用的页面或 API 端点，控制请求与逻辑的映射关系。

```
from flask import Flask
app = Flask(__name__)

# 最简单的路由——根路径
@app.route('/')
def home():
    return '欢迎来到主页'

# 带固定路径的路由
@app.route('/about')
def about():
    return '这是关于页面'
```

对以上代码的解释如下。

- @app.route() 是 Flask 的路由装饰器，用于将 URL 与视图函数绑定。
- /表示网站的根路径。
- /about 表示网站的/about 路径。
- 每个路由对应一个视图函数，视图函数返回的内容将作为 HTTP 响应。

2. 动态路由（变量规则）配置

动态路由允许 URL 中包含变量，Flask 通过<variable>语法来捕获变量值并传递给视图函数。

```
@app.route('/user/<username>')
def show_user(username):
```

```
    # 显示用户名
    return f'用户名: {username}'

@app.route('/post/<int:post_id>')
def show_post(post_id):
    # 显示文章 ID，post_id 会自动转换为整数
    return f'文章 ID: {post_id}'

@app.route('/path/<path:subpath>')
def show_subpath(subpath):
    # 显示包含斜杠的子路径
    return f'子路径: {subpath}'
```

对以上代码的解释如下。

- <variable>（如<username>、<int:post_id>、<path:subpath>）：转换器，捕获 URL 中的变量值作为变量传递给视图函数。
- 转换器类型。
  - <var>：默认类型，类型为 string（可省略），接受不含斜杠的字符串。
  - <int:var>：只接受整数。
  - <path:var>：类似<var>，但可以包含斜杠。

3. HTTP 请求方法处理

Flask 通过路由装饰器（如@app.route()）的 methods 参数指定视图函数支持的 HTTP 请求方法（GET、POST 等）。其用于构建 RESTful API 或表单交互等场景。

```
from flask import request

@app.route('/login', methods=['GET', 'POST'])
def login():
    if request.method == 'POST':
        return '处理登录请求'
    else:
        return '显示登录表单'
```

对以上代码的解释如下。

- methods 参数用于指定视图函数支持的 HTTP 请求方法。
- 常用请求方法：GET、POST、PUT、DELETE、PATCH 等。
- 通过 request.method 判断请求方法。

4. URL 生成（url_for）

Flask 的 url_for 函数用于动态生成 URL，避免硬编码路径。该函数通过视图函数名和参数（可选）生成 URL，支持动态路由，用于模板链接、重定向或在 API 响应中动态生成 URL，以提升代码的可维护性。

```
from flask import url_for

@app.route('/')
def index():
    # 生成其他路由的 URL
    login_url = url_for('login')
    user_url = url_for('show_user', username='john')
    return f'''
```

```
    登录超链接: {login_url}<br>
    用户超链接: {user_url}
    '''
```

对以上代码的解释如下。

- url_for 函数根据视图函数名生成 URL。
- 这种方式可避免硬编码路径，便于维护。
- 可以传递参数给动态路由。

5. 路由高级特性

多个路由指向同一个视图函数：

```
@app.route('/')
@app.route('/home')
@app.route('/index')
def index():
    return '主页内容'
```

默认参数：

```
@app.route('/books/', defaults={'page': 1})
@app.route('/books/page/<int:page>')
def show_books(page):
    return f'显示书籍的第 {page} 页'
```

自定义转换器：

```
from werkzeug.routing import BaseConverter

class RegexConverter(BaseConverter):
    def __init__(self, url_map, *items):
        super(RegexConverter, self).__init__(url_map)
        self.regex = items[0]

app.url_map.converters['regex'] = RegexConverter

@app.route('/user/<regex("[a-z]{3}"):user_id>')
def user(user_id):
    return f'用户 ID: {user_id}'  # 只匹配 3 个小写字母
```

6. 蓝图路由

蓝图（Blueprint）用于模块化路由管理，它可将应用拆分为多个组件，避免路由冲突并提升代码的可维护性。

```
from flask import Blueprint

# 创建蓝图
auth = Blueprint('auth', __name__)

@auth.route('/login')
def login():
    return '登录页面'

@auth.route('/logout')
def logout():
    return '退出页面'

# 在主应用中注册蓝图
app.register_blueprint(auth, url_prefix='/auth')
```

对以上代码的解释如下。

- 蓝图用于模块化组织大型应用。
- url_prefix 参数用于为所有蓝图路由添加前缀。
- 访问路径将变为/auth/login 和/auth/logout。

7. 错误处理路由

```
@app.errorhandler(404)
def page_not_found(error):
    return '页面不存在', 404
```

对以上代码的解释如下。

- 处理特定的 HTTP 错误码。
- 可以返回自定义错误页面。

这些特性使得 Flask 能够满足从简单到复杂的 Web 应用开发需求。

3.1.4 【扩展】解决端口冲突

在 Web 应用中，端口是网络通信的关键接口，用于区分同一服务器上的不同服务。每个 Web 应用在运行时必须绑定到一个特定的端口（例如，Flask 默认使用 5000 端口）上，客户端通过 IP 地址和端口号访问该应用。

端口冲突常见于开发环境，当同一端口被多个应用占用（如未关闭的 Flask 实例或其他服务）时，新应用将无法启动。

```
$ python3 app.py
 * Serving Flask app 'app'
 * Debug mode: on
Address already in use
Port 5000 is in use by another program. Either identify and stop that program, or start the server with a different port.
```

解决方法包括：更换端口、终止占用端口进程或配置端口复用。合理管理端口是确保 Web 应用可访问性和稳定性的基础，开发者需要熟悉端口分配与冲突处理机制。

在统信 UOS 中，找到并处理占用端口的进程，可以使用以下步骤。

1. 查找被占用的端口

（1）打开终端（快捷键为 Ctrl+Alt+T）。

（2）使用 netstat 命令查看端口的使用情况。例如，查看所有正在监听的 TCP 端口和对应的进程 ID（PID），可以使用 netstat -nltp 命令。

```
$ netstat -nltp
(Not all processes could be identified, non-owned process info
 will not be shown, you would have to be root to see it all.)
Active Internet connections (only servers)
Proto Recv-Q Send-Q Local Address           Foreign Address         State       PID/Program name
tcp        0      0 127.0.0.1:16308         0.0.0.0:*               LISTEN      -
tcp        0      0 127.0.0.1:631           0.0.0.0:*               LISTEN      -
tcp        0      0 127.0.0.1:42711         0.0.0.0:*               LISTEN      -
tcp        0      0 0.0.0.0:43449           0.0.0.0:*               LISTEN      -
tcp        0      0 127.0.0.1:16090         0.0.0.0:*               LISTEN      -
tcp        0      0 127.0.0.1:55555         0.0.0.0:*               LISTEN      -
```

```
    tcp        0      0 127.0.0.1:5000          0.0.0.0:*               LISTEN
2675/python3
    tcp6       0      0 :::40083                :::*                    LISTEN
4857/pantum_smservi
    tcp6       0      0 :::40084                :::*                    LISTEN
4857/pantum_smservi
    tcp6       0      0 :::40085                :::*                    LISTEN
4857/pantum_smservi
    tcp6       0      0 ::1:631                 :::*                    LISTEN      -
```

如果知道具体的端口号，并想查看该端口的使用情况，则可以在 netstat -nltp 命令后加上“| grep <端口号>”来过滤结果。例如，查看 5000 端口的使用情况，可以使用 netstat -nltp | grep 5000 命令。

```
    $ netstat -nltp | grep 5000
    (Not all processes could be identified, non-owned process info
     will not be shown, you would have to be root to see it all.)
    tcp        0      0 127.0.0.1:5000          0.0.0.0:*               LISTEN
2675/python3
```

2. 查找占用端口的进程

（1）从 netstat 命令的输出中，可以看到每个端口对应的 PID。

（2）使用 ps 命令查找 PID 对应的进程信息。例如，使用 ps -ef | grep <PID>或 ps aux | grep <PID>命令可以查找进程的详细信息。

```
    $ ps -ef | grep 2675
    huawei    2675 28184  0 00:25 pts/0    00:00:00 python3 app.py
    huawei    2676  2675  0 00:25 pts/0    00:00:00 /usr/bin/python3
/home/huawei/www/houduan/02/app.py
    huawei    5683  2723  0 00:29 pts/1    00:00:00 grep 2675
```

3. 确定进程名称

（1）在 ps 命令的输出中，可以看到进程的详细信息，包括进程名称。

（2）如果进程名称不够明确，则可以使用 lsof 命令进一步确定。例如，使用 lsof -i:<端口号>命令可以查看该端口被哪个进程占用，以及该进程的详细信息。

```
    $ lsof -i:5000
    COMMAND  PID   USER   FD   TYPE DEVICE SIZE/OFF NODE NAME
    python3 2675 huawei    3u  IPv4 218398      0t0  TCP localhost:5000 (LISTEN)
    python3 2676 huawei    3u  IPv4 218398      0t0  TCP localhost:5000 (LISTEN)
    python3 2676 huawei    6u  IPv4 218398      0t0  TCP localhost:5000 (LISTEN)
```

4. 处理占用端口的进程

如果确定某个进程占用了需要的端口，并且想终止它，则可以使用 kill 命令来终止该进程。例如，使用 kill -9 <PID>命令会强制终止该进程。但需要注意的是，强制终止进程可能会导致数据丢失或其他问题，因此请谨慎使用。

```
    $ kill -9 2675
```

通过运行以下命令，可以看到，正在运行的进程已被终止。

```
    $ python3 app.py
     * Serving Flask app 'app'
     * Debug mode: on
    WARNING: This is a development server. Do not use it in a production deployment.
Use a production WSGI server instead.
     * Running on http://127.0.0.1:5000
    Press CTRL+C to quit
     * Restarting with watchdog (inotify)
```

```
 * Debugger is active!
 * Debugger PIN: 123-456-789
已终止
```

3.2 创建数据库

数据库是存储和检索数据的核心组件。Flask 不自带数据库，但可通过扩展支持多种数据库，常用的扩展为 Flask-SQLAlchemy。它是一个对象关系映射（ORM）工具，允许开发者使用 Python 类定义数据库的表，并通过 Python 代码操作数据库。

SQLite 是一个轻量级、开源的嵌入式关系数据库，无须服务器配置，支持跨平台操作。它以单一文件形式存储数据，具有低资源占用、高性能和事务 ACID（Atomicity、Consistency、Isolation、Durability）[①]特性，适用于移动应用、嵌入式设备和小型项目。SQLite 支持标准 SQL 语法，提供了丰富的 API，但不支持多用户并发写入。因具有简单易用、零配置和高度便携的优点，SQLite 成为开发者喜爱的本地数据库解决方案。本节介绍 SQLite 的创建方法。

在 Flask Web 应用中创建数据库通常涉及以下几个关键步骤。

（1）配置数据库连接：在 Flask 配置中设置数据库的连接信息，如数据库 URI（Uniform Resource Identifier，统一资源标识符）。

（2）定义数据库模型：使用 Flask-SQLAlchemy 或其他 ORM 库来定义数据库模型。这些模型类将映射到数据库的表中。

（3）创建数据库和表：使用 Flask-SQLAlchemy 提供的命令或脚本来创建实际的数据库和表。这通常在应用首次运行时执行。

（4）（可选）迁移数据库：随着应用的开发，数据库模型可能会发生变化。使用 Flask-Migrate 等迁移工具可以管理这些变化，从而避免丢失现有数据。

以下是一个简单的实例，将展示如何使用 Flask-SQLAlchemy 创建数据库和表。

1. 安装 Flask-SQLAlchemy

Flask-SQLAlchemy 是 Flask Web 应用中的一个强大数据库扩展，用于将 SQLAlchemy 集成到 Flask 框架中。Flask-SQLAlchemy 简化了数据库操作的流程，提供了数据库迁移、模型关系定义等强大功能，大大提高了开发效率。开发者只需关注业务逻辑，而无须过多关注数据库连接的细节。

首先，确保已经安装 Flask-SQLAlchemy。可以使用 pip3 命令来安装该扩展。

```
$ pip3 install Flask-SQLAlchemy
```

2. 创建应用并定义数据库模型

创建一个 Flask Web 应用，并定义一个简单的数据库模型，比如一个用户模型。

【app.py】

```
from flask import Flask
from flask_sqlalchemy import SQLAlchemy

app = Flask(__name__)
```

① ACID 即原子性、一致性、隔离性、持久性。

```
app.config['SQLALCHEMY_DATABASE_URI'] = 'sqlite:///site.db'  # 使用 SQLite 作为实例
app.config['SQLALCHEMY_TRACK_MODIFICATIONS'] = False

db = SQLAlchemy(app)

class User(db.Model):
    id = db.Column(db.Integer, primary_key=True)
    username = db.Column(db.String(80), unique=True, nullable=False)
    email = db.Column(db.String(120), unique=True, nullable=False)

    def __repr__(self):
        return f'<User {self.username}>'
```

这段代码是一个使用 Flask 和 Flask-SQLAlchemy 创建 Web 应用的简单实例，用来展示如何设置 Flask Web 应用、配置数据库连接，以及定义一个基本的数据库模型。以下是对这段代码的解释。

```
from flask import Flask
```

这行代码从 Flask 框架中导入 Flask 类，用于创建 Flask Web 应用实例。

```
from flask_sqlalchemy import SQLAlchemy
```

这行代码从 Flask-SQLAlchemy 扩展中导入 SQLAlchemy 类，用于在 Flask Web 应用中集成 SQLAlchemy ORM。

```
app = Flask(__name__)
```

这行代码创建了一个 Flask Web 应用实例，__name__是当前 Python 模块的名称（当模块作为主程序运行时，__name__ 的值为 __main__ ）。

```
app.config['SQLALCHEMY_DATABASE_URI'] = 'sqlite:///site.db'
```

这行代码配置了数据库 URI。这里使用的是 SQLite，数据库文件名为 site.db。SQLite 是一个轻量级的嵌入式数据库，适用于开发和测试环境。

```
app.config['SQLALCHEMY_TRACK_MODIFICATIONS'] = False
```

这行代码禁用了 Flask-SQLAlchemy 的修改跟踪功能。这可以提高性能，因为修改跟踪在开发环境中主要用于调试。

```
db = SQLAlchemy(app)
```

这行代码将 Flask Web 应用实例传递给 SQLAlchemy 类来初始化 SQLAlchemy 实例。这样，db 对象就可以用来定义数据库模型了。

```
class User(db.Model):
    id = db.Column(db.Integer, primary_key=True)
    username = db.Column(db.String(80), unique=True, nullable=False)
    email = db.Column(db.String(120), unique=True, nullable=False)
```

这段代码定义了一个名为 User 的数据库模型，它继承自 db.Model。User 类代表数据库中的一张表。在 User 模型中定义一个名为 id 的字段，类型为整型，并设置为主键；定义一个名为 username 的字段，类型为字符串，最大长度为 80 个字符，要求该字段在表中唯一且不能为空；定义一个名为 email 的字段，类型为字符串，最大长度为 120 个字符，要求该字段在表中唯一且不能为空。

```
def __repr__(self):
        return f'<User {self.username}>'
```

这段代码定义了 User 类的__repr__方法，用于返回对象的字符串表示。这里返回的是<User 用户名>的格式，以便在调试时查看对象信息。

3. 创建数据库和表

在 Flask Web 应用中，可以通过运行一个脚本来创建数据库和表。通常，这会在应用的初始化过程中完成，或者通过一个单独的命令行脚本完成。

下面是一个简单的命令行脚本实例，用于创建数据库和表。

【create_db.py】

```
# create_db.py
from app import app
from app import db

with app.app_context():
    db.create_all()
    print("Database and tables created successfully.")
```

以下是对 create_db.py 脚本代码的解释。

```
from app import app
```

这行代码从名为 app 的模块（app.py）中导入 app 对象。这里的 app 对象是一个 Flask Web 应用实例 app = Flask(__name__)，它是 Flask Web 应用的核心。

```
from app import db
```

这行代码从 app 模块（app.py）中导入 db 对象。这里的 db 是一个 Flask-SQLAlchemy 实例 db=SQLAlchemy(app)，用于在 Flask Web 应用中处理数据库操作。

```
with app.app_context():
    db.create_all()
    print("Database and tables created successfully.")
```

这段代码创建了一个 Flask Web 应用上下文。在应用上下文中，可以访问 Flask Web 应用的一些特性，比如配置、URL 映射等，即使在没有请求对象的情况下也可以。这对于需要在应用级别执行的任务（如数据库迁移、初始化等）非常有用。在 Flask Web 应用上下文中，调用 Flask-SQLAlchemy 的 create_all 方法，根据模型定义在数据库中创建所有表。这包括在 Flask Web 应用的模型文件中定义的那些模型类。每个模型类对应数据库中的一张表。如果前面的 db.create_all() 执行成功，则控制台会打印出“Database and tables created successfully.”消息，表示数据库和表已经成功创建。

要运行这个脚本，可以在命令行终端中执行如下命令：

```
$ python3 create_db.py
Database and tables created successfully.
```

这将使用在 app.config['SQLALCHEMY_DATABASE_URI'] 中指定的数据库 URI 来创建数据库和表。启动 DB Browser for SQLite，从工作目录下的 instance 子目录中打开 site.db，可以看到创建的数据，如图 3-3 所示。

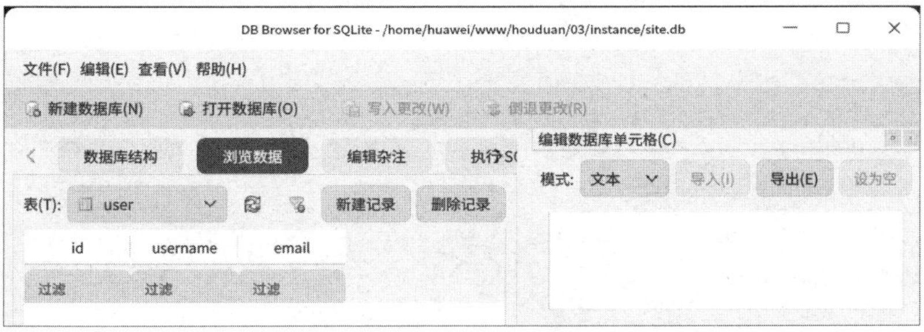

图 3-3　SQLite 页面

4.（可选）数据库迁移

对于生产环境或需要频繁更改数据库模型的应用，建议使用 Flask-Migrate 来管理数据库迁移。Flask-Migrate 提供了一组命令行工具，可以轻松地跟踪数据库模型的变化并将这些变化应用到数据库上。

安装 Flask-Migrate：

```
$ pip3 install Flask-Migrate
```

配置 Flask-Migrate：

```
from flask_migrate import Migrate

migrate = Migrate(app, db)
```

使用 Flask-Migrate 提供的命令行工具来创建迁移脚本并应用迁移：

```
# 创建迁移脚本
flask db init
# 生成迁移指令（基于模型的变化）
flask db migrate -m "Your migration message"
# 应用迁移
flask db upgrade
```

这些命令行工具将帮助开发者管理数据库模型的版本，并确保数据库与 Flask Web 应用保持同步。

3.3 注册和登录功能

Web 应用中的注册和登录功能是用户身份验证的基础功能。注册功能允许新用户创建账户，通常涉及用户名、密码、邮箱等信息的提交和验证。登录功能则通过让用户输入用户名和密码来验证身份，从而使用户可访问受保护的页面或功能。为确保安全，密码通常会经过哈希处理加密存储，以防止明文泄露。此外，登录过程还可能涉及“验证码验证”“两步验证”（如验证码验证+信任设备验证）等额外的安全措施。注册和登录功能的设计需兼顾用户体验与安全性。

在 Flask 中实现注册和登录功能通常涉及以下几个步骤：创建 Flask Web 应用、创建用户模型、创建注册和登录表单、编写视图函数（处理注册和登录逻辑）及创建数据库（用于存储用户信息）。以下是一个基本的实现步骤。

3.3.1 创建 Flask Web 应用

创建一个 Python 文件（如 app.py），并初始化 Flask Web 应用。

【app.py】

```
from flask import Flask, render_template, request, redirect, url_for, flash, session
from flask_sqlalchemy import SQLAlchemy
from werkzeug.security import generate_password_hash, check_password_hash

app = Flask(__name__)
app.config['SECRET_KEY'] = 'your_secret_key'  # 用于会话管理
app.config['SQLALCHEMY_DATABASE_URI'] = 'sqlite:///site.db'  # 使用 SQLite
app.config['SQLALCHEMY_TRACK_MODIFICATIONS'] = False

db = SQLAlchemy(app)
```

这段代码是一个使用 Flask 框架和 Flask-SQLAlchemy 扩展创建 Web 应用的基础部分。以下是对这段代码的解释。

```
    from flask import Flask, render_template, request, redirect, url_for, flash,
session
```

这行代码从 Flask 框架中导入需要的类、对象和函数。Flask 是创建应用的对象，render_template 函数用于渲染模板，request 代理对象（Proxy Objects，不是普通函数或类，由 Werkzeug 的 LocalProxy 实现，行为类似字典/对象，但实际是线程安全的全局访问入口）包含了客户端发送的 HTTP 请求信息，redirect 函数用于重定向，url_for 函数用于生成 URL，flash 函数用于闪现消息，session 代理对象用于会话管理。

```
    from flask_sqlalchemy import SQLAlchemy
```

这行代码从 Flask-SQLAlchemy 扩展中导入 SQLAlchemy 类，用于进行数据库操作。

```
    from werkzeug.security import generate_password_hash, check_password_hash
```

这行代码从 Werkzeug 库的安全模块中导入函数，用于生成和验证哈希密码。

```
    app = Flask(__name__)
```

这行代码创建了一个 Flask Web 应用实例。__name__是当前 Python 模块的名称，当模块被直接运行时，__name__的值为__main__。

```
    app.config['SECRET_KEY'] = 'your_secret_key'
```

这行代码设置了会话管理的密钥。这个密钥用于加密会话数据，确保会话的安全性。在实际应用中，应该使用一个复杂的、难以猜测的密钥。

```
    app.config['SQLALCHEMY_DATABASE_URI'] = 'sqlite:///site.db'
```

这行代码配置了数据库 URI。这里使用的是 SQLite，数据库文件名为 site.db。

```
    app.config['SQLALCHEMY_TRACK_MODIFICATIONS'] = False
```

这行代码禁用了 Flask-SQLAlchemy 的修改跟踪功能。这可以提高性能，因为修改跟踪在开发环境中主要用于调试。

```
    db = SQLAlchemy(app)
```

这行代码通过传递 Flask Web 应用实例 app 给 SQLAlchemy 类，创建了 SQLAlchemy 实例 db。该实例将用于后续的模型定义和数据库操作。

3.3.2　创建用户模型

创建一个用户模型来存储用户信息。这里使用 SQLAlchemy ORM 来创建用户模型。

【app.py】

```
class User(db.Model):
    id = db.Column(db.Integer, primary_key=True)
    username = db.Column(db.String(150), unique=True, nullable=False)
    password_hash = db.Column(db.String(150), nullable=False)

    def set_password(self, password):
        self.password_hash = generate_password_hash(password)

    def check_password(self, password):
        return check_password_hash(self.password_hash, password)
```

这段代码是一个使用 Flask 框架和 Flask-SQLAlchemy 扩展创建用户模型（User）的实例。这个模型用于在数据库中存储用户信息，并提供设置和检查用户密码的功能。以下是对这段代码的解释。

```
    class User(db.Model):
```

这行代码定义了一个名为 User 的类，它继承自 db.Model。db.Model 是 Flask-SQLAlchemy 提供的一个基类，用于定义数据库中的表模型。

```
id = db.Column(db.Integer, primary_key=True)
username = db.Column(db.String(150), unique=True, nullable=False)
password_hash = db.Column(db.String(150), nullable=False)
```

在这几行代码中：

- id 字段表示用户 ID，数据类型为整型（db.Integer），并且被标记为主键（primary_key=True）。
- username 字段表示用户名，数据类型为最长 150 个字符的字符串（db.String(150)）。该字段被标记为唯一（unique=True，这意味着每个用户名在数据库中都必须是唯一的），且不允许为空（nullable=False）。
- password_hash 字段用于存储密码的哈希值，数据类型同样为最长 150 个字符的字符串。这个字段也不允许为空。

```
def set_password(self, password):
    self.password_hash = generate_password_hash(password)
```

在这些代码中，首先使用 set_password 方法接收一个明文密码作为参数，然后使用 generate_password_hash 函数生成密码的哈希值，并将这个哈希值赋给 password_hash 字段。

```
def check_password(self, password):
    return check_password_hash(self.password_hash, password)
```

在这些代码中，首先使用 check_password 方法接收一个明文密码作为参数，然后使用 check_password_hash 函数来验证传入的明文密码哈希值是否与存储的密码哈希值相匹配。如果匹配，则返回 True；否则返回 False。

3.3.3 创建注册和登录表单

虽然 Flask 不提供表单处理功能，但开发者可以使用 Flask-WTF 或手动处理表单数据。这里我们手动处理一个简单的表单数据。

1. 注册表单（模板）

【templates/register.html】

```
<!-- templates/register.html -->
<!DOCTYPE html>
<html lang="en">
<head>
    <meta charset="UTF-8">
    <meta name="viewport" content="width=device-width, initial-scale=1.0">
    <title>Register</title>
</head>
<body>
    <h2>Register</h2>
    <form action="{{ url_for('register') }}" method="POST">
        <label for="username">Username:</label>
        <input type="text" id="username" name="username" required><br><br>
        <label for="password">Password:</label>
        <input type="password" id="password" name="password" required><br><br>
        <button type="submit">Register</button>
    </form>
```

```
</body>
</html>
```

这段代码是一个简单的 HTML 模板，用于创建一个用户注册页面。它使用了 Flask 框架的模板引擎语法（{{ url_for('register') }}）来动态生成表单提交的 URL。以下是对这段代码的解释。

```
 <!DOCTYPE html>
```

这行代码声明了文档类型，用于告诉浏览器这是一个 HTML5 文档。

```
<html lang="en">
```

<html>标签定义了 HTML 文档的根元素。lang="en"属性指定了文档使用的语言为英语。

```
<head>
```

<head>标签包含了文档的元数据。

```
<meta charset="UTF-8">
```

这行代码指定了文档使用 UTF-8 字符编码，这是一种广泛使用的国际字符编码，支持多种语言字符。

```
<meta name="viewport" content="width=device-width, initial-scale=1.0">
```

这行代码用于进行视口设置，确保页面在移动设备上能够正确显示。它告诉浏览器将页面的宽度设置为设备屏幕的宽度，并将初始缩放比例设置为 1：1。

```
<title>Register</title>
```

这行代码设置页面的标题为“Register”，这个标题会显示在浏览器标签页上。

```
<body>
```

<body>标签包含了用户可见的内容。

```
<h2>Register</h2>
```

这行代码定义了一个二级标题，显示文本“Register”。

```
<form action="{{ url_for('register') }}" method="POST">
```

这行代码中的 form 是一个表单元素，用于收集用户输入的数据。

- action="{{ url_for('register') }}"属性指定了表单数据提交到的 URL。这里使用了 Flask 的 url_for 函数来动态生成 URL，register 是 Flask Web 应用中用于处理注册请求的视图函数的名称。
- method="POST"属性指定了表单数据使用 POST 方法提交，这是一种常用的提交表单数据的方法，可以发送大量数据且相对安全。

```
<label for="username">Username:</label>
<input type="text" id="username" name="username" required>
```

这两行代码创建了一个文本输入框，用于输入用户名。required 属性表示这个字段是必填项。

```
<label for="password">Password:</label>
<input type="password" id="password" name="password" required>
```

这两行代码创建了一个密码输入框，用于输入密码。需要注意的是，<label>标签的 for 属性值应该与<input>标签的 id 属性值相匹配。

```
<button type="submit">Register</button>
```

这行代码定义了一个提交按钮，用户单击该按钮后会提交表单。

2. 登录表单（模板）

【templates/login.html】

```
<!-- templates/login.html -->
<form method="POST" action="{{ url_for('login') }}">
    <input type="text" name="username" placeholder="Username" required>
    <input type="password" name="password" placeholder="Password" required>
```

```
    <button type="submit">Login</button>
</form>
```

这段代码是一个 HTML 表单，用于用户登录。它使用了 Flask 框架的模板引擎语法来动态生成表单提交的 URL。以下是对这段代码的解释。

```
<form method="POST" action="{{ url_for('login') }}">
```

- method="POST"：指定表单数据提交到服务器时使用 HTTP 的 POST 方法。POST 方法通常用于提交包含敏感信息（如用户密码）的数据。
- action="{{ url_for('login') }}"：这里的 action 属性定义了表单数据提交到哪个 URL。{{ url_for('login') }}是 Flask 模板引擎的语法，用于动态生成 URL。url_for 是 Flask 中的一个函数，接收一个视图函数名（在这个实例中是 login）作为参数，并返回该视图函数对应的 URL。这意味着当用户提交表单时，数据将被发送到处理登录请求的服务器端视图函数（在这个实例中命名为 login）中。

```
<input type="text" name="username" placeholder="Username" required>
<input type="password" name="password" placeholder="Password" required>
```

第一个<input>标签定义了一个文本输入框，用于输入用户名。

- type="text"：指定输入类型为文本。
- name="username"：定义输入字段的名称，这样在服务器端就可以通过这个名称来获取用户输入的用户名。
- placeholder="Username"：提供了一个占位符文本，当输入框为空时显示，提示用户应在此输入用户名。
- required：用于指定该字段在表单提交时是必填项，如果用户没有填写这个字段，则表单将不会被提交。

第二个<input>标签定义了一个密码输入框，用于输入密码。

- type="password"：指定输入类型为密码，这意味着输入的内容会被隐藏（通常显示为圆点或星号），以保护用户隐私。
- name="password"：定义输入字段的名称，用于服务器端获取用户输入的密码。
- placeholder="Password"：提供占位符文本，提示用户应在此输入密码。
- required：用于指定该字段是必填项。

```
<button type="submit">Login</button>
```

这行代码定义了一个提交按钮，type="submit"属性用于指定按钮类型为提交按钮，当用户单击这个按钮时，表单数据将被发送到 action 属性指定的 URL。按钮上的文本“Login”用于提示用户单击按钮，以进行登录操作。

3.3.4 编写视图函数

现在，需要编写视图函数来处理注册和登录表单请求。

【app.py】

```
@app.route('/register', methods=['GET', 'POST'])
def register():
    if request.method == 'POST':
        username = request.form['username']
        password = request.form['password']
        hashed_password = generate_password_hash(password, method='sha256')
```

```
        new_user = User(username=username, password_hash=hashed_password)
        try:
            db.session.add(new_user)
            db.session.commit()
            flash('You have successfully registered!', 'success')
            return redirect(url_for('login'))
        except:
            flash('Username already exists. Please log in.', 'danger')
    return render_template('register.html')

@app.route('/login', methods=['GET', 'POST'])
def login():
    if request.method == 'POST':
        username = request.form['username']
        password = request.form['password']
        user = User.query.filter_by(username=username).first()
        if user and user.check_password(password):
            session['user_id'] = user.id
            flash('You have successfully logged in!', 'success')
            return redirect(url_for('home'))
        else:
            flash('Login Unsuccessful. Please check username and password.',
'danger')
    return render_template('login.html')

@app.route('/')
def home():
    if 'user_id' in session:
        return f"Welcome back, user {session['user_id']}"
    return "You are not logged in. Please log in."

@app.route('/logout')
def logout():
    session.pop('user_id', None)
    flash('You have successfully logged out!', 'success')
    return redirect(url_for('login'))
```

这段代码是一个使用 Flask 框架构建的简单用户注册与登录系统。以下是对这段代码的解释。

1. 注册路由（/register）

```
@app.route('/register', methods=['GET', 'POST'])
def register():
    if request.method == 'POST':
        username = request.form['username']
        password = request.form['password']
        hashed_password = generate_password_hash(password, method='sha256')
        new_user = User(username=username, password_hash=hashed_password)
        try:
            db.session.add(new_user)
            db.session.commit()
            flash('You have successfully registered!', 'success')
            return redirect(url_for('login'))
        except:
            flash('Username already exists. Please log in.', 'danger')
    return render_template('register.html')
```

当用户访问/register 路径时，将执行 register 函数。

如果请求方法是 POST（即用户提交了表单），则：

（1）从表单数据中获取用户名和密码。

（2）使用 generate_password_hash 函数生成密码的哈希值（这里使用的是 sha256 方法）。

（3）创建一个新的 User 对象（User 是一个已经定义的 SQLAlchemy 模型），并将用户名和密码哈希值赋给它。

（4）尝试将新用户添加到数据库中并提交事务。如果成功，则重定向到登录页面并显示注册成功消息；如果失败（可能是因为用户名已存在），则显示错误消息。

如果请求方法是 GET（即用户首次访问注册页面），则渲染 register.html 模板。

2. 登录路由（/login）

```
@app.route('/login', methods=['GET', 'POST'])
def login():
    if request.method == 'POST':
        username = request.form['username']
        password = request.form['password']
        user = User.query.filter_by(username=username).first()
        if user and user.check_password(password):
            session['user_id'] = user.id
            flash('You have successfully logged in!', 'success')
            return redirect(url_for('home'))
        else:
            flash('Login Unsuccessful. Please check username and password.',
'danger')
    return render_template('login.html')
```

当用户访问/login 路径时，将执行 login 函数。

如果请求方法是 POST，则：

（1）从表单数据中获取用户名和密码。

（2）查询数据库以找到匹配的用户名。

（3）如果用户存在且密码验证成功（使用 check_password 方法，这是在 User 模型中定义的一个方法，用于比较提供的密码和存储的哈希值是否匹配），则将用户 ID 存储在会话中，并重定向到主页，同时显示登录成功消息。

（4）如果登录失败，则显示错误消息。

如果请求方法是 GET，则渲染 login.html 模板。

3. 主页路由（/）

```
@app.route('/')
def home():
    if 'user_id' in session:
        return f"Welcome back, user {session['user_id']}"
    return "You are not logged in. Please log in."
```

当用户访问根路径时，将执行 home 函数。

（1）如果会话中存在 user_id，则显示欢迎消息和用户 ID（Welcome back, user {session['user_id']}）。

（2）如果会话中没有 user_id，则显示未登录消息（You are not logged in. Please log in.）。

4. 注销路由（/logout）

```
@app.route('/logout')
def logout():
    session.pop('user_id', None)
    flash('You have successfully logged out!', 'success')
    return redirect(url_for('login'))
```

当用户访问/logout 路径时，将执行 logout 函数。

（1）从会话中移除 user_id（如果存在）。

（2）显示注销成功消息，并重定向到登录页面。

5. 注意

上面的代码中使用了 flash 函数来显示消息，这些消息通常会在渲染模板时通过 get_flashed_messages 函数获取并显示。

异常处理（except）部分使用了裸的 except，这意味着它会捕获所有类型的异常，这不是一个好的实践，因为它会隐藏错误的具体原因。最好的方式是，捕获特定的异常类型，并记录错误日志。

3.3.5 创建数据库

当使用 Flask-SQLAlchemy 时，可以通过集成 Flask-Migrate 来管理数据库迁移。但在这个简单的实例中，我们选择直接创建数据库：

```
$ python3
```

在 Python 解释器中运行以下代码：

```
from app import db
db.create_all()
exit()
```

或者，可以将上述代码放入一个单独的脚本中运行。

【create_db.py】

```
# create_db.py
from app import app
from app import db

with app.app_context():
    db.create_all()
    print("Database and tables created successfully.")
```

要运行这个脚本，可以在命令行终端中执行以下命令：

```
$ python3 create_db.py
```

3.3.6 运行应用

最后，运行 Flask Web 应用：

```
$ python3 app.py
```

现在，可通过访问 http://127.0.0.1:5000 来打开主页，如图 3-4 所示；通过访问 http://127.0.0.1:5000/register 来注册新用户，如图 3-5 所示；通过访问 http://127.0.0.1:5000/login 来登录页面，如图 3-6 所示。

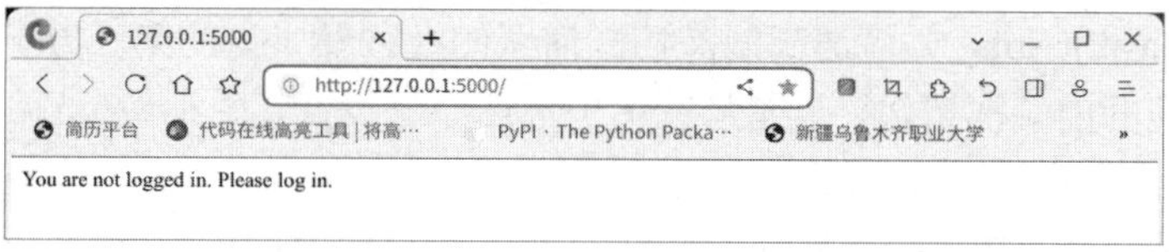

图 3-4　注册和登录应用主页

图 3-5　注册和登录应用注册页面

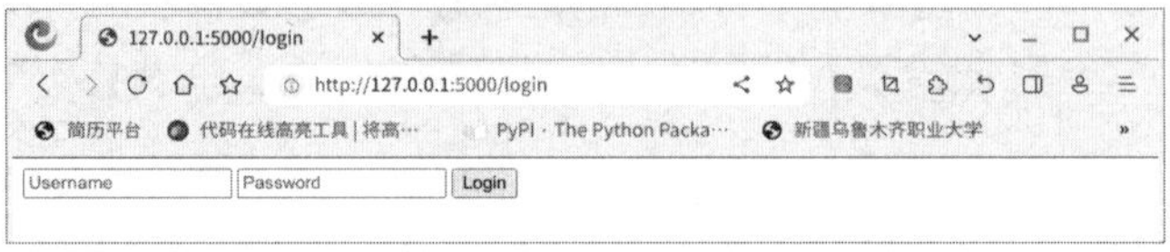

图 3-6　注册和登录应用登录页面

启动 DB Browser for SQLite，从项目工作目录下的 instance 子目录中打开 site.db，可以看到创建的数据，如图 3-7 所示。

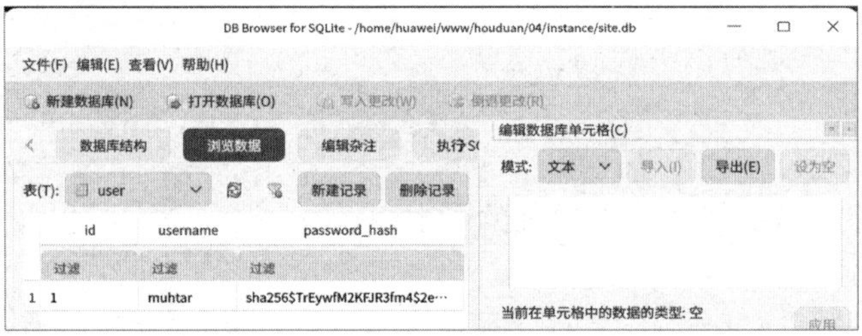

图 3-7　注册和登录应用 SQLite 页面

请注意，这个实例非常基础，没有包含诸如密码重置、用户验证、CSRF（Cross-Site Request Forgery，跨站请求伪造）防护等功能。

3.4　Flask 与 Bootstrap

Bootstrap 是一款开源前端框架，由 Twitter 团队开发并维护，旨在简化响应式网站与 Web 应用的构建流程。其提供了预制的 HTML、CSS 及 JavaScript 组件（如导航栏、表单、模态框等），并结合栅格系统实现了自适应布局，从而确保了跨设备兼容性（PC、平板电脑、手机）。开发者无须从零设计，可通过类名快速调用样式，大幅提升了开发效率。Bootstrap 内置大量实用工具（如边距、弹性布局）及交互插件（如轮播、下拉菜单），支持主题定制（通过 Sass 变量）和模块化扩展。当前 Bootstrap 的主流版本为 Bootstrap 5，其移除了对 jQuery 的依赖，更轻量且专注原生 JavaScript。凭借清晰的文档、活跃的社区及丰富的第三方资源，Bootstrap 成为全球十分受欢迎的前端框架之一，尤其适用于快速原型设计、中小型项目，可满足全栈开发者的 UI 标准化需求。

Flask-Bootstrap 是一个 Flask 扩展，使得在 Flask Web 应用中集成 Bootstrap 框架变得简单。通过 Flask-Bootstrap，可以快速地为 Flask Web 应用创建一个美观且用户友好的界面。以下是一个使用 Flask-Bootstrap 扩展的简单实例，将展示如何设置一个基本的 Flask Web 应用，并使用 Bootstrap 来美化页面。

1. 安装 Flask-Bootstrap

可以使用 pip3 命令来安装 Flask-Bootstrap。

```
$ pip3 install Flask-Bootstrap
```

2. 创建应用

创建一个 Flask Web 应用，并配置 Flask-Bootstrap。

【app.py】

```
from flask import Flask, render_template
from flask_bootstrap import Bootstrap

app = Flask(__name__)
Bootstrap(app)

@app.route('/')
def index():
    return render_template('index.html')

if __name__ == '__main__':
    app.run(debug=True)
```

这段代码是一个简单的 Flask Web 应用实例，它使用了 Flask 框架及 Flask-Bootstrap 扩展来创建一个基本的网页应用。以下是对这段代码的解释。

```
from flask import Flask, render_template
```

这行代码从 Flask 框架中导入 Flask 类和 render_template 函数。Flask 类用于创建 Flask Web 应用实例，而 render_template 函数则用于渲染模板文件，即生成 HTML 页面。

```
from flask_bootstrap import Bootstrap
```

这行代码从 Flask-Bootstrap 扩展中导入 Bootstrap 类。Flask-Bootstrap 使得在 Flask Web 应用中集成 Bootstrap 前端框架变得简单，这样开发者可以轻松地使用 Bootstrap 提供的 CSS 和 JavaScript 组件来美化网页。

```
app = Flask(__name__)
```

这行代码创建了一个 Flask Web 应用实例，并将其赋值给变量 app。__name__是当前 Python 模块的名称，当模块被直接运行时，__name__的值为__main__。这里传递给 Flask 构造函数的__name__参数用于帮助 Flask 定位应用的根目录，以便找到静态文件和模板文件等。

```
Bootstrap(app)
```

这行代码用于初始化 Flask-Bootstrap 扩展，并将之前创建的 Flask Web 应用实例 app 传递给它。这样，Flask-Bootstrap 就可以与 Flask Web 应用集成，提供 Bootstrap 的功能。

```
@app.route('/')
def index():
    return render_template('index.html')
```

这段代码中的@app.route('/')是一个路由装饰器，它将下面的视图函数 index 与 URL（/）关联起来。当用户访问网站的根目录时，就会触发这个视图函数。def index()定义了一个名为 index 的视图函数。视图函数是处理 Web 应用请求的函数。在视图函数内部，使用 render_template 函数渲染一个 index.html 模板文件，并将渲染后的 HTML 内容返回客户端。这个模板文件位于应用的 templates 目录中。

```
if __name__ == '__main__':
    app.run(debug=True)
```

上述代码是一个常见的 Python 模式，用于判断当前脚本是否作为主程序运行。如果是，那么 app.run(debug=True)将被执行。app.run(debug=True)用于启动 Flask Web 应用的开发服务器，并设置调试模式为 True。在调试模式下，Flask 会自动重新加载代码，并在遇到错误时提供详细的调试信息。这对于开发过程中的快速迭代非常有用。

3. 创建模板

Flask-Bootstrap 提供了一些基础的模板，开发者可以基于这些模板来创建页面。在 Flask Web 应用目录下创建一个 templates 目录，并在其中创建一个 index.html 文档。

【templates/index.html】

```
{% extends "bootstrap/base.html" %}

{% block title %}My Flask App{% endblock %}

{% block navbar %}
<div class="navbar navbar-inverse" role="navigation">
    <div class="container">
        <div class="navbar-header">
            <button type="button" class="navbar-toggle" data-toggle="collapse" 
data-target=".navbar-collapse">
                <span class="sr-only">Toggle navigation</span>
                <span class="icon-bar"></span>
                <span class="icon-bar"></span>
                <span class="icon-bar"></span>
            </button>
            <a class="navbar-brand" href="/">My Flask App</a>
        </div>
        <div class="collapse navbar-collapse">
            <ul class="nav navbar-nav">
                <li><a href="/">Home</a></li>
                <li><a href="/about">About</a></li>
            </ul>
        </div>
    </div>
</div>
{% endblock %}

{% block content %}
<div class="container">
    <div class="page-header">
        <h1>Welcome to My Flask App</h1>
    </div>
    <p>This is a paragraph of text.</p>
</div>
{% endblock %}
```

这段代码是一个使用 Flask 框架的 HTML 模板实例，通过 Flask-Bootstrap 扩展提供的模板继承机制，扩展了 bootstrap/base.html 基础模板。以下是对这段代码的解释。

```
{% extends "bootstrap/base.html" %}
```

这行代码表示当前模板继承自 bootstrap/base.html。这意味着当前模板将使用 Bootstrap 基础模板的结构，但可以覆盖或添加特定的块（Block）来定制内容。

```
{% block title %} My Flask App{% endblock %}
```

这行代码定义了一个块，用于指定网页的标题。{% block title %}和{% endblock %}之间的内容是这个块的默认内容。在这个实例中，标题被设置为“My Flask App”。

```
{% block navbar %}
...
{% endblock %}
```

这个代码块用于定义导航栏。在这个代码块中，使用 Bootstrap 的类创建了一个带有品牌标识和导航超链接的导航栏。导航栏包括一个可折叠的菜单（适用于小屏幕设备），以及两个导航超链接：Home 和 About。

```
<div class="navbar navbar-inverse" role="navigation">
```

这行代码创建了一个带有黑底白字的导航栏。

```
<div class="container">
```

该代码将导航栏内容放在一个容器中，以适应不同的屏幕尺寸。

```
<div class="navbar-header">
...
</div>
```

该代码块包含品牌标识和切换按钮，用于在小屏幕设备上展开/折叠导航栏。其中：

```
<button type="button" class="navbar-toggle" ...>
```

这行代码定义了切换按钮，用于在小屏幕设备上展开导航菜单。

```
<a class="navbar-brand" href="/">My Flask App</a>
```

这行代码定义了品牌标识超链接，其指向网站的主页。

```
<div class="collapse navbar-collapse">
...
</div>
```

该代码块定义了响应式导航栏的可折叠内容，当屏幕尺寸小于断点时（通常是移动设备），这部分内容会被折叠隐藏。其中：

```
<ul class="nav navbar-nav">
```

这行代码定义了导航超链接的无序列表。

```
{% block content %}
...
{% endblock %}
```

这个块用于定义网页的主要内容。在这个实例中，内容包含一个页面头部（<div class="page-header">），其中有一个大标题“Welcome to My Flask App”，以及一个段落文本“This is a paragraph of text.”。

注意：{% extends "bootstrap/base.html" %}这行代码非常重要，它会渲染 Flask-Bootstrap 提供的基础模板，包括 Bootstrap 的 CSS 和 JavaScript 文件。通过继承 Flask-Bootstrap 提供的 base.html 模板，网页将自动包含 Bootstrap 的 CSS 和 JavaScript 文件（通常是通过 Flask-Bootstrap 的内部机制在后台处理的）。这样，开发者就可以轻松地利用 Bootstrap 的强大功能来构建响应式和美观的网页。

在这个实例中，覆盖了 title、navbar 和 content 这几个块。title 块用于设置网页的标题，navbar 块用于定义导航栏，而 content 块则用于包含页面的主要内容。

4. 运行应用

现在，可以运行 Flask Web 应用，并访问 http://127.0.0.1:5000/来查看结果，将看到一个使用了 Bootstrap 样式的页面，如图 3-8 所示。

```
$ python3 app.py
```

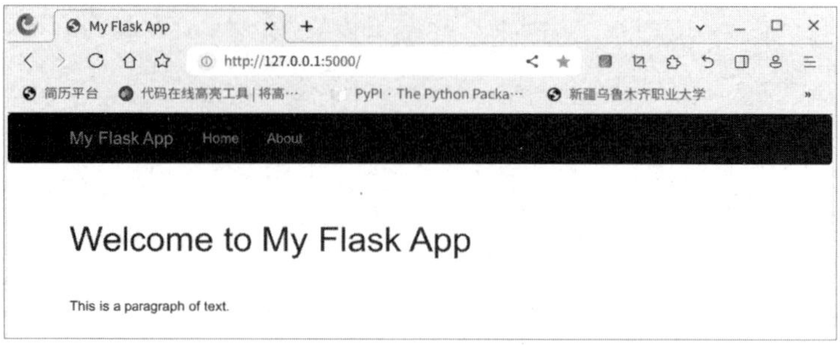

图 3-8 Flask-Bootstrap 应用主页

这个实例展示了如何使用 Flask-Bootstrap 来快速地为 Flask Web 应用创建一个美观的页面。读者可以根据需要进一步自定义和扩展这个实例。Flask-Bootstrap 还提供了其他模板和组件，读者可以通过查阅其文档来了解更多信息。

3.5 Flask 与 jQuery

jQuery 是一个轻量级开源 JavaScript 库，由 John Resig 于 2006 年发布，旨在简化 HTML 文档遍历、事件处理、动画及 AJAX 交互等前端开发任务。其核心通过 CSS 选择器快速定位 DOM 元素，并提供链式调用语法，可以显著减少代码量并提升开发效率。jQuery 封装了跨浏览器兼容性问题（如 IE 兼容性），使开发者无须关注底层差异即可实现统一功能。jQuery 的特性包括动态内容加载、DOM 操作、表单验证及丰富的插件生态（如 jQuery UI），其支持快速构建交互式网页。尽管现代前端框架（如 React、Vue）逐渐兴起，但 jQuery 仍广泛应用于遗留项目或轻量级场景。jQuery 当前的主流版本为 jQuery 3.x，其对性能进行了优化并移除了旧 API，压缩后的大小仅约 30KB。凭借易用性、强大社区及广泛兼容性，jQuery 曾是 Web 应用开发标配工具，并且至今仍是初学者入门或快速开发的实用选择。在 Flask Web 应用中集成 jQuery 可以使前端交互效果更加动态且响应迅速。以下是一个简单的 Flask 和 jQuery 集成实例，将演示如何在一个 Flask Web 应用中使用 jQuery 来实现基本的 AJAX 请求。

1. 创建应用

创建一个简单的 Flask Web 应用。在项目的根目录下创建一个 app.py 文件，并在其中添加以下代码。

【app.py】

```
from flask import Flask, render_template, jsonify

app = Flask(__name__)

# 路由到主页
@app.route('/')
def index():
    return render_template('index.html')

# 定义处理 AJAX 请求的路由
@app.route('/api/data', methods=['GET'])
def api_data():
```

```
    data = {
        'message': 'Hello from Flask!',
        'success': True
    }
    return jsonify(data)

if __name__ == '__main__':
    app.run(debug=True)
```

这段代码是一个简单的 Flask Web 应用实例，用于展示如何创建一个基本的 Web 应用，内容包括渲染 HTML 页面和处理 AJAX 请求。以下是对这段代码的解释。

```
from flask import Flask, render_template, jsonify
```

这行代码导入了 Flask 类和相关函数。Flask 类用于创建 Flask Web 应用实例。render_template 函数用于渲染 HTML 模板。jsonify 函数用于将 Python 字典转换为 JSON 格式的响应。

```
app = Flask(__name__)
```

这行代码创建了 Flask Web 应用实例。当脚本作为主程序运行时，__name__的值为__main__。这里它被用作 Flask Web 应用的名字，帮助 Flask 定位资源文件和模板文件。

```
@app.route('/')
def index():
    return render_template('index.html')
```

这段代码定义了主页路由。

- @app.route('/')：路由装饰器，用于将 index 函数绑定到 URL（/）上。当用户访问网站根目录时，这个函数会被调用。
- render_template('index.html')：渲染 index.html 模板文件，并返回客户端。这个模板文件位于 Flask Web 应用的 templates 目录中。

```
@app.route('/api/data', methods=['GET'])
def api_data():
    data = {
        'message': 'Hello from Flask!',
        'success': True
    }
    return jsonify(data)
```

这段代码定义了处理 AJAX 请求的路由。

- @app.route('/api/data', methods=['GET'])：路由装饰器，用于将 api_data 函数绑定到 URL（/api/data）上，并限制请求方法为 GET。
- data：一个 Python 字典，包含要返回客户端的数据。
- jsonify(data)：将 data 字典转换为 JSON 格式的响应，并返回客户端。这通常用于处理 AJAX 请求，以便前端 JavaScript 可以轻松地解析数据。

```
if __name__ == '__main__':
    app.run(debug=True)
```

这些代码用于运行 Flask Web 应用。

- if __name__ == '__main__':：确保只有当脚本作为主程序运行时，下面的代码块才会被执行。
- app.run(debug=True)：启动 Flask Web 应用的开发服务器，并开启调试模式。调试模式会提供额外的调试信息和热重载功能（即代码被修改后开发者无须手动重启服务器）。

2. 创建模板

在 Flask Web 应用的 templates 目录中（如果没有，则创建一个），创建一个 index.html 文档，并在其中添加以下代码。

【templates/index.html】

```
<!DOCTYPE html>
<html lang="en">
<head>
    <meta charset="UTF-8">
    <meta name="viewport" content="width=device-width, initial-scale=1.0">
    <title>Flask jQuery Example</title>
    <!-- 引入 jQuery 库 -->
    <script src="https://code.jquery.com/jquery-3.6.0.min.js"></script>
</head>
<body>
    <h1>Flask jQuery AJAX Example</h1>
    <button id="load-data">Load Data</button>
    <p id="result"></p>

    <script>
        $(document).ready(function() {
            $('#load-data').click(function() {
                $.ajax({
                    url: '/api/data',
                    type: 'GET',
                    success: function(response) {
                        $('#result').text(response.message);
                    },
                    error: function(xhr, status, error) {
                        $('#result').text('Error: ' + error);
                    }
                });
            });
        });
    </script>
</body>
</html>
```

这段 HTML 代码创建了一个简单的网页，结合 jQuery 库实现了 AJAX 功能，用于从服务器异步获取数据并显示在网页上。以下是对这段代码的解释。

```
<!DOCTYPE html>
```

这行代码声明了文档类型，这里是 HTML5。

```
<html lang="en">
```

这行代码声明了根元素，并指定文档使用的语言为英语。

```
<head>
```

这行代码声明了头部元素，其包含文档的元数据。

```
<meta charset="UTF-8">
```

这行代码指定了文档使用 UTF-8 字符编码。

```
<meta name="viewport" content="width=device-width, initial-scale=1.0">
```

这行代码设置了视口，以确保页面在不同设备上能够正确显示。

```
<title>Flask jQuery Example</title>
```

这行代码设置了网页的标题。

```
<script src="https://code.jquery.com/jquery-3.6.0.min.js"></script>
```

这行代码引入了 jQuery 库，其版本为 3.6.0，用于简化 JavaScript 编程和 AJAX 请求。

```
<body>
```

这行代码声明了主体元素，其包含网页的内容。

```
<h1>Flask jQuery AJAX Example</h1>
```

这行代码设置了一级标题，标题显示为“Flask jQuery AJAX Example”。

```
<button id="load-data">Load Data</button>
```

这行代码定义了一个按钮，用户单击该按钮后触发数据加载。

```
<p id="result"></p>
```

这行代码定义了一个段落，用于显示从服务器获取的数据或错误消息。

```
<script>
```

这行代码包含 jQuery 代码，用于处理用户与网页的交互。

```
$(document).ready(function() {
    $('#load-data').click(function() {
        $.ajax({
            url: '/api/data',
            type: 'GET',
            success: function(response) {
                $('#result').text(response.message);
            },
            error: function(xhr, status, error) {
                $('#result').text('Error: ' + error);
            }
        });
    });
});
```

这段代码定义了按钮单击事件函数，其中：

- $(document).ready(function() {...});：确保只有 DOM 完全加载后才执行内部的代码。
- $('#load-data').click(function() {...});：为 ID 为“load-data”的按钮绑定单击事件。在单击事件处理函数中，使用$.ajax({...});发送一个 AJAX 请求到服务器中。
- url: '/api/data'：指定请求的 URL，这里假设 Flask 服务器在接收这个路径的请求时会返回一些数据。
- type: 'GET'：这行代码指定了请求类型为 GET。
- success: function(response) {...}：当请求成功时执行的函数，response 是服务器返回的数据。这里，它将#result 段落的内容设置为 response.message，即服务器返回的数据对象中的 message 属性。
- error: function(xhr, status, error) {...}：当请求失败时执行的函数，xhr、status 和 error 分别提供了请求的详细信息、状态和错误消息。这里，它将#result 段落的内容设置为'Error: ' + error，即显示错误消息。

这个 HTML 网页通过 jQuery 库和 AJAX 技术，实现了一个简单的用户交互：当用户单击“Load Data”按钮时，它会向服务器的/api/data 路径发送一个 GET 请求，然后显示服务器返回的数据或错误消息。这个实例展示了如何使用前端技术从后端服务器异步获取数据，并动态更新网页内容。这是 Web 应用开发中常见的一种模式。

3. 运行应用

在终端中导航到项目根目录中，并运行 Flask Web 应用。

```
$ python3 app.py
```

打开浏览器，访问 http://127.0.0.1:5000/，将看到页面上有一个按钮和一个标题，如图 3-9

所示。当单击按钮时，jQuery 会发送一个 AJAX 请求到/api/data 路径，并在成功接收响应后，将结果显示在页面上，如图 3-10 所示。

图 3-9　Flask jQuery 应用主页

图 3-10　Flask jQuery 应用 AJAX 响应结果

3.6　Flask-Login

Flask-Login 是专为 Flask 框架设计的轻量级用户会话管理扩展，用于简化 Web 应用的用户认证流程。它不直接处理密码或权限，而是聚焦于用户登录状态维护，包括登录、退出、会话持久化（如“记住我”功能）及访问控制。开发者需要结合数据库模型（如用户模型）定义用户对象，并实现必要方法（如 is_authenticated、get_id）。Flask-Login 的核心功能包括以下几个。

- 路由保护：通过@login_required 装饰器限制未登录用户访问特定页面。
- 用户加载：通过@login_manager.user_loader 回调从会话中加载用户。
- 会话管理：自动处理 Cookie 与用户状态的同步。

Flask-Login 兼容多种认证技术（如 OAuth、数据库），专注于会话管理，可与 Flask-WTF、Flask-SQLAlchemy 等无缝集成，适用于快速构建中小型应用的认证系统。凭借灵活性与简洁 API，其成为 Flask 生态中用户管理的首选工具。

下面是一个使用 Flask-Login 的简单实例。这个实例将展示一个基本的用户登录系统，用户可以通过用户名和密码进行登录。需要注意的是，这个实例仅用于教学，并没有实现密码加密、数据库存储用户信息等安全措施。在实际应用中，读者需要确保这些安全措施得到妥善处理。

1. 安装 Flask-Login

确保已经安装 Flask-Login。可以使用 pip3 命令来安装该扩展：

```
$ pip3 install Flask-Login
```

2. 创建应用

创建一个 Flask Web 应用，并集成 Flask-Login。以下是一个完整的代码实例。

【app.py】

```
from flask import Flask, render_template, redirect, url_for, flash, request
from flask_login import LoginManager, UserMixin, login_user, logout_user,
login_required, current_user

# 创建一个 Flask Web 应用
app = Flask(__name__)
app.secret_key = 'your_secret_key'  # 用于会话管理，应该使用一个更安全的密钥

# 设置登录管理器
login_manager = LoginManager()
login_manager.init_app(app)
login_manager.login_view = 'login'  # 如果用户未登录，则重定向到这个视图中

# 定义用户模型（这里使用内存中的字典模拟）
users = {
    'testuser': {
        'password': 'testpassword',  # 注意：在实际应用中，密码应该被加密存储
        'id': 1  # 用户 ID（这里做简化处理，只使用一个数字标识）
    }
}

class User(UserMixin):
    def __init__(self, id, username):
        self.id = id
        self.username = username

    def check_password(self, password):
        # 检查密码（这里只是进行了简单的比较，在实际应用中应该验证加密后的密码）
        return users[self.username]['password'] == password

    @staticmethod
    def get(username):
        # 根据用户名获取用户对象（这里从内存中获取）
        if username in users:
            user_info = users[username]
            return User(id=user_info['id'], username=username)
        return None

# 当用户尝试登录时，调用这个函数
@login_manager.user_loader
def load_user(user_id):
    # 根据用户 ID 获取用户对象（这里假设用户 ID 是唯一的，并且与用户名一一对应）
    for username, user_info in users.items():
        if user_info['id'] == int(user_id):
            return User(id=user_info['id'], username=username)
    return None

# 定义路由和视图函数
@app.route('/')
@login_required
def index():
    return f'Hello, {current_user.username}! <a
href="{url_for("logout")}">Logout</a>'

@app.route('/login', methods=['GET', 'POST'])
def login():
    if request.method == 'POST':
```

```
        username = request.form['username']
        password = request.form['password']
        user = User.get(username)
        if user and user.check_password(password):
            login_user(user)
            return redirect(url_for('index'))
        else:
            flash('Invalid username or password')
    return render_template('login.html')

@app.route('/logout')
def logout():
    logout_user()
    return redirect(url_for('login'))

if __name__ == '__main__':
    app.run(debug=True)
```

这段代码使用 Flask 框架和 Flask-Login 扩展实现了一个简单的用户登录系统。以下是对这段代码的解释。

```
from flask import Flask, render_template, redirect, url_for, flash, request
from flask_login import LoginManager, UserMixin, login_user, logout_user,
login_required, current_user
```

这段代码导入了必要的类、函数和对象。Flask 类用于创建 Flask Web 应用实例。render_template 函数用于渲染 HTML 模板。redirect 函数用于重定向到另一个 URL。url_for 函数用于生成 URL。flash 函数用于显示一次性消息（如错误或成功消息）。request 是包含请求信息的对象。LoginManager 类用于管理登录状态。UserMixin 类提供了用户对象的基本方法（如 is_authenticated）。login_user 函数表示登录用户。logout_user 函数表示注销用户。login_required 函数表示装饰器，用于限制视图函数只能由登录用户访问。current_user 对象表示当前登录的用户。

```
app = Flask(__name__)
app.secret_key = 'your_secret_key'
```

这些代码创建了一个 Flask Web 应用实例并设置了一个密钥，用于会话管理。在实际应用中，应使用更安全的密钥。

```
login_manager = LoginManager()
login_manager.init_app(app)
login_manager.login_view = 'login'
```

这三行代码首先创建了一个登录管理器实例，然后初始化登录管理器并将其绑定到 Flask Web 应用中，最后设置如果用户未登录，则重定向到 login 视图中。

```
# 定义用户模型（这里使用内存中的字典模拟）
users = {
    'testuser': {
        'password': 'testpassword',  # 注意：在实际应用中，密码应该被加密存储
        'id': 1  # 用户 ID（这里做简化处理，只使用一个数字标识）
    }
}
```

这段代码使用一个字典 users 模拟用户数据库。

```
class User(UserMixin):
    def __init__(self, id, username):
        ...

    def check_password(self, password):
        # 检查密码（这里只是进行了简单的比较，在实际应用中应该验证加密后的密码）
        return users[self.username]['password'] == password
```

```
    @staticmethod
    def get(username):
        # 根据用户名获取用户对象（这里从内存中获取）
        ...
```

这段代码定义了一个 User 类，其继承自 UserMixin 类，提供了用户的基本属性和方法。

```
@login_manager.user_loader
def load_user(user_id):
    ...
```

这是一个装饰器，用于指定当用户 ID 被请求时如何加载用户对象。根据用户 ID 从 users 字典中查找并返回相应的 User 对象。

```
@app.route('/')
@login_required
def index():
    ...

@app.route('/login', methods=['GET', 'POST'])
def login():
    ...

@app.route('/logout')
def logout():
    ...
```

这段代码定义了路由和视图函数。

- /路由：主页，只有登录用户才能访问。显示当前用户名和一个注销超链接。
- /login 路由：登录页面。处理 GET 请求以显示登录表单，处理 POST 请求以验证用户名和密码。如果验证成功，则用户成功登录并重定向到主页；否则，显示错误消息。
- /logout 路由：注销页面。注销当前用户并重定向到登录页面。

```
if __name__ == '__main__':
    app.run(debug=True)
```

这些代码表示如果直接运行这个脚本，则启动 Flask Web 应用的开发服务器，并开启调试模式。

这个实例展示了如何使用 Flask 和 Flask-Login 创建一个简单的用户登录系统。它包括用户模型的定义、登录和注销功能的实现，以及基于用户登录状态的路由保护。然而，这个实例使用了内存中的字典来模拟用户数据库，并且密码是以明文形式存储的，这些都是在实际应用中需要改进的地方。

3. 创建模板

创建一个简单的 login.html 模板文件，并将其放在 Python 脚本目录下的 templates 目录中（遵守 Flask 的模板目录约定）。

【templates/login.html】

```
<!-- login.html -->
<!doctype html>
<html lang="en">
<head>
    <meta charset="UTF-8">
    <title>Login</title>
</head>
<body>
    <h1>Login</h1>
```

```
    {% with messages = get_flashed_messages() %}
      {% if messages %}
        <ul>
        {% for message in messages %}
          <li>{{ message }}</li>
        {% endfor %}
        </ul>
      {% endif %}
    {% endwith %}
    <form method="POST">
        <label for="username">Username:</label>
        <input type="text" id="username" name="username">
        <br>
        <label for="password">Password:</label>
        <input type="password" id="password" name="password">
        <br>
        <button type="submit">Login</button>
    </form>
</body>
</html>
```

这段代码是一个简单的 HTML 模板，用于构建一个登录页面。它使用了一些基本的 HTML 元素和一些模板引擎[Jinja2，一个常用于 Python Web 应用框架（如 Flask）的模板引擎]语法。以下是对这段代码的解释。

```
<!doctype html>
```

这行代码声明了文档类型，这里是 HTML5。它告诉浏览器使用 HTML5 标准来解析和渲染页面。

```
<html lang="en">
```

<html>标签定义了 HTML 文档的根元素。lang="en"属性用于指定文档使用的语言为英语。

```
<head>
    <meta charset="UTF-8">
    <title>Login</title>
</head>
```

头部<head>标签包含了文档的元数据。

- <meta charset="UTF-8">：定义了文档的字符编码为“UTF-8”，这是一种支持多种语言字符的编码方式。
- <title>Login</title>：设置文档的标题为“Login”，这个标题会显示在浏览器标签页上。

```
<body>
    <h1>Login</h1>
    ...
    <form method="POST">
        ...
    </form>
</body>
```

<body>标签包含了用户可见的内容，其中：

<h1>Login</h1>定义了一个一级标题，用于显示“Login”这个大字标题。

```
{% with messages = get_flashed_messages() %}
```

这行代码使用 Jinja2 的 with 语句来创建一个作用域，并在这个作用域内定义了一个变量 messages，它的值是通过调用 get_flashed_messages 函数获取的。这个函数通常用于获取由 Flask 框架通过 flash 函数传递的闪现消息，这些消息通常用于显示一次性通知，如登录成功或登录失败的消息。

```
{% if messages %}
  <ul>
```

```
    {% for message in messages %}
      <li>{{ message }}</li>
    {% endfor %}
    </ul>
{% endif %}
```

这段代码用于检查 messages 变量是否存在（即是否包含消息）。如果存在，则代码会创建一个无序列表<ul>，并遍历 messages 列表，为每个消息创建一个列表项<li>，将消息内容显示在这个列表项中。{{ message }}是 Jinja2 的变量输出语法，用于输出变量的值。

```
<form method="POST">
    <label for="username">Username:</label>
    <input type="text" id="username" name="username">
    <br>
    <label for="password">Password:</label>
    <input type="password" id="password" name="password">
    <br>
    <button type="submit">Login</button>
</form>
```

- <form method="POST">定义了一个表单，并指定当表单数据提交到服务器时使用的 HTTP 请求方法为“POST”。
- <label>标签用于定义表单控件的标签，for 属性指定了这个标签是为哪个表单控件定义的。
- <input>标签用于输入数据，type="text"和 type="password"分别表示输入文本和密码。id 和 name 属性分别用于标识输入控件和指定其名称，以便在表单提交时作为键值对的一部分发送到服务器中。
- <button type="submit">Login</button>定义了一个提交按钮，当单击这个按钮时，表单数据会被发送到服务器中。

4. 运行应用

在终端中导航到项目根目录，并运行 Flask Web 应用：

```
$ python3 app.py
```

打开浏览器，访问 http://127.0.0.1:5000/，将看到登录页面，如图 3-11 所示（页面中的“Please log in to access this page.”是由 Flask-Login 的 LoginManager 自动生成的默认提示信息）。输入在用户模型中定义的用户名 testuser 和用户密码 testpassword，并单击“Login”按钮进行登录，如图 3-12 所示。

图 3-11 Flask-Login 应用登录页面

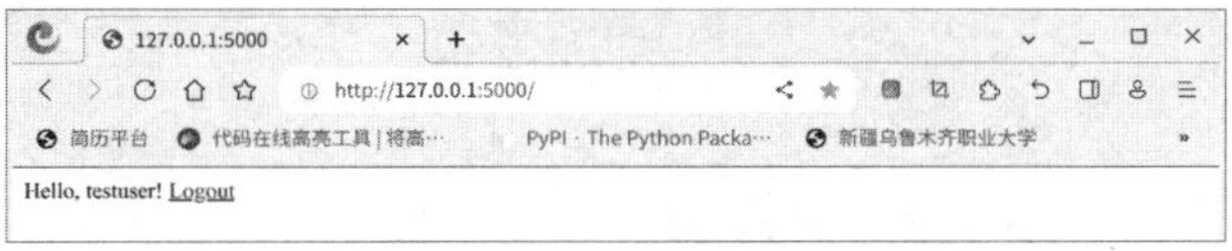

图 3-12 Flask-Login 应用主页

这个实例展示了一个基本的用户登录系统，其中包括登录页面、登录逻辑、用户模型和 Flask-Login 的集成。需要注意的是，在实际应用中，需要添加更多的安全措施，如密码加密、数据库集成、输入验证等。

3.7 Flask Web 项目综合实例

本节将介绍如何综合使用 Python + Flask + HTML + CSS + JavaScript + jQuery + Bootstrap + SQLAlchemy 开发在线点餐系统和在线聊天系统。在线点餐系统和在线聊天系统基于 Python+Flask 构建，采用 MVC 架构实现高效开发。前端使用 Bootstrap 打造响应式页面，适配手机/PC 端，结合 HTML/CSS+JavaScript/jQuery 实现动态交互：在线点餐系统支持订单提交与历史查询；在线聊天系统通过轮询或 WebSocket 实现实时消息收发。后端通过 SQLAlchemy 管理数据库，设计订单、菜单、用户、消息等数据库模型，通过 Flask 处理路由与业务逻辑，集成用户认证、会话管理。

3.7.1 在线点餐系统

下面的实例将展示如何使用 Python + Flask + HTML + CSS + JavaScript + jQuery + Bootstrap + SQLAlchemy 开发一个简单的在线点餐系统。顾客可以查看菜单和订单状态，以及下单，管理员可以管理菜单和订单。

1. 项目结构

```
online_ordering/
│
├── app.py                      # Flask Web 应用主文件
├── models.py                   # SQLAlchemy 模型定义
├── requirements.txt            # 依赖文件
├── static/                     # 静态文件（CSS 样式、JavaScript 代码、图片等）
│   ├── css/
│   │   └── styles.css          # 自定义 CSS 文件
│   └── js/
│       └── scripts.js          # 自定义 JavaScript 文件
│
├── templates/                  # HTML 模板文件
│   ├── base.html               # 基础模板
│   ├── index.html              # 主页模板
│   ├── menu.html               # 菜单模板
│   ├── place_order.html        # 下单模板
│   ├── orders.html             # 订单列表模板
│   ├── manage_menu.html        # 管理菜单模板
│   └── manage_orders.html      # 管理订单模板
│
└── database.db                 # SQLite 文件
```

2. 安装依赖

在项目根目录下创建 requirements.txt 文件，并在其中添加如下内容（如果没有特定版本的依赖，建议安装最新版本，既将“=”和后面的版本信息去掉）。

```
Flask==2.3.2
Flask-SQLAlchemy==3.0.5
Bootstrap==5.3.0
jQuery==3.6.0
```

以下是对 requirements.txt 文件内容的详细分析和解释。

```
Flask==2.3.2
```

Flask 是一款用 Python 编写的轻量级 Web 应用框架。它设计简单且易于扩展，非常适用于从小型到大型的应用开发。2.3.2 是 Flask 的一个稳定版本，引入了多项新功能并进行了性能改进，比如更好的异步支持、性能优化及更多的配置选项。这个版本也修复了之前版本中的一些 Bug。

```
Flask-SQLAlchemy==3.0.5
```

Flask-SQLAlchemy 是一个 Flask 扩展，集成了 SQLAlchemy 这个流行的 Python SQL 工具包和对象关系映射（ORM）库。这使得在 Flask Web 应用中处理数据库变得非常简单和直观。版本 3.0.5 保持了与 Flask 2.x 和更高版本的兼容性，并进行了性能改进、Bug 修复，以及包含了对 SQLAlchemy 新版本的支持。

```
Bootstrap==5.3.0
```

Bootstrap 是一款流行的前端框架，提供了大量的 HTML、CSS 和 JavaScript 组件，用于开发响应式和移动优先的 Web 页面。版本 5.3.0 引入了新的样式和功能，比如更丰富的颜色系统、改进的网格系统，以及对更多现代浏览器的支持。在 Flask Web 应用中，Bootstrap 通常用于构建图形用户界面。

```
jQuery==3.6.0
```

jQuery 是一个快速、小巧且功能丰富的 JavaScript 库。它简化了 HTML 文档遍历和操作、事件处理、动画和 AJAX 交互操作，使得 JavaScript 编程更加容易和高效。版本 3.6.0 提供了对现代浏览器的广泛支持，修复了之前版本中的一些 Bug，进行了性能改进并包含新功能。在 Flask Web 应用中，jQuery 通常用于实现客户端的交互逻辑和动态效果。

综上所述，这些依赖共同构成了一个功能齐全的 Flask 在线点餐系统的基础。Flask 提供了 Web 应用框架的核心功能，Flask-SQLAlchemy 用于数据库操作，Bootstrap 用于构建响应式的图形用户界面，而 jQuery 则用于实现客户端的交互逻辑和动态效果。

需要注意的是，随着时间的推移，这些库的新版本可能会被发布，其将包含更多的功能、性能改进和安全性修复。因此，建议定期检查并更新这些依赖，以确保应用的安全性并保持最新状态。同时，要在更新依赖时测试应用的兼容性，以避免引入新的问题。

安装依赖：

```
$ pip3 install -r requirements.txt
```

代码解释：pip3 是 Python 3 的软件包管理工具，用于安装和管理 Python 第三方库。（pip 是 Python 2 的软件包管理工具，但大多数现代系统已默认使用 pip3 或 pip 指向 Python 3。）install 是 pip 的子命令，表示要安装包。-r requirements.txt 中的-r 表示从指定文件读取依赖列表。requirements.txt 是一个文本文件，通常位于项目根目录中，列出了项目运行所需的所有第三方库及其版本。每行包含一个依赖，格式为“包名[==版本号]”。==表示严格匹配指定版本，==还可以改为>=，其表示最低版本，当不写“[==版本号]”时，则表示安装最新版本。我们需要在 requirements.txt 所在目录执行以上命令，或指定完整路径（如 pip3 install -r /path/to/ requirements.txt）。若遇到权限错误，则可以添加--user 参数将依赖安装到用户目录下，或使用 sudo 获取系统管理员权限（通常对应 root 用户权限），从而将 Python 包安装到系统全局的 site-packages 目录下（不推荐，可能存在安全风险）。

3. 创建应用

以下 app.py 代码实现了一个基本的在线点餐系统，包括菜单显示、下单、订单管理、菜单管理等功能。通过 Flask 框架提供 Web 页面，使用 SQLAlchemy 与 SQLite 进行交互。代码结构清晰，易于理解和扩展。

【app.py】

```
from flask import Flask, render_template, request, redirect, url_for, flash
from flask_sqlalchemy import SQLAlchemy

app = Flask(__name__)
app.config['SQLALCHEMY_DATABASE_URI'] = 'sqlite:///database.db'  # SQLite
app.config['SQLALCHEMY_TRACK_MODIFICATIONS'] = False
app.config['SECRET_KEY'] = 'your_secret_key'  # 用于闪现消息的密钥
db = SQLAlchemy(app)

# 菜单模型
class MenuItem(db.Model):
    id = db.Column(db.Integer, primary_key=True)
    name = db.Column(db.String(100), nullable=False)
    price = db.Column(db.Float, nullable=False)
    orders = db.relationship('Order', backref='menu_item', lazy=True)

# 订单模型
class Order(db.Model):
    id = db.Column(db.Integer, primary_key=True)
    customer_name = db.Column(db.String(100), nullable=False)
    status = db.Column(db.String(50), default='Pending')
    menu_item_id = db.Column(db.Integer, db.ForeignKey('menu_item.id'),
nullable=False)

# 主页路由
@app.route('/')
def index():
    return render_template('index.html')

# 菜单路由
@app.route('/menu')
def menu():
    menu_items = MenuItem.query.all()
    return render_template('menu.html', menu_items=menu_items)

# 下单路由
@app.route('/place_order/<int:id>', methods=['GET', 'POST'])
def place_order(id):
    menu_item = MenuItem.query.get_or_404(id)
    if request.method == 'POST':
        customer_name = request.form['customer_name']
        new_order = Order(customer_name=customer_name, menu_item=menu_item)
        db.session.add(new_order)
        db.session.commit()
        flash('下单成功！', 'success')
        return redirect(url_for('orders'))
    return render_template('place_order.html', menu_item=menu_item)
```

```
# 订单列表路由
@app.route('/orders')
def orders():
    orders = Order.query.all()
    return render_template('orders.html', orders=orders)

# 管理菜单路由
@app.route('/manage_menu', methods=['GET', 'POST'])
def manage_menu():
    if request.method == 'POST':
        name = request.form['name']
        price = float(request.form['price'])
        new_item = MenuItem(name=name, price=price)
        db.session.add(new_item)
        db.session.commit()
        flash('菜单项添加成功！', 'success')
        return redirect(url_for('manage_menu'))
    menu_items = MenuItem.query.all()
    return render_template('manage_menu.html', menu_items=menu_items)

# 管理订单路由
@app.route('/manage_orders')
def manage_orders():
    orders = Order.query.all()
    return render_template('manage_orders.html', orders=orders)

# 更新订单状态路由
@app.route('/update_order/<int:id>/<status>')
def update_order(id, status):
    order = Order.query.get_or_404(id)
    order.status = status
    db.session.commit()
    flash('订单状态更新成功！', 'success')
    return redirect(url_for('manage_orders'))

if __name__ == '__main__':
    with app.app_context():
        db.create_all()
    app.run(debug=True)
```

这段代码实现了一个简单的在线点餐系统，使用 Flask 框架和 SQLAlchemy ORM（对象关系映射）工具来操作 SQLite。以下是对这段代码的解释。

```
from flask import Flask, render_template, request, redirect, url_for, flash
from flask_sqlalchemy import SQLAlchemy

app = Flask(__name__)
app.config['SQLALCHEMY_DATABASE_URI'] = 'sqlite:///database.db'  # SQLite
app.config['SQLALCHEMY_TRACK_MODIFICATIONS'] = False
app.config['SECRET_KEY'] = 'your_secret_key'  # 用于闪现消息的密钥
db = SQLAlchemy(app)
```

这段代码用于导入库和初始化应用。首先从 Flask 和 Flask_Sqlalchemy 导入相关类、对象和函数，其中，Flask 类用于构建 Flask Web 应用实例。render_template 函数用于渲染 HTML 模板。request 对象用于处理 HTTP 请求。redirect 函数用于重定向到另一个 URL。url_for 函数用于生成 URL。flash 函数用于在图形用户界面上显示一次性消息。SQLAlchemy 类用于与数据库交互。

然后进行相关配置，其中，app.config 用于配置 Flask Web 应用，包括数据库 URI 和密钥等。db = SQLAlchemy(app)用于初始化 SQLAlchemy 数据库对象。

```
    class MenuItem(db.Model):
        id = db.Column(db.Integer, primary_key=True)
        name = db.Column(db.String(100), nullable=False)
        price = db.Column(db.Float, nullable=False)
        orders = db.relationship('Order', backref='menu_item', lazy=True)

    class Order(db.Model):
        id = db.Column(db.Integer, primary_key=True)
        customer_name = db.Column(db.String(100), nullable=False)
        status = db.Column(db.String(50), default='Pending')
        menu_item_id = db.Column(db.Integer, db.ForeignKey('menu_item.id'),
nullable=False)
```

这段代码用于定义数据库模型。MenuItem 表示菜单项，包含 ID、名称、价格，以及与之相关的订单列表。Order 表示订单，包含 ID、顾客姓名、状态（默认为“Pending”），以及与之关联的菜单项 ID。db.relationship 用于定义模型之间的关系，MenuItem 与 Order 是一对多的关系。

```
    @app.route('/')
    def index():
        return render_template('index.html')
```

这段代码用于定义主页路由，并渲染主页。

```
    @app.route('/menu')
    def menu():
        menu_items = MenuItem.query.all()
        return render_template('menu.html', menu_items=menu_items)
```

这段代码用于定义菜单路由，查询所有菜单项并渲染菜单页面。

```
    @app.route('/place_order/<int:id>', methods=['GET', 'POST'])
    def place_order(id):
        menu_item = MenuItem.query.get_or_404(id)
        if request.method == 'POST':
            customer_name = request.form['customer_name']
            new_order = Order(customer_name=customer_name, menu_item=menu_item)
            db.session.add(new_order)
            db.session.commit()
            flash('下单成功！', 'success')
            return redirect(url_for('orders'))
        return render_template('place_order.html', menu_item=menu_item)
```

这段代码用于定义下单路由，根据菜单项 ID 获取菜单项。如果是 POST 请求，则创建新订单，保存顾客姓名和关联的菜单项。用户提交订单后，显示闪现消息并重定向到订单列表页面。

```
    @app.route('/orders')
    def orders():
        orders = Order.query.all()
        return render_template('orders.html', orders=orders)
```

这段代码用于定义订单列表路由，查询所有订单并渲染订单列表页面。

```
    @app.route('/manage_menu', methods=['GET', 'POST'])
    def manage_menu():
        if request.method == 'POST':
            name = request.form['name']
            price = float(request.form['price'])
            new_item = MenuItem(name=name, price=price)
            db.session.add(new_item)
            db.session.commit()
```

```
        flash('菜单项添加成功！', 'success')
        return redirect(url_for('manage_menu'))
    menu_items = MenuItem.query.all()
    return render_template('manage_menu.html', menu_items=menu_items)
```

这段代码用于定义管理菜单路由，如果是 POST 请求，则添加新菜单项，并渲染管理菜单页面，显示所有菜单项。

```
@app.route('/manage_orders')
def manage_orders():
    orders = Order.query.all()
    return render_template('manage_orders.html', orders=orders)
```

这段代码用于定义管理订单路由，查询所有订单并渲染管理订单页面。

```
@app.route('/update_order/<int:id>/<status>')
def update_order(id, status):
    order = Order.query.get_or_404(id)
    order.status = status
    db.session.commit()
    flash('订单状态更新成功！', 'success')
    return redirect(url_for('manage_orders'))
```

这段代码用于定义更新订单状态路由，根据订单 ID 更新订单状态。顾客提交更改后，显示闪现消息并重定向到管理订单页面。

```
if __name__ == '__main__':
    with app.app_context():
        db.create_all()
    app.run(debug=True)
```

这段代码用于以调试模式启动 Flask Web 应用，并在应用上下文中创建所有数据库表。

4. 创建模板

以下 base.html 代码定义了在线点餐系统的基础模板，它利用 Bootstrap 框架进行样式设计和响应式布局。模板中包含一些动态内容占位符。

【templates/base.html】

```
<!DOCTYPE html>
<html lang="en">
<head>
    <meta charset="UTF-8">
    <meta name="viewport" content="width=device-width, initial-scale=1.0">
    <title>在线点餐系统</title>
    <link href="https://cdn.jsdelivr.net/npm/bootstrap@5.3.0/dist/css/bootstrap.min.css" rel="stylesheet">
    <link rel="stylesheet" href="{{ url_for('static', filename='css/styles.css') }}">
</head>
<body>
    <nav class="navbar navbar-expand-lg navbar-light bg-light">
        <div class="container">
            <a class="navbar-brand" href="{{ url_for('index') }}">在线点餐系统</a>
            <div class="navbar-nav">
                <a class="nav-link" href="{{ url_for('menu') }}">菜单</a>
                <a class="nav-link" href="{{ url_for('orders') }}">订单</a>
                <a class="nav-link" href="{{ url_for('manage_menu') }}">管理菜单</a>
               <a class="nav-link" href="{{ url_for('manage_orders') }}">管理订单</a>
            </div>
        </div>
    </nav>
```

```
        <div class="container mt-4">
            {% with messages = get_flashed_messages(with_categories=true) %}
                {% if messages %}
                    {% for category, message in messages %}
                        <div class="alert alert-{{ category }}">{{ message }}</div>
                    {% endfor %}
                {% endif %}
            {% endwith %}
            {% block content %}{% endblock %}
        </div>
        <script src="https://code.jquery.com/jquery-3.6.0.min.js"></script>
        <script src="https://cdn.jsdelivr.net/npm/bootstrap@5.3.0/dist/js/bootstrap.
bundle.min.js"></script>
        <script src="{{ url_for('static', filename='js/scripts.js') }}"></script>
    </body>
    </html>
```

这段 HTML 代码利用 Bootstrap 框架进行样式设计和响应式布局，并包含一些动态内容占位符，这些占位符通常用于与后端（如 Flask）进行交互。以下是对这段代码的解释。

```
    <!DOCTYPE html>
    <html lang="en">
    <head>
        <meta charset="UTF-8">
        <meta name="viewport" content="width=device-width, initial-scale=1.0">
        <title>在线点餐系统</title>
        <link href="https://cdn.jsdelivr.net/npm/bootstrap@5.3.0/dist/css/bootstrap.min.
css" rel="stylesheet">
        <link rel="stylesheet" href="{{ url_for('static', filename='css/styles.css') }}">
    </head>
```

这段代码用于定义文档类型和头部信息，其中，文档类型声明：<!DOCTYPE html> 声明了这是一个 HTML5 文档。语言属性：<html lang="en"> 设置了文档使用的语言为英语。字符编码：<meta charset="UTF-8"> 声明了文档使用的字符编码为“UTF-8”，确保了对多语言字符的支持。视口设置：<meta name="viewport" content="width=device-width, initial-scale=1.0"> 确保了页面在移动设备上有良好的显示效果，即实现响应式设计。标题：<title>在线点餐系统</title> 设置了页面的标题。Bootstrap 样式表：<link href = "https://cdn.jsdelivr.net/npm/bootstrap@5.3.0/dist/css/ bootstrap.min.css" rel = "stylesheet"> 引入了 Bootstrap 的 CSS 样式表，用于进行页面的样式设计。自定义样式表：<link rel="stylesheet" href="{{ url_for('static', filename='css/styles.css') }}"> 引入了自定义的 CSS 样式表，url_for 是 Flask 的一个函数，用于生成静态文件的 URL。

```
    <nav class="navbar navbar-expand-lg navbar-light bg-light">
        <div class="container">
            <a class="navbar-brand" href="{{ url_for('index') }}">在线点餐系统</a>
            <div class="navbar-nav">
                <a class="nav-link" href="{{ url_for('menu') }}">菜单</a>
                <a class="nav-link" href="{{ url_for('orders') }}">订单</a>
                <a class="nav-link" href="{{ url_for('manage_menu') }}">管理菜单</a>
                <a class="nav-link" href="{{ url_for('manage_orders') }}">管理订单</a>
            </div>
        </div>
    </nav>
```

这段代码用于定义导航栏，其中，导航栏：<nav class="navbar navbar-expand-lg navbar-light bg-light"> 创建了一个 Bootstrap 的导航栏，navbar-expand-lg 表示在大屏幕下展开，navbar-light bg-light 设置了导航栏的背景颜色和文本颜色。容器：<div class="container"> 用于包裹导航栏的内容，使其居中显示。品牌超链接：<a class="navbar-brand" href="{{ url_for('index') }}">在线点餐系统</a> 是导航栏的品牌超链接，指向主页。导航超链接：<a class="nav-link" href="{{ url_for('menu') }}">菜单</a>等是导航超链接，分别指向菜单、订单列表、管理菜单和管理订单页面。url_for 函数用于动态生成这些页面的 URL。

```
    <div class="container mt-4">
        {% with messages = get_flashed_messages(with_categories=true) %}
            {% if messages %}
                {% for category, message in messages %}
                    <div class="alert alert-{{ category }}">{{ message }}</div>
                {% endfor %}
            {% endif %}
        {% endwith %}
        {% block content %}{% endblock %}
    </div>
```

这段代码用于定义主体内容，其中，容器：<div class="container mt-4"> 创建了一个 Bootstrap 的容器，并设置了上边距为 4（通过 mt-4 类）。闪现消息：{% with messages = get_flashed_messages (with_categories=true) %} 是一个 Jinja2 模板语法，用于获取后端通过 flash 函数发送的消息。这些消息通常用于显示用户操作的结果（如成功或错误消息）。{% if messages %}用于检查是否有消息存在。{% for category, message in messages %}用于遍历所有消息，并根据消息的类别（如 success、danger 等）动态生成 Bootstrap 的警告框（alert）。content 块：{% block content %}{% endblock %} 是一个 Jinja2 的块标签，用于定义模板中的可替换部分。后端可以继承这个模板，并在 block content 部分插入具体的内容。

```
    <script src="https://code.jquery.com/jquery-3.6.0.min.js"></script>
    <script src="https://cdn.jsdelivr.net/npm/bootstrap@5.3.0/dist/js/bootstrap.
bundle.min.js"></script>
    <script src="{{ url_for('static', filename='js/scripts.js') }}"></script>
```

这段代码用于定义脚本部分，其中，jQuery：<script src="https://code.jquery.com/jquery-3.6.0.min.js"> </script>引入了 jQuery 库，其通常用于简化 JavaScript 代码的 DOM 操作和事件处理。Bootstrap 脚本：<script src="https://cdn.jsdelivr.net/npm/bootstrap@5.3.0/dist/js/bootstrap.bundle.min.js"> </script>引入了 Bootstrap 的 JavaScript 代码，用于支持 Bootstrap 的交互组件（如模态框、下拉菜单等）。自定义脚本：<script src="{{ url_for('static', filename='js/scripts.js') }}"></script> 引入了自定义的 JavaScript 代码，用于处理页面的交互逻辑。

以下 index.html 代码定义了在线点餐系统的主页模板，它继承自 base.html 模板，并覆盖了 content 块来定义页面的具体内容。页面包含一个大标题、一段文本及两个超链接按钮，分别用于查看菜单和查看订单。通过 url_for 函数，超链接动态地指向相应的视图函数，确保了 URL 的正确性和可维护性。同时，通过引入 Bootstrap 框架的 CSS 类，超链接被样式化为按钮，提升了页面的视觉效果。

【templates/index.html】

```
{% extends 'base.html' %}

{% block content %}
<h1>欢迎来到在线点餐系统！</h1>
<p>浏览菜单或下单。</p>
<a href="{{ url_for('menu') }}" class="btn btn-primary">查看菜单</a>
```

```
<a href="{{ url_for('orders') }}" class="btn btn-secondary">查看订单</a>
{% endblock %}
```

这段HTML模板代码定义了主页模板，其基于Jinja2模板引擎，通常用于在Flask等Python Web框架中构建动态网页。以下是对这段代码的解释。

{% extends 'base.html' %}表示该模板继承自另一个模板base.html。在Flask Web应用中，通常会有一个基础模板base.html，它定义了网页的基本结构，如HTML文档头部、导航栏、页眉和页脚等。通过继承，可以让多个模板共享相同的HTML结构，开发者只需定义和覆盖特定块即可定制不同页面的内容。{% block content %}和{% endblock %}这两个标签定义了一个名为content的块，这是Flask模板中的一个占位符。在base.html模板中，有相应的{% block content %}{% endblock %}占位符，子模板可以通过覆盖这个块来定义页面的具体内容。这种设计允许开发者在保持网页整体结构一致的同时，灵活地定义每个页面的具体内容。<h1>欢迎来到在线点餐系统！</h1>是一个HTML标题标签，用于在页面上显示大标题"欢迎来到在线点餐系统！"。<p>浏览菜单或下单。</p>是一个HTML段落标签，用于在页面上显示一段文本"浏览菜单或下单。"。<a href="{{ url_for('menu') }}" class="btn btn-primary">查看菜单</a>用于创建一个超链接。href="{{ url_for('menu') }}"中的url_for是Flask模板中的一个函数，用于生成路由对应的URL。这里它生成了指向menu视图函数的URL。class="btn btn-primary"为超链接添加CSS类，用于样式化超链接，使其看起来像一个按钮。btn和btn-primary是Bootstrap框架中的CSS类，用于定义按钮的外观。超链接文本为"查看菜单"。<a href="{{ url_for('orders') }}" class="btn btn-secondary">查看订单</a>这个超链接与上一个超链接的作用类似，但指向的是名为orders的视图函数，并且使用了btn-secondary类来定义按钮的样式，超链接文本为"查看订单"。

以下menu.html模板代码用于生成一个菜单列表，其中每个菜单项都包含名称、价格和"下单"按钮。通过模板继承和块定义，这段代码可以很方便地嵌入一个更大的页面结构中。同时，利用Jinja2的循环和变量插值语法，可以动态地生成菜单项的内容。

【templates/menu.html】

```
{% extends 'base.html' %}

{% block content %}
<h1>菜单</h1>
<ul class="list-group">
    {% for item in menu_items %}
    <li class="list-group-item">
        <h5>{{ item.name }}</h5>
        <p>价格：￥{{ item.price }}</p>
        <a href="{{ url_for('place_order', id=item.id) }}" class="btn btn-primary
btn-sm">下单</a>
    </li>
    {% endfor %}
</ul>
{% endblock %}
```

这段代码定义了一个基于Jinja2模板引擎的HTML模板，用于生成一个菜单列表。它通常用于Web应用程序中，特别是在使用Flask这样的Python Web框架时。以下是对这段代码的解释。

```
{% extends 'base.html' %}
```

这行代码表示该模板继承自base.html模板。在Flask Web应用中，模板继承允许开发者创建一个基础模板，然后在其他模板中扩展这个基础模板，从而避免重复编写相同的 HTML 结构。

```
{% block content %}
...
{% endblock %}
```

这段代码用于定义块，block 标签用于在继承的模板中定义可变的内容区域。在这里，content 块被定义，它将包含菜单的具体内容。在 base.html 模板中，应该有一个相应的{% block content %}{% endblock %}结构，这个结构会被当前模板中的 content 块内容替换。

```
<h1>菜单</h1>
<ul class="list-group">
    {% for item in menu_items %}
    <li class="list-group-item">
        <h5>{{ item.name }}</h5>
        <p>价格：￥{{ item.price }}</p>
        <a href="{{ url_for('place_order', id=item.id) }}" class="btn btn-primary btn-sm">下单</a>
    </li>
    {% endfor %}
</ul>
```

这段代码定义了菜单列表，其中，<h1>菜单</h1>是一个一级标题，表示当前页面的内容是菜单。<ul class="list-group">是一个无序列表，使用了 Bootstrap 的 list-group 类来提供样式。{% for item in menu_items %}是一个 Jinja2 的循环结构，用于遍历 menu_items 列表。menu_items 是一个在 Flask 视图函数中传递给模板的变量。它应该是一个包含菜单项的列表或字典。<li class="list-group-item">是列表项，每个菜单项都被放置在一个<li>标签中，并使用了 Bootstrap 的 list-group-item 类来提供样式。{{ item.name }}和{{ item.price }}是 Jinja2 的变量插值语法，用于在模板中显示菜单项的名称和价格。<a href="{{ url_for('place_order', id=item.id) }}" class="btn btn-primary btn-sm">下单</a>是一个超链接按钮，单击该按钮后会触发下单操作。url_for 是 Flask 的一个函数，用于生成 URL。在这里，它生成一个指向 place_order 视图函数的 URL，并将菜单项的 ID 作为参数传递。

以下 place_order.html 定义了一个基于 Jinja2 模板引擎的 HTML 模板，用于创建一个下单页面。它继承自一个基础模板 base.html，并定义了一个包含顾客姓名输入框和一个提交按钮的表单。页面还包含一个超链接，用于返回菜单页面。通过使用 Jinja2 的变量插值语法和 Flask 的 url_for 函数，页面能够动态显示内容和生成 URL。

【templates/place_order.html】

```
{% extends 'base.html' %}

{% block content %}
<h1>下单：{{ menu_item.name }}</h1>
<form method="POST">
    <div class="mb-3">
        <label for="customer_name" class="form-label">顾客姓名</label>
        <input type="text" class="form-control" id="customer_name" name="customer_name" required>
    </div>
    <button type="submit" class="btn btn-primary">提交</button>
</form>
<a href="{{ url_for('menu') }}" class="btn btn-secondary mt-3">返回菜单页面</a>
{% endblock %}
```

下面是对这段代码的解释。

```
{% extends 'base.html' %}
```

这行代码用于完成模板继承，表示该模板继承自 base.html 模板。在 Flask Web 应用中，模板继承允许开发者创建一个基础模板，然后在其他模板中继承这个基础模板的结构和内容。这样做可以避免在每个模板中重复定义相同的 HTML 结构，如头部、导航栏、页眉和页脚等。

```
{% block content %}
...
{% endblock %}
```

这段代码用于定义 content 块，{% block content %}和{% endblock %}之间的内容是当前模板要定义的 content 块。在这个块中，开发者可以定义该特定页面的内容。在 base.html 中，有一个对应的{% block content %}{% endblock %}占位符，用于插入子模板的内容。

```
<h1>下单：{{ menu_item.name }}</h1>
```

这行代码显示了页面的标题，其中，{{ menu_item.name }}是一个 Jinja2 的变量插值语法。在 Flask Web 应用中，开发者可以通过视图函数将 menu_item 对象传递给模板，然后在模板中使用这个对象的属性（如 name）来动态显示内容。

```
<form method="POST">
    <div class="mb-3">
        <label for="customer_name" class="form-label">顾客姓名</label>
        <input type="text" class="form-control" id="customer_name" name="customer_name" required>
    </div>
    <button type="submit" class="btn btn-primary">提交</button>
</form>
```

这段代码定义了表单，其中，<form method="POST">创建了一个表单，并使用 POST 方法提交数据。这通常用于将数据发送到服务器中进行处理，如保存顾客输入的信息。<div class="mb-3">是一个 Bootstrap 类，用于在表单元素之间添加间距。<label for="customer_name" class="form-label">顾客姓名</label>创建了一个标签，用于描述其下的输入框。for 属性值应与输入框的 id 属性值相同，以便关联标签和输入框。<input type="text" class="form-control" id="customer_name" name="customer_name" required>创建了一个文本输入框，用于输入顾客姓名。class="form-control"是 Bootstrap 类，用于样式化输入框。required 属性表示该字段是必填项。<button type="submit" class="btn btn-primary">提交</button>创建了一个提交按钮，单击该按钮后会提交表单数据。class="btn btn-primary"是 Bootstrap 类，用于样式化按钮。

```
<a href="{{ url_for('menu') }}" class="btn btn-secondary mt-3">返回菜单页面</a>
```

这行代码定义了“返回菜单页面”超链接，单击该超链接后会跳转到菜单页面。{{ url_for('menu') }}：使用 Flask 的 url_for 函数生成菜单页面的 URL。menu 是视图函数的名称，url_for 会根据这个名称找到对应的 URL。class="btn btn-secondary mt-3"是 Bootstrap 类，用于样式化超链接，并添加顶部间距。

以下 orders.html 定义了一个基于 Jinja2 模板引擎的 HTML 模板，用于创建订单列表。它继承自 base.html 模板，使用了 Bootstrap 样式来样式化页面元素，并通过 Jinja2 模板引擎动态地填充订单数据。每个订单都显示其菜单项名称、顾客姓名和状态，并且提供了一个超链接按钮来返回菜单页面。

【templates/orders.html】

```
{% extends 'base.html' %}
```

```
{% block content %}
<h1>订单列表</h1>
<ul class="list-group">
    {% for order in orders %}
    <li class="list-group-item">
        <h5>{{ order.menu_item.name }}</h5>
        <p>顾客: {{ order.customer_name }}</p>
        <p>状态: {{ order.status }}</p>
    </li>
    {% endfor %}
</ul>
<a href="{{ url_for('menu') }}" class="btn btn-primary mt-3">返回菜单页面</a>
{% endblock %}
```

Jinja2 是 Python Flask 框架中常用的模板引擎，允许在 HTML 中嵌入 Python 代码，以动态生成网页内容。以下是对这段代码的解释。

```
{% extends 'base.html' %}
```

这行代码用于完成模板继承，表示当前模板继承自 base.html 模板。在 Flask Web 应用中，模板继承是一种重用 HTML 结构的方式。base.html 通常包含页面的公共部分，如头部、导航栏、页眉和页脚等。通过继承，可以在子模板中只定义页面的独特内容，而不需要重复编写公共部分。

```
{% block content %}
...
{% endblock %}
```

这段代码用于定义 content 块，{% block content %}和{% endblock %}之间的部分是当前模板要定义的 content 块。在 base.html 中，有一个与这个名称相同的块，用于指定子模板可以插入内容的位置。这种方式可以确保在继承模板时保持结构的一致性，同时允许每个子模板根据自己的需要填充内容。

```
<h1>订单列表</h1>
<ul class="list-group">
    {% for order in orders %}
    <li class="list-group-item">
        <h5>{{ order.menu_item.name }}</h5>
        <p>顾客: {{ order.customer_name }}</p>
        <p>状态: {{ order.status }}</p>
    </li>
    {% endfor %}
</ul>
```

这段代码用于显示订单列表，其中，<h1>订单列表</h1>用于显示页面标题。<ul class="list-group">用于开始一个无序列表，使用 Bootstrap 的 list-group 类来样式化列表。{% for order in orders %}用于开始一个循环，遍历 orders 列表中的每个订单对象。<li class="list-group-item">用于为每个订单创建一个列表项，使用 Bootstrap 的 list-group-item 类来样式化列表项。{{ order.menu_item.name }}用于显示订单中菜单项的名称。{{ order.customer_name }}用于显示订单对应的顾客姓名。{{ order.status }}用于显示订单的状态。{% endfor %}用于结束循环。

```
<a href="{{ url_for('menu') }}" class="btn btn-primary mt-3">返回菜单页面</a>
```

这段代码用于返回菜单页面，<a>标签用于创建一个超链接按钮。其中，href="{{ url_for('menu') }}"使用 Flask 的 url_for 函数生成指向 menu 视图函数的 URL。这是一种确保 URL 与路由一致的好方法，即使路由改变，URL 也会自动更新。class="btn btn-primary mt-

3"使用 Bootstrap 的 btn 类和 btn-primary 类来样式化超链接按钮，使其看起来像一个蓝色的主按钮；mt-3 类添加了一些顶部外边距，使按钮与列表之间有一定的间隔。按钮文本为“返回菜单页面”。

以下 manage_menu.html 定义了管理菜单模板，这是一个使用 Flask 模板语言编写的 HTML 模板，用于创建一个简单的管理菜单页面，允许顾客添加新的菜品，并显示当前已有的菜品列表。它利用 Jinja2 模板引擎的继承、循环和变量输出功能，以及使用 Bootstrap 的样式类来美化页面。

【templates/manage_menu.html】

```
{% extends 'base.html' %}

{% block content %}
<h1>管理菜单</h1>
<form method="POST">
    <div class="mb-3">
        <label for="name" class="form-label">菜品名称</label>
        <input type="text" class="form-control" id="name" name="name" required>
    </div>
    <div class="mb-3">
        <label for="price" class="form-label">价格</label>
        <input type="number" step="0.01" class="form-control" id="price" name=
"price" required>
    </div>
    <button type="submit" class="btn btn-primary">添加</button>
</form>
<ul class="list-group mt-4">
    {% for item in menu_items %}
    <li class="list-group-item">
        <h5>{{ item.name }}</h5>
        <p>价格：￥{{ item.price }}</p>
    </li>
    {% endfor %}
</ul>
{% endblock %}
```

以下是对这段代码的解释。

```
{% extends 'base.html' %}
```

这行代码定义了模板继承，表示该模板继承自 base.html 模板。在 Flask Web 应用中，模板继承允许开发者创建一个基础模板，并在其他模板中复用它的结构和样式。这意味着 base.html 中定义的 HTML 结构（如头部、导航栏、页眉和页脚等）会被包含在这个模板中，而不需要重复编写。

```
{% block content %}
...
{% endblock %}
```

该代码块定义了 content 块，在 base.html 中，有一个{% block content %}{% endblock %}占位符，这个模板中的具体内容会被填充到那个占位符中。

```
<h1>管理菜单</h1>
<form method="POST">
    <div class="mb-3">
        <label for="name" class="form-label">菜品名称</label>
        <input type="text" class="form-control" id="name" name="name" required>
    </div>
    <div class="mb-3">
        <label for="price" class="form-label">价格</label>
```

```
        <input  type="number"  step="0.01"  class="form-control"  id="price"  name=
"price" required>
      </div>
      <button type="submit" class="btn btn-primary">添加</button>
    </form>
```

这段代码创建了一个表单，允许顾客输入菜品的名称和价格，并提交这些信息。其中，<h1>标签用于显示页面标题“管理菜单”。<form>标签定义了一个表单，method="POST"表示表单数据将通过 POST 方法发送。<div>标签用于分组表单元素，并添加一些 Bootstrap 样式类（如 mb-3 用于添加底部外边距）。<label>标签用于描述表单元素。<input>标签用于接收顾客输入，type="text"用于文本输入，type="number"用于数字输入，step="0.01"表示允许输入小数点后两位。<button>标签用于定义一个提交按钮，class="btn btn-primary"是 Bootstrap 的样式类，用于使按钮看起来更突出。

```
    <ul class="list-group mt-4">
        {% for item in menu_items %}
        <li class="list-group-item">
            <h5>{{ item.name }}</h5>
            <p>价格：￥{{ item.price }}</p>
        </li>
        {% endfor %}
    </ul>
```

这段代码显示了一个菜品列表，每个菜品都显示其名称和价格。其中，<ul>标签定义了一个无序列表，class="list-group mt-4"是 Bootstrap 的样式类，用于美化列表并添加顶部外边距。{% for item in menu_items %}和{% endfor %}是 Flask 模板语言中的循环标签，用于遍历 menu_items 列表。<li>标签定义了列表项，class="list-group-item"是 Bootstrap 的样式类。{{ item.name }}和{{ item.price }}是 Flask 模板语言中的变量标签，用于输出当前循环项的 name 和 price 属性。

以下 manage_orders.html 定义了一个基于 Jinja2 模板引擎的 HTML 模板，用于显示一个管理订单页面。它继承自一个基础模板 base.html，并在 content 块中放置了具体的页面内容。页面使用了一个无序列表来显示所有订单，每个订单都显示菜单项名称、顾客姓名和订单状态，并提供了两个超链接按钮来更新订单状态为“完成”或“取消”。通过 Jinja2 的循环和变量插值语法，以及 Flask 的 url_for 函数，页面能够动态地显示和处理订单数据。

【templates/manage_orders.html】

```
    {% extends 'base.html' %}

    {% block content %}
    <h1>管理订单</h1>
    <ul class="list-group">
        {% for order in orders %}
        <li class="list-group-item">
            <h5>{{ order.menu_item.name }}</h5>
            <p>顾客：{{ order.customer_name }}</p>
            <p>状态：{{ order.status }}</p>
            <a href="{{ url_for('update_order', id=order.id, status='Completed') }}"
class="btn btn-success btn-sm">完成</a>
            <a href="{{ url_for('update_order', id=order.id, status='Cancelled') }}"
class="btn btn-danger btn-sm">取消</a>
        </li>
        {% endfor %}
```

```
</ul>
{% endblock %}
```

以下是对这段代码的解释。

```
{% extends 'base.html' %}
```

这行代码表示该模板继承自 base.html 模板。在 Flask Web 应用中，通常会有一个基础模板 base.html，它定义了网页的基本结构，如头部、导航栏、页眉、页脚等。子模板通过继承基础模板，可以重用这些结构，进而只需定义特定内容。

```
{% block content %}
```

这是一个块标签，用于在继承的模板中定义或覆盖特定部分的内容。在这个实例中，content 块用来放置管理订单页面的具体内容。

```
<h1>管理订单</h1>
```

这行代码定义了一个一级标题，标题显示为“管理订单”。

```
<ul class="list-group">
```

这行代码定义了一个无序列表，并使用 Bootstrap 的 list-group 类来增加样式，使列表项看起来更整齐。

```
{% for order in orders %}
```

这是一个 Jinja2 循环，用于遍历 orders 列表中的每个订单对象。orders 是在视图函数中传递给模板的上下文变量，包含了所有要显示的订单。

```
<li class="list-group-item">
```

这行代码定义了一个列表项，并使用 Bootstrap 的 list-group-item 类来增加样式。

```
<h5>{{ order.menu_item.name }}</h5>
```

这行代码显示了订单中菜单项的名称。{{ ... }}是 Jinja2 的变量插值语法，用于在 HTML 中插入 Python 变量的值。

```
<p>顾客：{{ order.customer_name }}</p>
<p>状态：{{ order.status }}</p>
```

这两行代码分别显示了订单对应的顾客姓名和订单状态。

```
<a href="{{ url_for('update_order', id=order.id, status='Completed') }}" class=
"btn btn-success btn-sm">完成</a>
<a href="{{ url_for('update_order', id=order.id, status='Cancelled') }}" class=
"btn btn-danger btn-sm">取消</a>
```

这两个超链接按钮用于更新订单的状态。{{ url_for('update_order', id=order.id, status='Completed') }}和{{ url_for('update_order', id=order.id, status='Cancelled') }}使用 Flask 的 url_for 函数生成指向 update_order 视图函数的 URL，并传递订单的 ID 和新的状态（Completed 或 Cancelled）。class="btn btn-success btn-sm"和 class="btn btn-danger btn-sm" 使用了 Bootstrap 的按钮类，分别提供绿色和红色的按钮样式，以及小尺寸的按钮。

```
{% endfor %}
```

这行代码用于结束 Jinja2 循环。

```
{% endblock %}
```

这行代码用于结束 content 块定义。

5. 静态文件

以下 styles.css 的作用是为整个网页的主体部分设置 20 像素的内边距，以确保内容不会紧贴浏览器窗口边缘。同时，它将所有一级标题（<h1>标签）的文本颜色设置为较深的灰色，以增强视觉效果和可读性。这些只是基础样式，读者可以根据需要进行进一步的定制和扩展。

【static/css/styles.css】

```
body {
    padding: 20px;
}

h1 {
    color: #333;
}
```

这段 CSS 代码定义了两个选择器的样式：body 和 h1。以下是对这段代码的解释。

```
body {
    padding: 20px;
}
```

这段代码定义了 body 选择器，这是一个元素选择器，它选择了整个 HTML 文档的主体部分，即<body>标签内的所有内容。样式属性：padding 是内边距属性，用于设置元素内容与其边框之间的距离。值 20px 表示在四个方向（上、右、下、左）上都设置 20 像素的内边距。这意味着<body>标签内的内容（如文本、图片等）将不会紧贴浏览器的窗口边缘，而是会有 20 像素的空白区域围绕它们。

```
h1 {
    color: #333;
}
```

这段代码定义了 h1 选择器，这也是一个元素选择器，它选择了 HTML 文档中的所有<h1>标签，即一级标题。样式属性：color 是颜色属性，用于设置文本的颜色。值#333 是一个十六进制颜色代码，表示一种较深的灰色。具体来说，#333 是#333333 的简写，表示 RGB 颜色模型中红、绿、蓝三个分量的值都是 51（十六进制中的 33）。这意味着所有<h1>标签内的文本都将显示为较深的灰色。

以下 scripts.js 是一个简单的 jQuery 初始化脚本，它确保在网页加载完成后执行特定的操作（在这个实例中是向控制台输出一条信息）。

【static/js/scripts.js】

```
$(document).ready(function() {
    console.log("Online Ordering System is ready!");
});
```

以下是对这段代码的解释。

$(document)是一个 jQuery 选择器，用于选择整个 document 对象。.ready(function() {...})是一个 jQuery 方法，用于在文档完全加载并解析后执行指定的函数。当网页的所有 HTML 内容、CSS 样式表、JavaScript 文件等都加载完成，并且 DOM 已经准备好被操作时，这个函数就会被调用。传递给.ready 方法的函数在文档加载完成后立即执行。console.log("Online Ordering System is ready!");是一个 JavaScript 内置函数，用于向浏览器的控制台输出信息。字符串内容 Online Ordering System is ready!是要输出的信息。这条信息通常用于调试，表明某个特定的代码块或功能已经成功加载并准备好运行。

这段代码的主要功能是，在网页加载完成后，向浏览器的控制台输出一条信息："Online Ordering System is ready!"。

这种方法通常用于确定某个 JavaScript 脚本或库已经成功加载，并且网页的 DOM 结构已经准备好被操作。这对开发者来说是一个很好的调试工具，可以帮助他们确认代码的执行顺序和加载状态。

通过使用 jQuery 的.ready 方法，可以确保代码在文档加载完成后再执行，从而避免因 DOM 结构尚未完全加载而导致的错误。

6. 运行应用

在项目根目录下运行以下命令：

```
$ python3 app.py
```

打开浏览器，访问 http://127.0.0.1:5000/即可看到在线点餐系统，如图 3-13 所示。

菜单功能说明：

菜单：顾客可以查看菜单。

订单：顾客可以查看所有订单及其状态。

管理菜单：管理员可以添加或删除菜品。

管理订单：管理员可以更新订单状态（完成或取消）。

打开在线点餐系统菜单，选择“管理菜单”命令，添加菜品名称和价格，如图 3-14 所示。

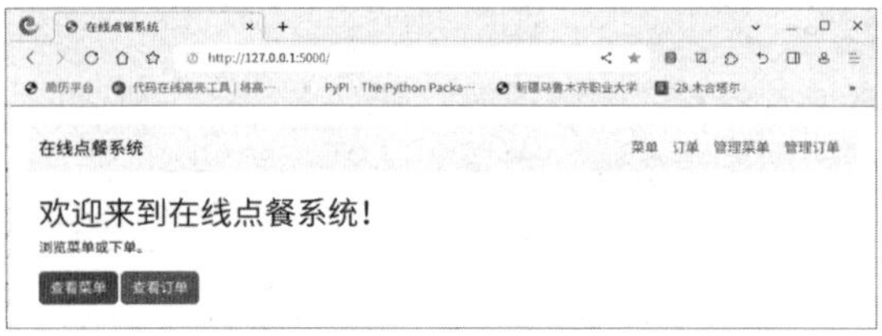

图 3-13　在线点餐系统主页

图 3-14　在线点餐系统添加菜品名称和价格

打开在线点餐系统管理菜单页面，输入菜品名称和价格，单击“添加”按钮，将菜品名称和价格添加到菜单后，显示“菜单项添加成功！”提示信息，如图 3-15 所示。可以继续添加其他菜品名称和价格。

打开在线点餐系统菜单，选择“菜单”命令，可以看到已添加菜品名称和价格的菜单页面，如图 3-16 所示。

图 3-15　在线点餐系统菜单项添加成功

图 3-16　在线点餐系统菜单页面

打开在线点餐系统菜单页面，单击“下单”按钮，输入“顾客姓名”，如图 3-17 所示。

打开在线点餐系统下单页面，单击“提交”按钮，将顾客下单的菜品名称和顾客名称添加到订单列表中并显示“下单成功!”提示信息，如图 3-18 所示。

图 3-17　在线点餐系统下单页面

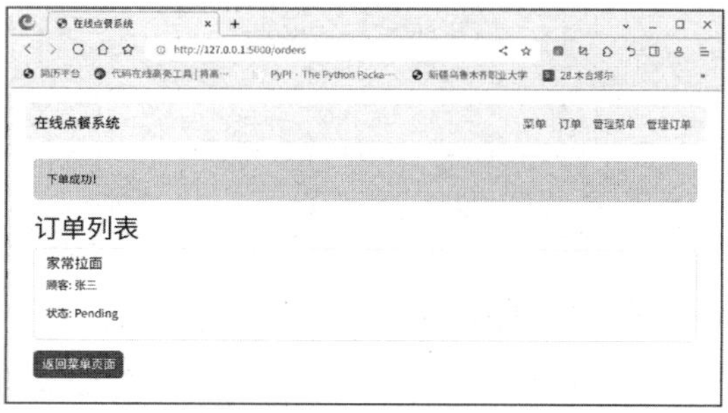

图 3-18　在线点餐系统订单列表

打开在线点餐系统菜单，选择“管理订单”命令，显示管理订单页面，如图 3-19 所示。

在管理订单页面中，单击“完成”按钮，会看到订单状态更新为“Completed”（完成），如图 3-20 所示。通过单击“取消”按钮，可以取消订单。

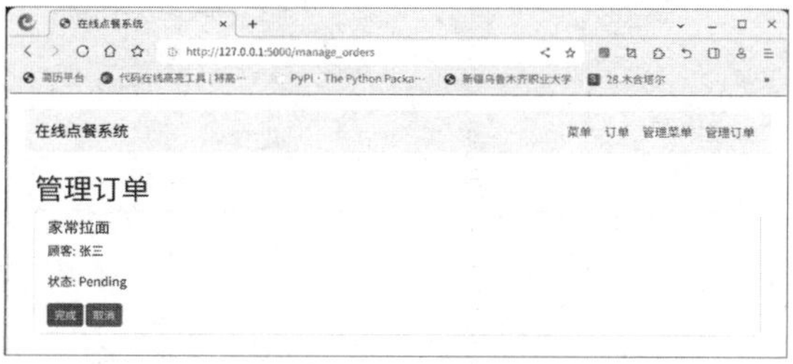

图 3-19　在线点餐系统管理订单页面

图 3-20　在线点餐系统订单完成

7.【扩展】作业

- 添加用户认证系统，区分顾客和管理员。
- 增加菜品分类和搜索功能。
- 使用 AJAX 实现无刷新下单和订单状态更新。

3.7.2　在线聊天系统

以下是一个完整的使用 Python + Flask + HTML + CSS + JavaScript + jQuery + Bootstrap + SQLAlchemy 创建的在线聊天系统。该实例涵盖了用户认证、实时通信、数据库操作等核心功能，可以直接运行或作为更复杂项目的基础。所有必要文件和分步说明如下。

1. 项目结构

```
flask_chat_app/
├── app.py                    # Flask 主程序
├── requirements.txt          # 依赖文件
├── static/
│   ├── css/
│   │   └── style.css         # 自定义样式
│   └── js/
```

```
│       └─── chat.js          # 前端交互逻辑
├─── templates/
│    ├─── base.html          # 基础模板
│    ├─── chat.html          # 聊天页面
│    ├─── login.html         # 登录页面
│    └─── register.html      # 注册页面
└─── instance/
     └─── chat.db            # 数据库文件（自动生成）
```

2. 后端实现

下面的代码将实现一个基于 Flask 框架的在线聊天系统，结合使用 Flask-SQLAlchemy、Flask-Login 和 Flask-SocketIO，分别实现数据库操作、用户认证和实时通信。

【app.py】

```
from flask import Flask, render_template, request, redirect, url_for, flash
from flask_sqlalchemy import SQLAlchemy
from flask_login import LoginManager, UserMixin, login_user, logout_user,
login_required, current_user
from flask_socketio import SocketIO, emit
from werkzeug.security import generate_password_hash, check_password_hash
from datetime import datetime
import os

app = Flask(__name__)
app.config['SECRET_KEY'] = 'your-secret-key-123'
app.config['SQLALCHEMY_DATABASE_URI'] = 'sqlite:///chat.db'
app.config['SQLALCHEMY_TRACK_MODIFICATIONS'] = False

db = SQLAlchemy(app)
socketio = SocketIO(app)
login_manager = LoginManager(app)
login_manager.login_view = 'login'

# 数据库模型
class User(UserMixin, db.Model):
    id = db.Column(db.Integer, primary_key=True)
    username = db.Column(db.String(80), unique=True, nullable=False)
    password = db.Column(db.String(200), nullable=False)
    messages = db.relationship('Message', backref='author', lazy=True)

class Message(db.Model):
    id = db.Column(db.Integer, primary_key=True)
    content = db.Column(db.String(500), nullable=False)
    timestamp = db.Column(db.DateTime, default=datetime.utcnow)
    user_id = db.Column(db.Integer, db.ForeignKey('user.id'), nullable=False)

@login_manager.user_loader
def load_user(user_id):
    return User.query.get(int(user_id))

# 路由
@app.route('/')
@login_required
def index():
    return redirect(url_for('chat'))

@app.route('/chat')
```

```
    @login_required
    def chat():
        messages = Message.query.order_by(Message.timestamp.asc()).all()
        return render_template('chat.html', messages=messages)

    @app.route('/login', methods=['GET', 'POST'])
    def login():
        if request.method == 'POST':
            username = request.form.get('username')
            password = request.form.get('password')
            user = User.query.filter_by(username=username).first()

            if user and check_password_hash(user.password, password):
                login_user(user)
                return redirect(url_for('chat'))
            flash('无效的用户名或密码')
        return render_template('login.html')

    @app.route('/register', methods=['GET', 'POST'])
    def register():
        if request.method == 'POST':
            username = request.form.get('username')
            password = request.form.get('password')

            if User.query.filter_by(username=username).first():
                flash('用户名已存在')
                return redirect(url_for('register'))

            new_user = User(
                username=username,
                password=generate_password_hash(password, method='sha256')
            )
            db.session.add(new_user)
            db.session.commit()
            login_user(new_user)
            return redirect(url_for('chat'))
        return render_template('register.html')

    @app.route('/logout')
    @login_required
    def logout():
        logout_user()
        return redirect(url_for('login'))

    # WebSocket 处理
    @socketio.on('send_message')
    def handle_message(data):
        message = Message(
            content=data['message'],
            user_id=current_user.id
        )
        db.session.add(message)
        db.session.commit()

        emit('new_message', {
            'content': data['message'],
            'username': current_user.username,
            'timestamp': datetime.utcnow().strftime('%Y-%m-%d %H:%M:%S')
        }, broadcast=True)
```

```
    # 初始化数据库
    def create_db():
        with app.app_context():
            db.create_all()

    if __name__ == '__main__':
        if not os.path.exists('instance/chat.db'):
            create_db()
        socketio.run(app, debug=True)
```

以下是对这段代码的解释。

```
    from flask import Flask, render_template, request, redirect, url_for, flash
    from flask_sqlalchemy import SQLAlchemy
    from flask_login import LoginManager, UserMixin, login_user, logout_user,
login_required, current_user
    from flask_socketio import SocketIO, emit
    from werkzeug.security import generate_password_hash, check_password_hash
    from datetime import datetime
    import os
```

这些代码导入了 Flask 框架及其扩展（如 Flask-SQLAlchemy、Flask-Login、Flask-SocketIO），以及相关函数和必要的库（例如，Werkzeug 用于将密码设置为哈希值，datetime 用于处理日期和时间）。

```
    app = Flask(__name__)
    app.config['SECRET_KEY'] = 'your-secret-key-123'
    app.config['SQLALCHEMY_DATABASE_URI'] = 'sqlite:///chat.db'
    app.config['SQLALCHEMY_TRACK_MODIFICATIONS'] = False

    db = SQLAlchemy(app)
    socketio = SocketIO(app)
    login_manager = LoginManager(app)
    login_manager.login_view = 'login'
```

这些代码用于初始化 Flask Web 应用；设置应用的秘密密钥（用于会话管理）；配置 SQLAlchemy 数据库 URI（使用 SQLite）；禁用 SQLAlchemy 的修改跟踪功能，以提高性能；初始化 SQLAlchemy、SocketIO 和 LoginManager 实例；设置登录失败后的重定向页面为登录页面。

```
    class User(UserMixin, db.Model):
        id = db.Column(db.Integer, primary_key=True)
        username = db.Column(db.String(80), unique=True, nullable=False)
        password = db.Column(db.String(200), nullable=False)
        messages = db.relationship('Message', backref='author', lazy=True)

    class Message(db.Model):
        id = db.Column(db.Integer, primary_key=True)
        content = db.Column(db.String(500), nullable=False)
        timestamp = db.Column(db.DateTime, default=datetime.utcnow)
        user_id = db.Column(db.Integer, db.ForeignKey('user.id'), nullable=False)
```

这些代码定义了两个数据库模型：User 和 Message。User 模型包含用户名和密码字段，以及与用户相关的消息列表。Message 模型包含消息内容、时间戳和用户 ID（外键，指向 User）。

```
    @login_manager.user_loader
    def load_user(user_id):
        return User.query.get(int(user_id))
```

这些代码定义了用户加载函数，用于在登录管理器中根据用户 ID 加载用户对象。

```
    @app.route('/')
    @login_required
    def index():
```

```
        return redirect(url_for('chat'))

    @app.route('/chat')
    @login_required
    def chat():
        messages = Message.query.order_by(Message.timestamp.asc()).all()
        return render_template('chat.html', messages=messages)
```

这些代码定义了路由和视图函数。根路由重定向到聊天页面，需要用户登录。聊天页面路由显示按时间戳排序的所有消息，需要用户登录。

```
    @app.route('/login', methods=['GET', 'POST'])
    def login():
        # 省略了处理登录请求的代码
```

这些代码定义了登录页面路由，用于处理 GET 和 POST 请求，验证用户名和密码，并在验证成功时重定向到聊天页面。

```
    @app.route('/register', methods=['GET', 'POST'])
    def register():
        # 省略了处理注册请求的代码
```

这些代码定义了注册页面路由，用于处理 GET 和 POST 请求，创建新用户，并在创建成功时登录并重定向到聊天页面。

```
    @app.route('/logout')
    @login_required
    def logout():
        logout_user()
        return redirect(url_for('login'))
```

这些代码定义了注销路由，需要用户登录，注销用户并重定向到登录页面。

```
    @socketio.on('send_message')
    def handle_message(data):
        # 省略了处理 WebSocket 消息的代码
```

这些代码定义了一个 Socket.IO 事件处理函数，用于处理客户端发送的“send_message”事件，将消息保存到数据库中并通过 WebSocket 广播给所有连接的客户端。

```
    def create_db():
        with app.app_context():
            db.create_all()
```

这些代码定义了一个函数，用于在应用上下文中创建所有数据库表。

```
    if __name__ == '__main__':
        if not os.path.exists('instance/chat.db'):
            create_db()
        socketio.run(app, debug=True)
```

这些代码是主函数，用于检查数据库文件是否存在，如果不存在，则创建数据库，然后使用 Socket.IO 运行 Flask Web 应用，并开启调试模式。

3. 前端模板

基础模板为 Flask 在线聊天系统提供了一个结构化的框架，包括导航栏、内容容器和必要的脚本引用。通过覆盖或扩展{% block content %}和{% block scripts %}模板块，可以在不同的页面中使用这个基础模板，同时保持一致的布局和样式。

【templates/base.html】

```
<!DOCTYPE html>
<html lang="zh-CN">
<head>
    <meta charset="UTF-8">
```

```
        <meta name="viewport" content="width=device-width, initial-scale=1.0">
        <title>Flask 聊天室</title>
        <link href="https://cdn.jsdelivr.net/npm/bootstrap@5.0.0/dist/css/bootstrap. min.
css" rel="stylesheet">
        <link rel="stylesheet" href="{{ url_for('static', filename='css/style.css') }}">
    </head>
    <body>
        <nav class="navbar navbar-expand-lg navbar-dark bg-primary">
            <div class="container">
                <a class="navbar-brand" href="#">Flask 聊天室</a>
                <div class="navbar-nav">
                    {% if current_user.is_authenticated %}
                    <a class="nav-link" href="{{ url_for('logout') }}">退出</a>
                    {% else %}
                    <a class="nav-link" href="{{ url_for('login') }}">登录</a>
                    <a class="nav-link" href="{{ url_for('register') }}">注册</a>
                    {% endif %}
                </div>
            </div>
        </nav>

        <div class="container mt-3">
            {% with messages = get_flashed_messages() %}
                {% if messages %}
                    {% for message in messages %}
                    <div class="alert alert-warning">{{ message }}</div>
                    {% endfor %}
                {% endif %}
            {% endwith %}

            {% block content %}{% endblock %}
        </div>

        <script src="https://code.jquery.com/jquery-3.6.0.min.js"></script>
        <script src="https://cdn.jsdelivr.net/npm/bootstrap@5.1.3/dist/js/bootstrap.
bundle.min.js"></script>
        <script src="https://cdnjs.cloudflare.com/ajax/libs/socket.io/4.0.1/socket.
io.js"></script>
        {% block scripts %}{% endblock %}
    </body>
    </html>
```

以下是对基础模板代码的解释。

```
    <!DOCTYPE html>
```

这行代码声明了 HTML 文档的类型，告诉浏览器这是一个 HTML5 文档。

```
    <html lang="zh-CN">
```

<html>标签定义了 HTML 文档的根元素。lang="zh-CN"属性指定了文档使用的语言为简体中文（中国），这有助于搜索引擎和屏幕阅读器更好地理解和处理文档内容。

```
    <head>
        <meta charset="UTF-8">
        <meta name="viewport" content="width=device-width, initial-scale=1.0">
        <title>Flask 聊天室</title>
        <link href="https://cdn.jsdelivr.net/npm/bootstrap@5.0.0/dist/css/bootstrap.
min.css" rel="stylesheet">
        <link rel="stylesheet" href="{{ url_for('static', filename='css/style.css') }}">
    </head>
```

这段代码定义了文档头部。<head>标签包含了文档的元数据。<meta charset="UTF-8">定义了文档使用的字符编码为“UTF-8”。<meta name="viewport" ...>标签用于控制页面在移动设备上的布局和缩放比例。<title>标签定义了页面标题，即“Flask 聊天室”。<link>标签链接了Bootstrap 框架的 CSS 文件，用于提供响应式和移动优先的样式。另一个<link>标签链接了 Flask Web 应用中静态文件夹下的自定义样式文件。

```
    <body>
        <nav class="navbar navbar-expand-lg navbar-dark bg-primary">
            ...
        </nav>

        <div class="container mt-3">
            ...
        </div>

        <script src="https://code.jquery.com/jquery-3.6.0.min.js"></script>
        <script src="https://cdn.jsdelivr.net/npm/bootstrap@5.1.3/dist/js/bootstrap.
bundle.min.js"></script>
        <script src="https://cdnjs.cloudflare.com/ajax/libs/socket.io/4.0.1/socket.
io.js"></script>
        {% block scripts %}{% endblock %}
    </body>
```

这段代码定义了文档主体，<body>标签包含了页面的主体内容。

```
    <nav class="navbar navbar-expand-lg navbar-dark bg-primary">
        <div class="container">
            <a class="navbar-brand" href="#">Flask 聊天室</a>
            <div class="navbar-nav">
                {% if current_user.is_authenticated %}
                <a class="nav-link" href="{{ url_for('logout') }}">退出</a>
                {% else %}
                <a class="nav-link" href="{{ url_for('login') }}">登录</a>
                <a class="nav-link" href="{{ url_for('register') }}">注册</a>
                {% endif %}
            </div>
        </div>
    </nav>
```

在这段代码中，<nav>标签定义了一个导航栏，并使用 Bootstrap 的类来设置导航栏的样式，如 navbar-expand-lg、navbar-dark 和 bg-primary；<a class="navbar-brand" href="#">Flask 聊天室</a>定义了导航栏的品牌（或网站名称）超链接；<div class="navbar-nav">包含了导航超链接；使用 Jinja2 模板语言根据 current_user.is_authenticated 的值来决定显示登录/注册超链接还是退出超链接；url_for 是 Flask 的 URL 生成函数，用于生成对应路由的 URL。

```
    <div class="container mt-3">
        {% with messages = get_flashed_messages() %}
            {% if messages %}
                {% for message in messages %}
                <div class="alert alert-warning">{{ message }}</div>
                {% endfor %}
            {% endif %}
        {% endwith %}

        {% block content %}{% endblock %}
    </div>
```

这是内容容器，<div class="container mt-3">定义了一个带有顶部外边距（mt-3）的容器，用于包裹页面内容；使用{% with messages = get_flashed_messages() %}来获取并存储闪现消息，这些消息通常为一次性通知，如登录成功、表单验证错误等；如果存在闪现消息，则遍历消息列表，并为每个消息创建一个带有警告样式的警告框（<div class="alert alert-warning">{{ message }}</div>）；{% block content %}{% endblock %}是一个 Jinja2 模板块，子模板可以覆盖或扩展此部分的内容。

```
    <script src="https://code.jquery.com/jquery-3.6.0.min.js"></script>
    <script src="https://cdn.jsdelivr.net/npm/bootstrap@5.1.3/dist/js/bootstrap.
bundle.min.js"></script>
    <script src="https://cdnjs.cloudflare.com/ajax/libs/socket.io/4.0.1/socket.io.
js"></script>
    {% block scripts %}{% endblock %}
```

这是脚本引用，引用了 jQuery 库、Bootstrap 的 JavaScript 组件及 Socket.IO 库。{% block scripts %}{% endblock %}也是一个 Jinja2 模板块，用于在子模板中添加额外的 JavaScript 代码。

下面的代码构建了一个基本的在线聊天系统页面，包括历史消息、当前用户名，以及一个用于输入和发送新消息的表单。通过继承 base.html 模板，在线聊天系统页面可以集成到一个更复杂的网站结构中。此外，通过加载 chat.js 脚本，它还包含一些交互式功能，如实时消息更新等。

【templates/chat.html】

```
{% extends "base.html" %}

{% block content %}
<div class="chat-container">
    <div class="row">
        <div class="col-md-8 mx-auto">
            <div class="card">
                <div class="card-header bg-success text-white">
                    <h5>欢迎，{{ current_user.username }}!</h5>
                </div>

                <div id="message-box" class="card-body">
                    {% for message in messages %}
                    <div class="message mb-2">
                        <strong>{{ message.author.username }}</strong>
                        <span class="text-muted small">{{ message.timestamp.strftime
('%Y-%m-%d %H:%M') }}</span>
                        <div class="message-content">{{ message.content }}</div>
                    </div>
                    {% endfor %}
                </div>

                <div class="card-footer">
                    <div class="input-group">
                        <input type="text" id="message-input" class="form-control"
placeholder="输入消息...">
                        <button id="send-button" class="btn btn-primary">发送
</button>
                    </div>
                </div>
            </div>
        </div>
    </div>
</div>
{% endblock %}
```

```
{% block scripts %}
<script src="{{ url_for('static', filename='js/chat.js') }}"></script>
{% endblock %}
```

这段代码是一个使用 Flask 框架和 Jinja2 模板引擎构建的在线聊天系统页面的 HTML 模板。以下是对这段代码的解释。

```
{% extends "base.html" %}
```

这行代码表示当前模板继承自 base.html。在 Flask 中，模板继承允许开发者创建一个基础模板，其中可以包含网站共有的元素（如头部、导航栏、页眉和页脚等），然后在子模板中填充具体的内容。这里，chat.html（假设这是当前文件的名称）继承自 base.html，用于包含 CSS 超链接、头部信息、页面结构等通用元素。

```
{% block content %}
...
{% endblock %}
```

这个块定义了页面的主要内容区域。在 base.html 中，应该有一个对应的{% block content %}{% endblock %}占位符，用于插入子模板的具体内容。

```
<div class="chat-container">
    ...
</div>
```

这是一个包含整个在线聊天系统页面的 div 元素（聊天容器），用于应用 CSS 样式和布局。

```
<div id="message-box" class="card-body">
    {% for message in messages %}
    <div class="message mb-2">
        <strong>{{ message.author.username }}</strong>
        <span class="text-muted small">{{ message.timestamp.strftime ('%Y-%m-%d
%H:%M') }}</span>
        <div class="message-content">{{ message.content }}</div>
    </div>
    {% endfor %}
</div>
```

这段代码定义了消息显示区域，遍历 messages 列表（从 Flask 的视图函数传递到模板的变量），并为每条消息创建一个包含作者用户名、时间戳和消息内容的 div 元素。这里使用 strftime('%Y-%m-%d %H:%M')将时间戳格式化为易读的日期时间格式。

```
<div class="card-footer">
    <div class="input-group">
        <input type="text" id="message-input" class="form-control" placeholder="
输入消息...">
        <button id="send-button" class="btn btn-primary">发送</button>
    </div>
</div>
```

这段代码定义了消息输入和发送区域，提供了一个文本输入框用于输入消息，以及一个按钮用于发送消息。这些元素被包裹在一个应用 input-group 类的 div 元素中，以便应用 Bootstrap 样式。

```
{% block scripts %}
<script src="{{ url_for('static', filename='js/chat.js') }}"></script>
{% endblock %}
```

这个块用于包含额外的 JavaScript 文件。这里，它加载了一个 chat.js 脚本，该脚本位于应用的 static/js/目录下，可能包含处理消息发送、接收等功能的 JavaScript 代码。url_for 函数用于生成静态文件的 URL。

下面的代码构建了一个简洁的登录页面，包括用户名和密码输入框、一个提交按钮，以及一个注册超链接。通过继承 base.html 模板，登录页面可以集成到一个更复杂的网站结构中。此外，通过使用 Bootstrap 的类和组件，确保了页面在不同设备上的响应性和美观性。

【 templates/login.html 】

```
{% extends "base.html" %}

{% block content %}
<div class="row justify-content-center">
    <div class="col-md-6">
        <div class="card">
            <div class="card-header bg-primary text-white">
                <h4>用户登录</h4>
            </div>
            <div class="card-body">
                <form method="POST">
                    <div class="mb-3">
                        <label for="username" class="form-label">用户名</label>
                        <input type="text" class="form-control" id="username"
name="username" required>
                    </div>
                    <div class="mb-3">
                        <label for="password" class="form-label">密码</label>
                        <input type="password" class="form-control" id="password"
name="password" required>
                    </div>
                    <button type="submit" class="btn btn-primary">登录</button>
                    <a href="{{ url_for('register') }}" class="btn btn-link">没有账
号？立即注册</a>
                </form>
            </div>
        </div>
    </div>
</div>
{% endblock %}
```

以下是对这段代码的解释。

```
{% extends "base.html" %}
```

这行代码表示当前模板（登录页面）继承自 base.html。在 Flask 的 Jinja2 模板引擎中，模板继承允许开发者创建一个包含网站共有元素（如导航栏、页脚、CSS 超链接和 JavaScript 超链接等）的基础模板，然后在子模板中填充具体的内容。这里，登录页面继承自 base.html，用于添加登录表单等特定内容。

```
{% block content %}
...
{% endblock %}
```

这个块定义了页面的主要内容区域。在 base.html 中，应该有一个对应的 {% block content %} {% endblock %} 占位符，用于插入子模板（即登录页面）的具体内容。

```
<div class="row justify-content-center">
    <div class="col-md-6">
        ...
    </div>
</div>
```

这是登录表单容器，使用 Bootstrap 的网格系统来创建一个居中的列，该列占据了中等屏幕宽度的一半（col-md-6）。justify-content-center 类用于水平居中该列的内容。

```
<div class="card">
```

```
    ...
</div>
```

这是卡片式表单容器，<div class="card">创建了一个卡片式容器，用于包裹登录表单，使其看起来更加整洁。

```
<div class="card-header bg-primary text-white">
    <h4>用户登录</h4>
</div>
```

这是卡片的头部，使用了 bg-primary 类来设置背景颜色为主要的品牌颜色（通常是蓝色），并使用 text-white 类来确保文本颜色为白色，以便在深色背景上清晰可见。<h4>用户登录</h4>是表单的标题。

```
<div class="card-body">
    <form method="POST">
        ...
    </form>
</div>
```

这是卡片的主体部分，包含了实际的登录表单。表单的 method 属性值被设置为“POST”，表示表单数据将通过 HTTP 的 POST 请求发送到服务器中。

```
<div class="mb-3">
    <label for="username" class="form-label">用户名</label>
    <input type="text" class="form-control" id="username" name="username"
required>
</div>
<div class="mb-3">
    <label for="password" class="form-label">密码</label>
    <input type="password" class="form-control" id="password" name="password"
required>
</div>
```

这两个<div>标签分别包含了用户名和密码字段。每个字段都有一个<label>标签（用于描述字段的用途）、一个<input>标签（用于用户输入），以及 class="form-control"和 required 属性（用于增强输入体验和确保字段必填）。

```
<button type="submit" class="btn btn-primary">登录</button>
<a href="{{ url_for('register') }}" class="btn btn-link">没有账号? 立即注册</a>
```

这两行代码首先定义了一个提交按钮，当用户单击该按钮时会提交表单。按钮使用了 btn btn-primary 类来应用 Bootstrap 的按钮样式；然后定义了一个超链接，允许用户在没有账号的情况下注册新账号。url_for 是 Flask 的函数，用于生成注册页面的 URL。

下面的代码构建了一个简洁的注册页面，包括用户名和密码输入框，以及一个提交按钮。通过继承 base.html 模板，注册页面可以集成到一个更复杂的网站结构中。此外，通过使用 Bootstrap 的类和组件，确保了页面在不同设备上的响应性和美观性。用户可以在这个页面上输入用户名和密码来注册新账号。

【templates/register.html】

```
{% extends "base.html" %}

{% block content %}
<div class="row justify-content-center">
    <div class="col-md-6">
        <div class="card">
            <div class="card-header bg-primary text-white">
                <h4>用户注册</h4>
            </div>
```

```
            <div class="card-body">
                <form method="POST">
                    <div class="mb-3">
                        <label for="username" class="form-label">用户名</label>
                        <input type="text" class="form-control" id="username"
name="username" required>
                    </div>
                    <div class="mb-3">
                        <label for="password" class="form-label">密码</label>
                        <input type="password" class="form-control" id="password"
name="password" required>
                    </div>
                    <button type="submit" class="btn btn-primary">注册</button>
                </form>
            </div>
        </div>
    </div>
</div>
{% endblock %}
```

以下是对这段代码的解释。

```
{% extends "base.html" %}
```

这行代码表示当前模板（注册页面）继承自 base.html。在 Flask 的 Jinja2 模板引擎中，模板继承允许开发者创建一个基础模板，该模板包含网站共有元素，如导航栏、页脚、CSS 超链接和 JavaScript 超链接等，然后在子模板中填充具体的内容。

```
{% block content %}
...
{% endblock %}
```

这个块定义了页面的主要内容区域。在 base.html 中，应该有一个对应的{% block content %}{% endblock %}占位符，用于插入子模板（即注册页面）的具体内容。

```
<div class="row justify-content-center">
    <div class="col-md-6">
        ...
    </div>
</div>
```

这是注册表单容器，使用 Bootstrap 的网格系统来创建一个居中的列，该列占据了中等屏幕宽度的一半（col-md-6）。justify-content-center 类用于水平居中该列的内容。

```
<div class="card">
    ...
</div>
```

这是卡片式表单容器，<div class="card">创建了一个卡片式容器，用于包裹注册表单，使其看起来更加整洁。

```
<div class="card-header bg-primary text-white">
    <h4>用户注册</h4>
</div>
```

这是卡片的头部，使用了 bg-primary 类来设置背景颜色为主要的品牌颜色（通常是蓝色），并使用 text-white 类来确保文本颜色为白色，以便在深色背景上清晰可见。<h4>用户注册</h4>是表单的标题。

```
<div class="card-body">
    <form method="POST">
        ...
    </form>
</div>
```

这是卡片的主体部分，包含了实际的注册表单。表单的 method 属性值被设置为 “POST”，表示表单数据将通过 HTTP 的 POST 请求发送到服务器中。

```
    <div class="mb-3">
        <label for="username" class="form-label">用户名</label>
        <input type="text" class="form-control" id="username" name="username"
required>
    </div>
    <div class="mb-3">
        <label for="password" class="form-label">密码</label>
        <input type="password" class="form-control" id="password" name="password"
required>
    </div>
```

这两个<div>标签分别包含了用户名和密码字段。每个字段都有一个<label>标签（用于描述字段的用途）、一个<input>标签（用于用户输入），以及 class="form-control"和 required 属性（用于增强输入体验和确保字段必填）。

```
    <button type="submit" class="btn btn-primary">注册</button>
```

这行代码定义了一个提交按钮，当用户单击该按钮时会提交表单。按钮使用了 btn btn-primary 类来应用 Bootstrap 的按钮样式，这样其会更加醒目和吸引人。

4. 静态文件

下面的 CSS 样式共同定义了在线聊天系统中消息框和消息的外观。通过调整尺寸、颜色、内边距、边框圆角、阴影效果及文本样式等属性，该 CSS 样式创建了一个清晰、易于使用和视觉上吸引人的聊天页面。开发者可以根据实际需求调整和扩展这些 CSS 样式，以满足特定的设计要求和增强用户体验。

【static/css/style.css】

```
/* 消息框样式 */
#message-box {
    height: 400px;
    overflow-y: auto;
    background-color: #f8f9fa;
    padding: 15px;
    border-radius: 5px;
    margin-bottom: 15px;
}

.message {
    padding: 8px 12px;
    background-color: white;
    border-radius: 4px;
    box-shadow: 0 1px 2px rgba(0,0,0,0.1);
}

.message strong {
    color: #0d6efd;
}

.message .text-muted {
    font-size: 0.8rem;
    margin-left: 8px;
}
```

```
    .message-content {
        margin-top: 5px;
        word-wrap: break-word;
    }
```

以下是对在线聊天系统 CSS 样式代码的解释。

```
    #message-box {
        height: 400px;                /* 设置消息框的高度为 400 像素 */
        overflow-y: auto;             /* 当内容超出高度时，允许在垂直方向上滚动 */
        background-color: #f8f9fa;    /* 设置背景颜色为浅灰色 */
        padding: 15px;                /* 设置内边距为 15 像素，增加内容与边框的间距 */
        border-radius: 5px;           /* 设置边框圆角为 5 像素，使边角更加圆润 */
        margin-bottom: 15px;          /* 设置底部外边距为 15 像素，与下方元素保持一定距离 */
    }
```

这个样式用于定义消息框的整体外观，包括其尺寸、滚动行为、背景颜色、内边距、边框圆角，以及与其他元素的间距。

```
    .message {
        padding: 8px 12px;            /* 设置消息的内边距，控制内容与边框的间距 */
        background-color: white;      /* 设置消息的背景颜色为白色 */
        border-radius: 4px;           /* 设置消息的边框圆角为 4 像素 */
        box-shadow: 0 1px 2px rgba(0,0,0,0.1); /* 设置轻微的阴影效果，增加立体感 */
    }
```

这个样式用于定义每条消息的外观，包括其内边距、背景颜色、边框圆角及阴影效果。这些设置使得每条消息看起来更加独立且易于区分。

```
    .message strong {
        color: #0d6efd;               /* 设置强调文本的颜色为蓝色 */
    }
```

这个样式用于定义消息中强调文本（通常使用<strong>标签包裹）的颜色。在这里，它被设置为蓝色，以突出显示重要的文本信息。

```
    .message .text-muted {
        font-size: 0.8rem;            /* 设置次要文本的字体大小为 0.8 倍基准字体大小 */
        margin-left: 8px;             /* 设置次要文本与左侧内容的间距为 8 像素 */
    }
```

这个样式用于定义消息中的次要文本（可能表示时间戳、发送者信息等），包括其字体大小和左侧间距。次要文本通常使用较小的字体，并且与主要文本保持一定的距离，以区分其重要性。

```
    .message-content {
        margin-top: 5px;              /* 设置消息内容与上方元素的间距为 5 像素 */
        word-wrap: break-word;        /* 设置当单词过长时自动换行，以避免溢出容器 */
    }
```

这个样式用于定义消息内容的外观，包括其与上方元素的间距，以及单词过长时的换行行为。word-wrap: break-word;属性确保了消息内容在容器内能够正确显示，即使包含非常长的单词也不会溢出。

下面的 JavaScript 代码块共同实现了在线聊天系统中的用户交互功能，包括与服务器端建立 WebSocket 连接、自动滚动消息框到底部，以及处理消息的发送和接收等功能。这些功能提供了一个实时、动态的聊天体验。

【static/js/chat.js】

```
    $(document).ready(function() {
        const socket = io();
```

```
    // 自动滚动到底部
    function scrollToBottom() {
        const messageBox = $('#message-box');
        messageBox.scrollTop(messageBox[0].scrollHeight);
    }
    scrollToBottom();

    // 发送消息
    $('#send-button').click(sendMessage);
    $('#message-input').keypress(function(e) {
        if (e.which === 13) sendMessage();
    });

    function sendMessage() {
        const message = $('#message-input').val().trim();
        if (message) {
            socket.emit('send_message', {
                message: message
            });
            $('#message-input').val('');
        }
    }

    // 接收新消息
    socket.on('new_message', function(data) {
        const messageHtml = `
            <div class="message mb-2">
                <strong>${data.username}</strong>
                <span class="text-muted small">${data.timestamp}</span>
                <div class="message-content">${data.content}</div>
            </div>
        `;
        $('#message-box').append(messageHtml);
        scrollToBottom();
    });
});
```

以下是对在线聊天系统 JavaScript 交互代码的解释。

```
$(document).ready(function() {
    // 代码块
});
```

这个代码块定义了文档就绪事件，使用 jQuery 的$(document).ready 方法来确保 DOM 在脚本执行前已经完全加载。这是编写 jQuery 代码时的常见做法，以确保所有元素都可用。

```
const socket = io();
```

这行代码初始化了与服务器端的 Socket.IO 连接。io 函数在没有参数的情况下会尝试连接到与当前页面具有相同源（origin）的服务器。这意味着 io 函数使用当前页面的协议（HTTP 或 HTTPS）、域名和端口来建立 WebSocket 连接。

```
function scrollToBottom() {
    const messageBox = $('#message-box');
    messageBox.scrollTop(messageBox[0].scrollHeight);
}
scrollToBottom();
```

scrollToBottom 函数用于将消息框（#message-box）滚动到底部。它首先通过 jQuery 选择器获取消息框元素，然后使用.scrollTop 方法设置滚动条的位置。messageBox[0].scrollHeight 是原生 JavaScript 属性，表示元素内容的高度，包括由于溢出而不可见的部分。调用 scrollToBottom 函数可以立即将消息框滚动到底部，这在页面加载时很有用。

```
$('#send-button').click(sendMessage);
$('#message-input').keypress(function(e) {
    if (e.which === 13) sendMessage();
});

function sendMessage() {
    const message = $('#message-input').val().trim();
    if (message) {
        socket.emit('send_message', {
            message: message
        });
        $('#message-input').val('');
    }
}
```

这段代码为发送按钮（#send-button）绑定了单击事件处理器，同时为消息输入框（#message-input）绑定了按键事件处理器。在输入框中按 Enter 键（键码为 13）时，会触发发送消息的功能。sendMessage 函数从输入框中获取消息文本，并去除首尾空格，如果消息不为空，则通过 Socket.IO 的 emit 方法发送 send_message 事件到服务器中，同时清空输入框。

```
socket.on('new_message', function(data) {
    const messageHtml = `
        <div class="message mb-2">
            <strong>${data.username}</strong>
            <span class="text-muted small">${data.timestamp}</span>
            <div class="message-content">${data.content}</div>
        </div>
    `;
    $('#message-box').append(messageHtml);
    scrollToBottom();
});
```

这段代码为 Socket.IO 连接设置了一个事件监听器，用于监听 new_message 事件。当服务器发送这个事件时，事件监听器回调函数（即 function(data) { ... }）首先会接收一个包含用户名、时间戳和消息内容的对象；然后使用模板字符串创建一个新的消息 HTML 元素，并将其追加到消息框（#message-box）中；最后调用 scrollToBottom 函数将消息框滚动到底部，以便用户可以看到最新的消息。

5. 依赖文件

下面的依赖共同构成了一个功能齐全的在线聊天系统的基础。Flask 提供了 Web 框架的核心功能，Flask-SQLAlchemy 用于数据库操作，Flask-Login 用于用户认证，而 Flask-SocketIO、Python-EngineIO 和 Python-SocketIO 则共同实现了实时通信功能。Werkzeug 作为底层支持库，为整个系统提供了强大的 WSGI 功能。随着时间的推移，这些库的新版本可能会被发布，其将包含更多的功能、性能改进和安全性修复。因此，建议定期检查并更新这些依赖，以确保应用的安全性并保持最新状态。

【requirements.txt】

```
flask==2.0.1
flask-sqlalchemy==2.5.1
```

```
flask-login==0.5.0
flask-socketio==5.1.1
python-engineio==4.0.0
python-socketio==5.0.4
werkzeug==2.0.1
```

以下是对 requirements.txt 文件依赖的解释。

```
flask==2.0.1
```

Flask 是一款用 Python 编写的轻量级 Web 应用框架。它设计简单且易于扩展，非常适用于从小型到大型的应用开发。2.0.1 是 Flask 的一个稳定版本，引入了多项新功能并进行了性能改进，同时保持了与早期版本的兼容性。

```
flask-sqlalchemy==2.5.1
```

Flask-SQLAlchemy 是一个 Flask 扩展，为应用添加了 SQLAlchemy 支持。SQLAlchemy 是一个流行的 Python SQL 工具包和对象关系映射（ORM）库。版本 2.5.1 保持了与 Flask 2.x 版本的兼容性，并进行了性能改进和 Bug 修复。

```
flask-login==0.5.0
```

Flask-Login 是一个帮助开发者管理用户会话的 Flask 扩展。它提供了用户登录、退出和当前用户状态管理的功能。0.5.0 虽然是一个较旧的版本，但仍然被许多项目使用，因为它提供了稳定且可靠的用户认证功能。

```
flask-socketio==5.1.1
```

Flask-SocketIO 是一个 Flask 扩展，为应用添加了 Socket.IO 支持。Socket.IO 是一个库，可以在浏览器和服务器之间建立实时、双向和基于事件的通信。版本 5.1.1 保持了与目前最新版本的 Python-SocketIO 和 Python-EngineIO 的兼容性，并进行了性能改进和 Bug 修复。

```
python-engineio==4.0.0
```

python-engineio 是 Engine.IO 协议的 Python 实现。Engine.IO 是 Socket.IO 的基础传输层。版本 4.0.0 进行了一些重大更改并引入了新功能，可以与 Python-SocketIO 进行更好的集成。

```
python-socketio==5.0.4
```

Python-SocketIO 是 Socket.IO 协议的 Python 实现。它建立在 Python-EngineIO 之上，提供了更高级别的 API 来处理实时通信。版本 5.0.4 保持了与客户端 Socket.IO 库的兼容性，进行了性能改进、Bug 修复并引入了新功能。

```
werkzeug==2.0.1
```

Werkzeug 是一个 WSGI 实用程序库，为 Python Web 应用提供了强大的底层支持。Flask 就是建立在 Werkzeug 之上的。版本 2.0.1 引入了多项新功能并进行了性能改进和 Bug 修复，同时保持了与早期版本的兼容性，以及增强了安全性。

6. 运行应用

1）安装依赖

```
pip3 install -r requirements.txt
```

对以上代码的解释如下。

pip3 是 Python 3 的软件包管理工具，用于安装和管理 Python 第三方库（pip 是 Python 2 的软件包管理器，但大多数现代系统已默认使用 pip3 或 pip 指向 Python 3）。install 是 pip 的子命令，表示要安装包。-r requirements.txt 中的-r 表示从指定文件读取依赖列表。requirements.txt 是一个文本文件，通常位于项目根目录中，列出了项目运行所需的所有第三方库及其版本。每行包含一个依赖，格式为“包名[==版本号]”。==表示严格匹配指定版本，==还可以改为>=，其表示最低版本，当不写“[==版本号]”时，则表示安装最新版本。我们需要在 requirements.txt 所在目录执行以上命令，或指定完整路径（如 pip3 install -r /path/to/requirements.txt）。若遇到权限错误，则可添加--user 参数将依赖安装到用户目录下，或使用 sudo 获取系统管理员权限（通常对应 root 用户权限），从而将 Python 包安装到系统全局的 site-packages 目录下（不推荐，可能存在安全风险）。

2）【扩展】初始化数据库

下面介绍数据库和表的创建（已在 app.py 中实现，可跳过）。

【create_db.py】

```
# create_db.py
from app import app
from app import db

with app.app_context():
    db.create_all()
    print("Database and tables created successfully.")
```

以下是对初始化数据库代码的解释。

```
from app import app
from app import db
```

from app import app：从 app 模块（通常是一个 app.py 文件）中导入 app 对象。app 对象是 Flask Web 应用的一个实例，包含了应用的所有配置和路由。from app import db：从 app 模块中导入 db 对象。db 对象是 Flask-SQLAlchemy 的一个实例，用于管理数据库连接和模型。

```
with app.app_context():
```

这行代码创建了一个应用上下文。在应用上下文中，可以访问 Flask Web 应用的一些属性和方法，如配置信息、URL 映射等。尽管这个脚本没有直接使用这些功能，但创建应用上下文是执行数据库操作所必需的，因为 Flask-SQLAlchemy 需要知道它正在与哪个 Flask Web 应用交互。

```
db.create_all()
```

这行代码用于检查 Flask-SQLAlchemy 中定义的所有模型，并在数据库中创建相应的表。这些模型通常定义在 app/models.py 文件中，但在这个脚本中没有直接提到。create_all 方法会根据模型中的定义（如表名、列、数据类型等）来创建表。

```
print("Database and tables created successfully.")
```

这行代码会在控制台打印一条消息，表明数据库和表已经成功创建。这对于确认脚本的执行结果非常有用。

```
$ python3 create_db.py
Database and tables created successfully.
```

在终端执行以上命令，若显示“Database and tables created successfully.”，则表明数据库和表创建成功。

3）启动应用

```
$ python3 app.py
```

在终端执行以上命令，打开系统自带的浏览器，访问 http://127.0.0.1:5000，将看到在线聊天系统登录页面，显示提示信息让用户登录，如图 3-21 所示。

图 3-21　在线聊天系统登录页面

在登录页面中，单击“没有账号？立即注册”超链接，显示用户注册页面，如图 3-22 所示。

图 3-22　在线聊天系统用户注册页面

在用户注册页面中，输入用户名和密码，单击“注册”按钮，进入聊天页面，如图 3-23 所示。

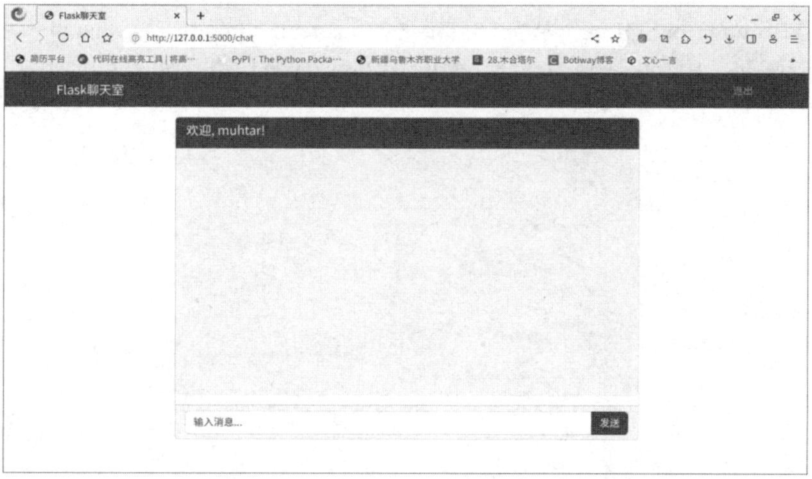

图 3-23　在线聊天系统聊天页面

在聊天页面中，输入消息，单击“发送”按钮，可以跟对方聊天，如图 3-24 所示。

图 3-24　在线聊天系统发送聊天消息

在同一台计算机上启动另一个浏览器（如 Chrome，如果没有，则安装一个），访问 http://127.0.0.1:5000，会看到在线聊天系统用户登录页面，显示提示信息让用户登录。在用户登录页面中，单击“没有账号？立即注册”超链接，显示用户注册页面。在用户注册页面中，输入用户名和密码，单击“注册”按钮，进入聊天页面。在聊天页面中会看到对方发送的消息，输入消息，单击“发送”按钮可以跟对方聊天，如图 3-25 所示。

图 3-25　跟对方聊天

启动 DB Browser for SQLite，从工作目录下的 instance 目录中打开 chat.db，可以看到存放在数据库中的信息，其中包括聊天内容、时间和用户 ID 等信息，如图 3-26 所示。

图 3-26　在线聊天系统 SQLite 页面

7. 【扩展】作业

- 添加私聊功能：通过房间（Room）概念实现。
- 添加消息已读标记：通过添加 read_status 字段实现。
- 支持图片/文件上传：通过使用 Flask-Uploads 实现。
- 呈现用户在线状态：使用 Socket.IO（Flask-SocketIO 或 Python-SocketIO）连接/断开事件。

3.8 搭建服务器

Web 服务器是驻留于因特网上的程序，可以处理浏览器等 Web 客户端的请求并返回响应，同时能够放置网站文件供全世界的用户浏览。Web 服务器使用 HTTP 或 HTTPS 协议与客户端进行信息交流，常见类型有静态 Web 服务器、动态 Web 服务器和反向代理服务器。Web 服务器不仅提供静态内容访问，还能处理动态内容，保证安全性，实现负载均衡和高可用性。

在生产环境中，Flask 自带的服务器无法满足性能要求，本节采用 Tornado 和 Gunicorn 作为 WSGI 容器来部署 Web 应用。

3.8.1 Tornado

Tornado 是一款高性能 Python Web 框架及异步网络库，专为处理高并发和长连接场景设计，由 FriendFeed 公司开发并开源。其核心基于非阻塞 I/O 模型与事件循环，支持数千个并发连接，适用于实时 Web 服务（如聊天、推送）。Tornado 的主要特性如下。

- 异步处理：通过协程（async/await）简化异步编程，能够高效处理 HTTP 请求、WebSocket 通信；
- 内置组件：提供 HTTP 服务器、模板引擎、身份验证等工具，减少了依赖；
- 高扩展性：轻量级设计（无 ORM 强制约束），可灵活集成数据库（如结合 aiomysql 实现异步 MySQL 访问）。

Tornado 在实时数据推送、API 服务等场景中的性能优势显著，典型应用包括在线游戏后端、实时监控系统。其单线程异步架构需谨慎避免阻塞操作（如同步数据库调用）。当前版本兼容 Python 3，社区活跃，是构建高吞吐、低延迟网络服务的优选方案。Tornado 支持任何合法的 HTTP 请求（GET、POST、PUT、DELETE、HEAD、OPTIONS）。

1. 安装

打开终端，输入以下命令，安装 Tornado：

```
$ pip3 install tornado
```

2. 配置

在 Flask Web 应用的目录下，创建 tornado_server.py 文件。

【tornado_server.py】

```
from tornado.wsgi import WSGIContainer
from tornado.httpserver import HTTPServer
```

```
from tornado.ioloop import IOLoop
from app import app
http_server = HTTPServer(WSGIContainer(app))
http_server.listen(8000)
IOLoop.instance().start()
```

这段代码是使用 Tornado 框架来部署 Flask Web 应用的实例。下面是对这段代码的解释。

```
from tornado.wsgi import WSGIContainer
```

这行代码从 Tornado 框架中导入 WSGIContainer 类。这个类是一个适配器，允许 Tornado HTTP 服务器运行一个遵循 WSGI 标准的 Python Web 应用。

```
from tornado.httpserver import HTTPServer
```

这行代码从 Tornado 框架中导入 HTTPServer 类。这个类用于创建一台 HTTP 服务器，该服务器可以监听 HTTP 请求。

```
from tornado.ioloop import IOLoop
```

这行代码从 Tornado 框架中导入 IOLoop 类。IOLoop 类是 Tornado 的核心事件循环，负责调度和处理异步事件。

```
from app import app
```

这行代码从 app.py 文件中导入 app 对象。这个 app 对象是一个 Flask Web 应用实例。

```
http_server = HTTPServer(WSGIContainer(app))
```

这行代码首先创建了一个 WSGIContainer 实例，将 app 作为参数传入。然后，这个 WSGIContainer 实例被用作参数来创建一个 HTTPServer 实例。这样，HTTPServer 就能够处理针对 app 的 HTTP 请求了。

```
http_server.listen(8000)
```

这行代码让 HTTPServer 实例监听 TCP 端口 8000。这意味着服务器将接收发送到本机 8000 端口的 HTTP 请求，并将它们路由到 app 中进行处理。

```
IOLoop.instance().start()
```

这行代码的作用是启动 Tornado 的事件循环。事件循环是异步编程的核心，负责监听和处理网络事件（如 HTTP 请求），以及执行回调函数。start 方法将阻塞当前线程，直到事件循环被显式停止。不过，在 Tornado 的较新版本中，推荐使用 IOLoop.current().start()替代 IOLoop.instance().start()，因为 instance 方法已经被弃用。

注释掉 app.py 文件中的最后两行代码：

```
# if __name__ == "__main__":
#     app.run(debug = True)
```

3. 启动

打开终端，进入 Flask Web 应用的目录，运行如下命令：

```
$ python3 tornado_server.py
```

运行以上命令后，如果没有显示任何提示，则表明 Tornado 服务器启动成功。在浏览器地址栏中输入 http://192.168.0.101:8000（Tornado 服务器的 IP 地址，可访问 Tornado 服务器上部署的 Flask Web 应用）。

3.8.2 Gunicorn

Gunicorn（Green Unicorn）是一款高性能、轻量级的 Python WSGI HTTP 服务器，专为生产环境设计，用于部署 Django、Flask 等 WSGI 兼容的 Web 应用。其核心采用 pre-fork worker

模型，通过多进程处理并发请求，显著提升了应用吞吐率与稳定性。Gunicorn 的核心特性如下。

- 简单易用：通过命令行可以快速启动应用（如 gunicorn app:app）;
- 灵活扩展：支持同步（默认）、异步（如 gevent）Worker 类型，适配高并发或长连接场景；
- 兼容性强：无缝集成主流 Web 框架，可与 Nginx 反向代理搭配，实现负载均衡与静态文件托管。

Gunicorn 具备更优的并发性能与安全性，支持热重启（HUP 信号）、超时控制等功能，适合搭配 Docker 等容器化工具进行部署。其配置可通过文件或命令行参数调整。作为 Python 生态中应用广泛的生产服务器之一，Gunicorn 凭借简洁性、高可靠性及活跃社区，成为 Web 应用从开发转向运维的关键工具。

1. 安装

打开终端，输入以下命令，安装 Gunicorn：

```
$ pip3 install gunicorn
```

2. 配置

在 Flask Web 应用的目录下，创建 gunicorn_config.py 文件。

【gunicorn_config.py】

```
bind = "0.0.0.0:8000"
workers = 2
threads = 2
timeout = 600
loglevel = 'debug'
pidfile = "log/gunicorn.pid"
accesslog = "log/access.log"
errorlog = "log/debug.log"
```

这段代码用于对 Gunicorn 服务器进行配置。下面是对配置选项的解释。

```
bind = "0.0.0.0:8000"
```

这个配置选项指定了 Gunicorn 监听的 IP 地址和端口。0.0.0.0 表示监听所有可用的网络接口（即所有关联的 IP 地址，包括本地回环 127.0.0.1、内网 IP 地址和公网 IP 地址），8000 是端口号。这意味着 Gunicorn 将接收发送到服务器 8000 端口的 HTTP 请求，无论这些请求来自哪个 IP 地址。

```
workers = 2
```

这个配置选项指定了 Gunicorn 将启动的工作进程的数量。工作进程是独立的 Python 解释器，用于处理传入的请求。对于每个工作进程，Gunicorn 将启动指定数量的线程（由 threads 选项设置）。该配置包含两个工作进程，适合处理中等负载的任务。

```
threads = 2
```

这个配置选项指定了每个工作进程中的线程数量。多线程允许单个工作进程同时处理多个请求，这可以提高性能，特别是在 I/O 密集型任务中。然而，Python 的全局解释器锁（GIL）可能会限制多线程在某些情况下的性能提升。

```
timeout = 600
```

这个配置选项设置了工作进程在超时之前可以处理请求的最长时间（以秒为单位）。如果请求处理时间超过这个时间，则 Gunicorn 将强制关闭连接。这有助于防止服务器因长时间运行的任务而挂起。

```
loglevel = 'debug'
```

这个配置选项设置了 Gunicorn 的日志级别。debug 级别将记录大量的信息，包括请求的处理细节，这对于调试应用非常有用。其他的日志级别包括 info、warning、error 和 critical。

```
pidfile = "log/gunicorn.pid"
```

这个配置选项指定了 Gunicorn 主进程的 PID 文件的路径。PID 文件包含运行 Gunicorn 主进程的进程 ID，可以用于监控或终止进程。

```
accesslog = "log/access.log"
```

这个配置选项指定了访问日志文件的路径。访问日志文件记录了每个请求的信息，如请求的 URL、HTTP 请求方法、状态码等。

```
errorlog = "log/debug.log"
```

这个配置选项指定了错误日志文件的路径。错误日志文件记录了 Gunicorn 在运行时遇到的任何错误或异常。

启动文件管理器，在 Flask Web 应用的目录下，创建 log 子目录。

3. 启动

打开终端，进入 Flask Web 应用的目录，运行以下命令：

```
$ gunicorn -c gunicorn_config.py app:app
```

运行以上命令后，如果没有显示任何提示，则表明 Gunicorn 服务器启动成功。在浏览器地址栏中输入 http://192.168.0.101:8000（Gunicorn 服务器的 IP 地址），可访问 Gunicorn 服务器上部署的 Flask Web 应用。

第 3 篇

Web 应用安全与防护

第 4 章　Web 应用安全概述

Web 应用安全是确保基于 Web 的系统和服务免受各种潜在威胁和攻击的技术和实践。随着互联网技术的发展，Web 应用已经成为企业和个人日常生活中不可或缺的一部分。然而，这也使得 Web 应用成为黑客攻击的主要目标。Web 应用安全问题主要包括但不限于以下几方面。

4.1 常见的威胁及防护措施

4.1.1 常见的威胁

1. 拒绝服务攻击和分布式拒绝服务攻击

拒绝服务（Denial of Service，DoS）攻击通过向目标系统发送大量请求或恶意数据包来耗尽系统资源（如带宽、CPU 或内存），进而导致合法用户无法访问服务。其常见手段包括 SYN（Synchronize Your Number）洪水（TCP 连接中的同步序列号，属于 TCP 协议的一部分。SYN 洪水攻击利用 TCP 三次握手过程中的 SYN 包进行攻击）、UDP（User Datagram Protocol，用户数据报协议）洪水（UDP 洪水攻击利用无连接的 UDP 协议发送大量数据包）和 ICMP（Internet Control Message Protocol，互联网控制报文协议）洪水[ICMP 洪水攻击（如 Ping 洪水），利用 ICMP 协议的 Ping 请求/回复机制，对目标发起流量淹没攻击]等。DoS 攻击通常由单一攻击源发起，防护相对容易，可通过流量过滤或部署黑名单来得到有效缓解。

分布式拒绝服务（Distributed Denial of Service，DDoS）攻击是 DoS 攻击的升级版，利用僵尸网络（Botnet）控制多台分布式设备协同攻击，流量规模更大且来源分散，难以追踪和防御。DDoS 攻击常结合反射放大攻击（如 NTP 或 DNS 反射）提升破坏力。防护 DDoS 攻击需要采取多层策略，包括流量清洗、CDN 分流和云防护服务。DoS 攻击与 DDoS 攻击均危害网络可用性，但 DDoS 攻击的危害更广且更难抵御。

2. SQL 注入攻击

SQL 注入攻击是指攻击者通过在用户输入中插入恶意的 SQL 代码，欺骗数据库执行非预期的命令。例如，在登录表单中输入' OR '1'='1，可能会绕过身份验证，直接访问数据库。攻击者可利用 SQL 注入攻击窃取敏感数据（如用户密码、信用卡信息）、篡改或删除数据库内容，甚至获取服务器控制权。出现漏洞的原因通常是未对用户输入进行严格的过滤或参数化查询。

3. 跨站脚本攻击

跨站脚本攻击（Cross-Site Scripting，XSS）是指攻击者向网页注入恶意脚本（通常为 JavaScript 代码），当其他用户访问该页面时，脚本在其浏览器中执行，从而窃取 Cookie、会话令牌，篡改页面内容或发起进一步攻击。XSS 分为以下三类。

- 存储型 XSS：恶意脚本被存储到服务器（如评论区）中，所有访问者都会受到影响。
- 反射型 XSS：脚本通过 URL 参数传递，诱骗用户单击触发（如钓鱼链接）。
- DOM 型 XSS：前端 JavaScript 动态修改 DOM 时未过滤输入，导致代码被执行。

4. 缓冲区溢出攻击

缓冲区溢出攻击是一种利用软件漏洞的攻击方式，攻击者通过向程序中输入超出预期长度的数据，导致程序崩溃或执行恶意代码。缓冲区溢出攻击通常涉及底层内存管理和汇编语言编程，而 Flask 作为一款高级 Web 应用框架，并不直接处理这类底层操作。因为 Flask 运行在 Python 解释器之上，而 Python 解释器会进行多种安全检查，包括内存管理，以防止这类攻击。因此，虽然了解缓冲区溢出等底层安全漏洞是很重要的，但在使用 Python 或 Flask 等高级编程语言和框架时，开发者通常不需要担心这类问题。相反，开发者更应该关注如何安全地处理用户输入、保护敏感数据，以及遵循最佳的安全实践。

5. 未及时更新软件和补丁

软件供应商会定期发布安全更新和补丁来修复已知漏洞，若不及时更新，则可能会使系统暴露在已知漏洞的风险中。

4.1.2　常见的防护措施

1. 使用 Web 应用防火墙

Web 应用防火墙（Web Application Firewall，WAF）是一种专门保护 Web 应用的安全系统，通过监控和过滤 HTTP/HTTPS 流量，防御 SQL 注入、XSS、CSRF、DDoS 等常见攻击。Web 应用防火墙部署在 Web 服务器前端，基于预定义规则或机器学习分析请求，拦截恶意流量，同时允许正常访问。

Web 应用防火墙的核心功能如下。

- 攻击防护：阻止注入、跨站脚本、文件包含等漏洞利用。
- 访问控制：限制 IP 地址、频率，防止暴力破解和爬虫滥用。
- 数据泄露防护：阻断敏感信息（如信用卡号）的非法传输行为。

2. 实施安全编码标准

安全编码标准是一套开发规范，旨在通过安全的编程实践减少软件漏洞，防止攻击者利用代码缺陷入侵系统。

安全编码标准的核心原则如下。

- 输入验证：过滤用户输入，防止 SQL 注入、XSS 等攻击。
- 最小权限：限制代码和用户的访问权限，降低攻击影响。
- 安全存储：加密敏感数据（如密码、密钥），避免明文存储。
- 错误处理：避免泄露系统信息，使用通用错误提示。
- 依赖安全：定期更新第三方库，修复已知漏洞。

3. 数据库安全配置

数据库安全配置是保护数据免遭泄露、篡改或破坏的关键措施，主要涉及访问控制、数据加密和审计与监控等方面。

数据库安全配置的核心安全措施如下。

- 访问控制：采用最小权限原则，仅授予用户必要的权限。使用角色分离（如管理员、只读用户），避免过度授权。
- 数据加密：传输加密[TLS（Transport Layer Security，传输层安全）/SSL（Secure Sockets Layer，安全套接字层）]可防范中间人攻击；存储加密[如 AES（Advanced Encryption Standard，高级加密标准）]用于保护敏感数据（如密码、个人信息）。
- 审计与监控：启用数据库审计日志，记录关键操作（如登录、数据修改）；实时异常行为（如暴力破解、异常查询）监控。
- 防注入与加固：使用参数化查询防范 SQL 注入攻击；关闭不必要的服务和端口，定期更新补丁。

4. 安全意识培训

安全意识培训旨在提升员工对网络安全威胁的认知，减少人为因素导致的数据泄露或攻击事件。培训内容涵盖常见攻击手段（如钓鱼邮件、社交工程、恶意软件）及企业安全规范。

安全意识培训的核心内容如下。

- 威胁识别：学习辨别钓鱼邮件、诈骗电话等社交工程攻击。
- 密码管理：强调强密码策略、多因素认证（Multi-Factor Authentication，MFA）或多重身份验证的重要性。
- 数据保护：规范敏感数据的存储、传输与共享方式。
- 应急响应：掌握安全事件（如勒索软件攻击）的报告与处置流程。

5. 物理安全

除了实施网络安全措施，还需要确保服务器的物理安全，防止未经授权的访问和破坏。

物理安全是指通过实体防护措施保护人员、设备和数据免受未经授权的访问、盗窃或破坏。它是信息安全的基础，与网络安全相辅相成。

物理安全的核心防护措施如下。

- 访问控制：使用门禁系统（如刷卡、生物识别）限制区域权限，实行访客登记制度。
- 监控系统：部署视频监控[如 CCTV（Closed-Circuit Television，闭路电视）。其通过摄像头和专用线路或网络实时监控特定区域，视频信号仅在系统内传输，不公开广播，从而确保隐私与安全]和入侵检测设备（如红外传感器），实时记录关键区域活动。
- 环境安全：配备防火、防水、防电磁干扰设施，确保数据中心等场所的物理环境稳定。
- 设备管理：对服务器、存储介质等实施上锁或加密措施，防止数据泄露。

总之，Web 应用安全是一个复杂的领域，涉及技术和管理等多个层面。为了保护 Web 应用免受攻击，网络安全人员需要综合运用多种安全措施，并持续关注和响应新兴网络威胁。随着技术的进步，Web 应用安全的挑战也在不断演变，因此持续地学习和适应是每个网络安全专业人士的必要任务。

4.2　统信 UOS 与 Web 应用安全

统信 UOS 作为一款基于 Linux 内核的自主操作系统，在 Web 应用安全方面需要采取一系列措施来保护用户数据和应用的安全。以下是一些统信 UOS 与 Web 应用安全相关的要点。

1. 系统安全更新

统信 UOS 会定期推送安全更新，修复漏洞，优化安全配置，防御新兴威胁。用户应及时安装更新，以确保系统安全。

（1）定期更新统信 UOS，以获取最新的安全补丁和修复程序。

（2）启用自动更新功能，确保系统始终处于最新状态。

① 单击桌面左下角的“启动器”按钮，搜索并打开控制中心。

② 在控制中心中，选择“更新”（或“系统更新”）选项，如图 4-1 所示。

在更新页面中，单击“更新设置”选项卡，开启“系统更新”“安全更新”等选项，如图 4-2 所示。

图 4-1　选择“更新”选项

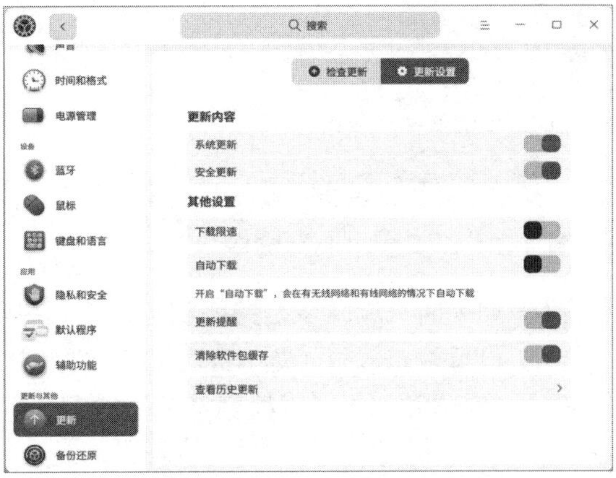

图 4-2　开启自动更新

2. 应用安全

应用安全是通过技术与管理措施保护软件系统及数据免受恶意攻击的实践，其核心目标是确保系统的机密性（防止未经授权的访问）、完整性（防止数据被篡改）、可用性（保障服务持续运行）。关键防护措施包括身份认证与授权（多因素认证、最小权限原则）、数据保护[传输加密（如 TLS）、存储加密（如 AES）]、漏洞管理（定期修复漏洞，如补丁更新、代码安全审计）。主要防御对象为注入攻击（SQL 注入攻击、OS 命令注入攻击）、跨站脚本攻击（XSS）、其他威胁（CSRF、逻辑漏洞、API 滥用）等。通过构建安全防线，企业可维护用户信任、避免数据泄露，并保障关键业务的连续性。

（1）在统信 UOS 上部署 Web 应用时，确保应用具有良好的安全设计。

（2）使用安全的编程语言和框架，如 Python 和 Flask，并遵循最佳安全实践。

3. 防火墙与入侵检测系统

防火墙是网络安全的首道防线，位于网络边界，按规则过滤进出数据包，阻止未经授权的访问和恶意流量；入侵检测系统（IDS）则用于监控网络活动，识别异常流量或已知攻击模式，实时告警潜在威胁。两者协同：防火墙进行基础访问控制，IDS 负责深入分析威胁，两者共同加固防御体系，保护系统免受内外部攻击，维护数据安全。

（1）配置防火墙规则，限制对 Web 应用服务器的访问，只允许必要的端口和 IP 地址访问。

① 单击桌面左下角的“启动器”按钮，搜索并打开安全中心，如图 4-3 所示。

② 在安全中心中，选择“防火墙”选项（部分版本可能位于系统管理或高级设置中），如图 4-4 所示。

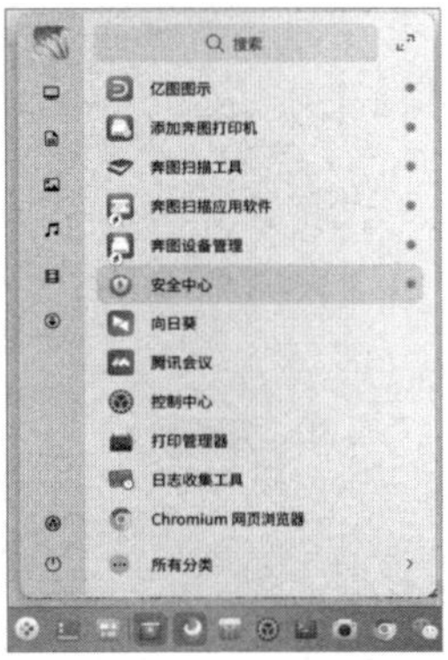

图 4-3 “安全中心”命令

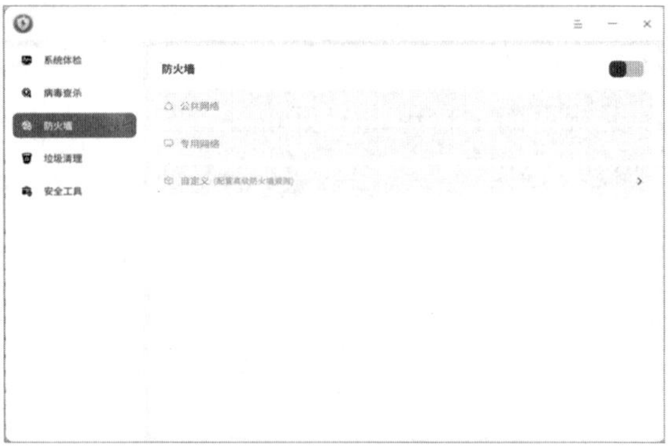

图 4-4 选择“防火墙”选项

③ 如果防火墙默认是关闭状态，则开启防火墙或启用防护。

④ 设置端口放行（如 SSH 的 22 端口、HTTP 的 80 端口等）。

（2）安装并部署入侵检测系统（IDS）或入侵防御系统（IPS），实时监控并响应潜在的安全威胁。

4. HTTPS 与 SSL/TLS

HTTPS 是超文本传输安全协议，通过 SSL/TLS 加密技术保障数据传输安全，防止窃听、篡改，确保网站身份可信，保护用户敏感信息。

（1）确保 Web 应用使用 HTTPS 协议进行通信，以保护数据在传输过程中的安全性。

（2）配置 SSL/TLS 证书，为 Web 应用提供加密通信支持。

5. 用户权限管理

用户权限管理是指根据角色和职责分配系统访问权限。其遵循最小权限原则，仅授予用户必要权限，防止未经授权的访问，以保护敏感数据，确保系统安全合规。

（1）在统信 UOS 上实施严格的用户权限管理策略，确保只有被授权用户才能访问 Web 应用。

① 单击桌面左下角的“启动器”按钮，搜索并打开控制中心。

② 在控制中心中，选择“账户”选项，如图 4-5 所示。

③ 添加用户：在账户页面中，单击“+”按钮，选择用户类型（标准用户或管理员，管理员拥有 sudo 权限），设置用户名和密码，单击“创建”按钮，添加用户，结果如图 4-6 所示。也可以删除或修改用户权限等。

图 4-5 选择“账户”选项

图 4-6 添加用户

（2）使用基于角色的访问控制（RBAC）等模型，简化权限管理并降低安全风险。

6. 日志记录与监控

日志记录用于跟踪系统事件和用户行为，提供审计依据；监控用于实时分析日志，检测异常或攻击，及时响应威胁。两者协同工作，可增强安全运营的有效性。

（1）启用详细的日志记录功能，记录 Web 应用的访问、错误和异常信息。

（2）部署日志收集工具，实时监控日志数据，以便在发生安全事件时及时发现并响应。

① 单击桌面左下角的“启动器”按钮，搜索并打开日志收集工具，如图 4-7 所示。

② 在日志收集工具页面中可以查看系统、内核、应用等日志，如图 4-8 所示。

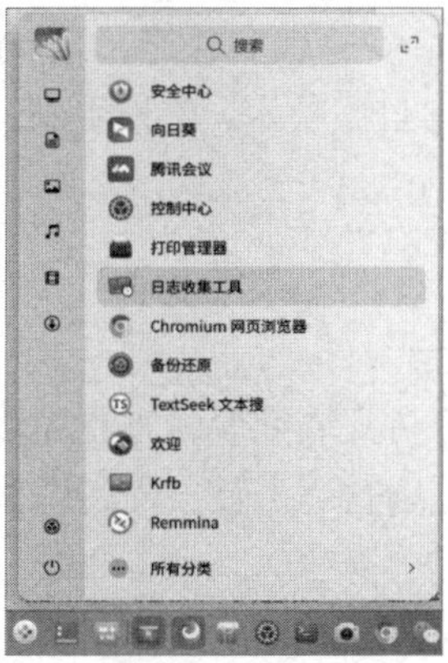

图 4-7 “日志收集工具”命令

图 4-8 日志收集工具页面

7. 安全意识培训

安全意识培训旨在提升个人和组织对安全威胁的认知，通过教育增强安全实践能力，减少人为失误，培养安全文化，防范网络攻击。

（1）提升统信 UOS 用户和管理员对 Web 应用安全的认识和重视程度。

（2）定期进行安全培训和演练，增强用户和管理员应对安全事件的能力。

8. 备份与还原

备份是指创建数据副本，以防数据丢失，还原则是指通过备份复原数据，以确保业务的连续性。定期备份关键数据，制订还原计划，可最小化停机时间，保障数据安全。

定期备份统信 UOS 和 Web 应用的数据。

（1）单击桌面左下角的“启动器”按钮，搜索并打开控制中心。

（2）在控制中心中，选择“备份还原”选项，如图 4-9 所示。在这里可以进行系统备份或还原。

图 4-9　选择“备份还原”选项

4.3 统信 UOS 环境下防火墙的配置

统信 UOS 桌面版面向个人及办公场景，提供了友好的界面和办公、娱乐应用，注重兼容性与易用性；统信 UOS Server 版专为服务器设计，强化稳定性、安全性和性能，支持虚拟化、容器化部署，适配企业数据中心及云计算需求。两者均依托统信自主技术，定期更新，保障安全，可满足不同用户场景需求。

4.3.1 在统信 UOS Server 版中配置防火墙

在统信 UOS Server 版中，如果希望通过 firewall-cmd 进行防火墙配置，则首先需要确认系统是否已经安装 firewalld 服务。firewalld 是一个动态的防火墙管理工具，支持防火墙区域（Zones）概念，允许定义不同的规则来管理进出网络的数据包。

以下是在统信 UOS Server 版上使用 firewall-cmd 进行防火墙配置的基本步骤。

1. 安装 firewalld 服务（如果尚未安装）

首先，需要确认 firewalld 服务是否已经安装在系统上。如果没有安装，则可以使用软件包管理器进行安装。例如，使用 apt（统信 UOS 虽基于 Debian 开发，但已对软件包管理器 apt 进行定制优化，其 apt 命令通常仍与 Debian 兼容，仅实现细节可能略有不同）进行安装：

```
$ sudo apt update
$ sudo apt install firewalld
```

或者，使用 yum 或 dnf（这更常见于基于 RPM 的发行版，如 CentOS 或 Fedora，两者的安装命令类似）进行安装：

```
$ sudo yum install firewalld # 或 sudo dnf install firewalld
```

2. 启动 firewalld 服务

安装完成后，需要启动 firewalld 服务，并设置它在系统启动时自动启动：

```
$ sudo systemctl start firewalld
$ sudo systemctl enable firewalld
```

3. 使用 firewall-cmd 配置防火墙

查看当前防火墙状态（确认防火墙是否运行，返回 running/not running）：

```
$ sudo firewall-cmd --state
```

查看所有区域及其规则（以下两条命令是调试和管理防火墙配置的核心工具，建议组合使用，以确保规则被正确应用）：

```
$ sudo firewall-cmd --get-active-zones
$ sudo firewall-cmd --zone=public --list-all
```

开放端口。例如，开放 HTTP 的 80 端口和 HTTPS 的 443 端口：

```
$ sudo firewall-cmd --zone=public --add-port=80/tcp --permanent
$ sudo firewall-cmd --zone=public --add-port=443/tcp --permanent
$ sudo firewall-cmd --reload
```

--permanent 选项表示规则将被永久保存；--reload 选项用于重新加载防火墙配置以应用更改。

开放某个已知服务，如 SSH：

```
$ sudo firewall-cmd --zone=public --add-service=ssh --permanent
$ sudo firewall-cmd --reload
```

允许特定 IP 地址访问某个端口。例如，允许 192.168.1.100 访问 80 端口：

```
$ sudo firewall-cmd --zone=public --add-rich-rule='rule family="ipv4" source
address="192.168.1.100" port port="80" protocol="tcp" accept' --permanent
$ sudo firewall-cmd --reload
```

4. 检查配置和状态

可以随时检查防火墙的配置和状态（查看当前生效的所有规则，含端口、服务等），以确保一切按照预期工作：

```
$ sudo firewall-cmd --list-all
```

5. 注意事项

- 在进行任何防火墙配置更改之前，都需要了解这些更改带来的影响，特别是在生产环境中。
- 定期备份防火墙配置，以防需要恢复到之前的配置。
- 如果使用的是特定的网络架构或安全策略，则要确保防火墙规则与之相符。

通过以上步骤，能够在统信 UOS Server 版中有效地使用 firewall-cmd 进行防火墙配置。

4.3.2 在统信 UOS 桌面版中配置防火墙

在统信 UOS 桌面版中，可以通过图形用户界面来设置防火墙规则。以下是简单的配置步骤。

（1）单击桌面左下角的“启动器”按钮，搜索并打开安全中心。

（2）在安全中心中，选择左侧的“防火墙”选项，进入防火墙设置页面。

（3）在防火墙设置页面中，开启“防火墙”，将显示是否继续开启提示信息，单击“确定”按钮即可，如图 4-10 所示。

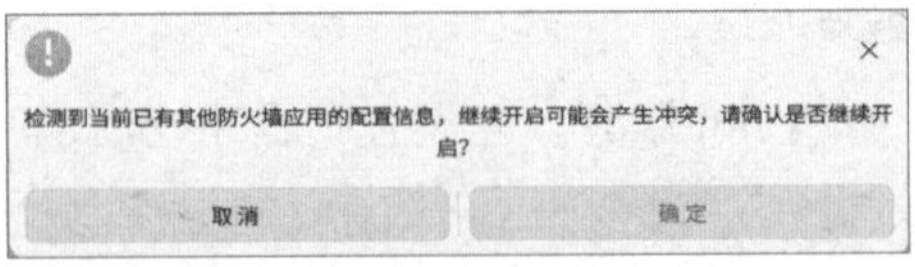

图 4-10 是否继续开启提示信息

（4）在显示的认证对话框中，输入管理员密码并单击“确定”按钮，如图 4-11 所示。

（5）在防火墙设置页面中，选择“自定义（配置高级防火墙规则）”选项，如图 4-12 所示。

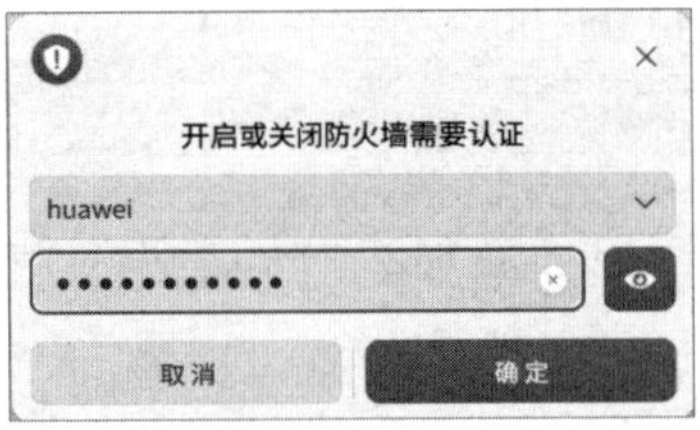

图 4-11 认证对话框

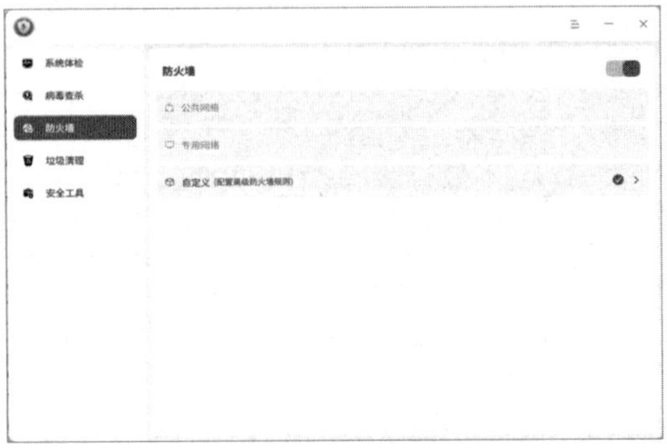

图 4-12 选择“自定义（配置高级防火墙规则）”选项

（6）在配置高级防火墙规则页面中，单击“添加”按钮，如图 4-13 所示。

（7）在显示的“添加规则”对话框中，进行防火墙规则配置，如图 4-14 所示。

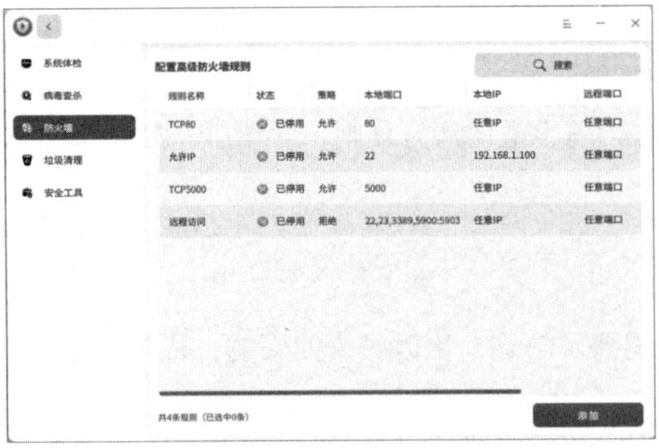

图 4-13 配置高级防火墙规则页面

图 4-14 防火墙规则配置

在统信 UOS 防火墙规则中，“本地 IP”“本地端口”“远程 IP”“远程端口”是构成网络通信规则的关键要素，它们各自扮演着不同的角色，具体区别如下。

1. 本地 IP（Local IP）

“本地 IP”是指数据包的目标 IP 地址，即网络接口的 IP 地址，通常指的是客户端或服务器在本地局域网（LAN）内的 IP 地址。这个 IP 地址是在局域网内分配的，用于局域网内的设备之间相互通信。在统信 UOS 防火墙规则中，“本地 IP”用于指定哪些来自局域网内的数据包可以被防火墙接受或拒绝。

2. 本地端口（Local Port）

“本地端口”通常是指在计算机上运行的网络服务或应用程序使用的端口。每台计算机上运行的网络服务或应用程序都可能使用一个或多个端口与其他设备进行通信。在统信 UOS 防火墙规则中，“本地端口”用于指定哪些来自特定应用程序或网络服务的数据包可以被防火墙接受或拒绝。例如，Web 应用服务器通常使用本地端口 80（HTTP）或 443（HTTPS）来接收传入的连接。

3. 远程 IP（Remote IP）

“远程 IP”是指数据包的源 IP 地址，即与本地计算机通信的远程设备的 IP 地址。这个 IP 地址可以是互联网上任何设备的 IP 地址，用于标识远程设备的身份和位置。在统信 UOS 防火墙规则中，“远程 IP”用于指定哪些来自特定 IP 地址的数据包可以被防火墙接受或拒绝。通过限制“远程 IP”，可以增强系统的安全性，防止未经授权的访问。

4. 远程端口（Remote Port）

“远程端口”通常是指远程计算机上的端口，用于与本地计算机上的网络服务或应用程序进行通信。在网络通信中，数据从一台计算机的本地端口传输到另一台计算机的远程端口。在统信 UOS 防火墙规则中，“远程端口”用于指定哪些来自特定远程端口的数据包可以被防火墙接受或拒绝。这种限制通常用于确保只有来自特定网络服务或应用程序的数据包才能被系统接收。

在配置统信 UOS 防火墙规则时，可以根据需要灵活设置这些参数，以增强系统的安全性和网络通信的灵活性。

5. 注意事项

- 在配置防火墙时，要确保其不会意外地阻止必要的服务或流量。例如，如果阻止了 SSH 端口（通常是 22 号端口），则客户端将无法通过 SSH 远程连接到服务器。
- 定期审查和更新防火墙规则，以确保其能够适应不断变化的威胁环境。
- 将防火墙配置与整体安全策略相结合，以实现对系统的全面保护。

通过以上步骤，能够在统信 UOS 桌面版中有效地配置防火墙以增强系统的安全性。

4.3.3 防火墙配置实例

1. 在 Flask Web 应用服务器中配置防火墙规则

（1）执行以下命令查看服务器 IP 地址。

```
$ ifconfig
enp2s0: flags=4163<UP,BROADCAST,RUNNING,MULTICAST>  mtu 1500
        inet 172.16.118.180  netmask 255.255.224.0  broadcast 172.16.127.255
        inet6 fe80::2917:143a:ae13:5c04  prefixlen 64  scopeid 0x20<link>
        ether 1c:83:41:86:bd:42  txqueuelen 1000  (Ethernet)
        RX packets 45004  bytes 3747963 (3.5 MiB)
        RX errors 0  dropped 0  overruns 0  frame 0
```

```
        TX packets 982  bytes 83827 (81.8 KiB)
        TX errors 0  dropped 0 overruns 0  carrier 0  collisions 0
        device interrupt 59  base 0x5000
...
```

可见，服务器 IP 地址为 172.16.118.180。

（2）按照 4.3.2 节介绍的步骤，打开“添加规则”对话框。在“规则名称”输入框中输入“UOS 桌面拒绝 IP 地址访问”；在“策略”列表框中选择“拒绝”（允许/拒绝）选项；在“远程 IP”输入框中输入“172.16.117.100-172.16.117.200”，禁止 100～200 范围内的 IP 地址访问服务器；勾选“启用”复选框；单击“保存”按钮，如图 4-15 所示。

（3）回到配置高级防火墙规则页面，将看到“UOS 桌面拒绝 IP 地址访问”规则已启用，如图 4-16 所示。

图 4-15　防火墙规则配置

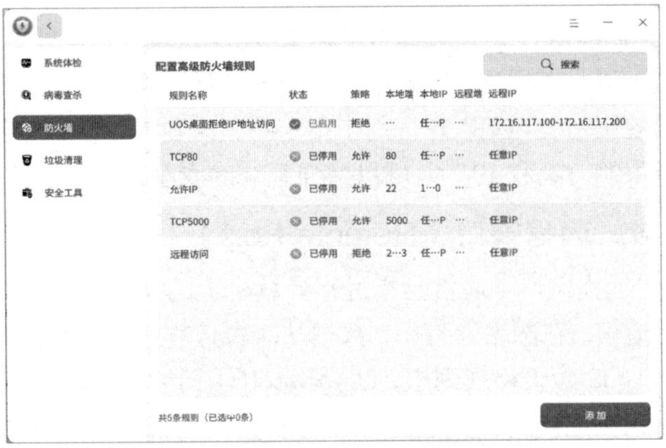

图 4-16　配置高级防火墙规则页面

（4）打开终端，进入 Flask Web 应用所在目录，执行以下命令，启动 Tornado 服务器（详情请参考 3.8.1 节）：

```
$ python3 tornado_server.py
```

执行以上命令后，如果没有显示任何提示，则表明 Tornado 服务器已启动成功。

2. 在客户机中验证是否可访问服务器

（1）执行以下命令，查看客户机 IP 地址（如果客户机操作系统是 Windows，则在命令行中执行 ipconfig 命令）。

```
$ ifconfig
enp2s0: flags=4163<UP,BROADCAST,RUNNING,MULTICAST>  mtu 1500
        inet 172.16.117.117  netmask 255.255.224.0  broadcast 172.16.127.255
        inet6 fe80::c090:d293:70f4:1c54  prefixlen 64  scopeid 0x20<link>
        inet6 fe80::2a84:a864:1ba8:7945  prefixlen 64  scopeid 0x20<link>
        inet6 fe80::db69:8ce3:f947:dbd3  prefixlen 64  scopeid 0x20<link>
        ether 1c:83:41:86:c1:43  txqueuelen 1000  (Ethernet)
        RX packets 22027  bytes 1997047 (1.9 MiB)
        RX errors 0  dropped 0  overruns 0  frame 0
        TX packets 818  bytes 85480 (83.4 KiB)
        TX errors 0  dropped 0 overruns 0  carrier 0  collisions 0
        device interrupt 59  base 0x5000
...
```

可见，客户机 IP 地址为 172.16.117.117，该客户机的 IP 地址在禁止访问服务器的 IP 地址范围之内。

（2）执行以下命令查看客户机能不能 ping 通服务器。若返回“64 bytes from 172.16.118.180：...”等字样，则表明该客户机与服务器是通的。

```
$ ping 172.16.118.180
PING 172.16.118.180 (172.16.118.180) 56(84) bytes of data.
64 bytes from 172.16.118.180: icmp_seq=1 ttl=64 time=0.095 ms
64 bytes from 172.16.118.180: icmp_seq=2 ttl=64 time=0.108 ms
64 bytes from 172.16.118.180: icmp_seq=3 ttl=64 time=0.085 ms
64 bytes from 172.16.118.180: icmp_seq=4 ttl=64 time=0.089 ms
^C
--- 172.16.118.180 ping statistics ---
4 packets transmitted, 4 received, 0% packet loss, time 64ms
rtt min/avg/max/mdev = 0.085/0.094/0.108/0.011 ms
```

（3）在浏览器地址栏中输入 http://172.16.118.180:8000（Flask Web 应用服务器的 IP 地址），按 Enter 键后显示“无法访问此网站”，表明防火墙已禁止该客户机访问服务器，如图 4-17 所示。

图 4-17　禁止指定 IP 地址的客户机访问服务器

3. 在 Flask Web 应用服务器中核实被禁止的 IP 地址

在服务器终端我们可以看到，能访问服务器的客户机 IP 地址均在 118 网段，表明 172.16.117.100 ~ 172.16.117.200 的 IP 地址均被防火墙禁止访问。

```
    404 GET /favicon.ico (172.16.118.150) 1.24ms
    muhtar ['2']
    muhtar ['3']
    muhtar ['2', '3', '4', '5', '6', '7', '8', '9', '10', '11', '12', '13', '14',
'15', '16', '17', '18', '19', '20', '21']
    muhtar ['2', '3', '4', '5', '6', '7', '8', '9', '10', '11', '12', '13', '14',
'15', '16', '17', '18', '19', '20', '21']
    muhtar ['2', '3', '4']
    muhtar ['2', '3', '4']
    404 GET /favicon.ico (172.16.118.137) 1.27ms
    404 GET /favicon.ico (172.16.118.17) 1.31ms
    404 GET /favicon.ico (172.16.118.117) 1.35ms
    404 GET /favicon.ico (172.16.118.190) 1.25ms
    muhtar ['2']
    muhtar ['2']
```

第 5 章　Flask Web 应用安全

Flask 作为一款轻量级的 Web 应用框架，在开发过程中同样需要关注 Web 应用安全问题。以下是一些 Flask Web 应用安全相关的要点。

1. 输入验证与过滤

在 Flask Web 应用中，对用户输入进行严格的验证和过滤是防止 SQL 注入、XSS 等攻击的关键。使用 Flask-WTForms 等表单验证库可以验证用户输入。对于动态生成的 SQL 查询，使用参数化查询或 Flask-SQLAlchemy 等 ORM 框架可以避免 SQL 注入攻击。

2. 会话管理

使用 Flask-Login 等扩展来管理用户会话，可以确保会话数据的安全性和有效性。具体措施包括配置 Flask 的 session 机制，使用安全的 Cookie 选项，如设置 HttpOnly 和 Secure 标志。

3. 密码安全

在 Flask Web 应用中，存储用户密码时应使用哈希算法进行加密。开发者应避免在代码中硬编码密码或敏感信息。

4. HTTPS

应确保 Flask Web 应用使用 HTTPS 协议进行通信，以保护数据在传输过程中的安全性；应配置 SSL/TLS 证书，并在 Flask Web 应用中启用 HTTPS 支持。在 Flask Web 应用中启用 HTTPS 支持通常涉及配置 Web 应用服务器作为反向代理，并处理 HTTPS 连接。Flask 是一款 WSGI 应用框架，不直接处理 HTTPS 加密。

5. 依赖库与插件的安全

应定期更新 Flask 及其依赖库与插件，以修复已知的安全漏洞；应在安装第三方库时，注意检查其来源和安全性，避免引入恶意代码。

6. 错误处理与日志记录

应避免在错误响应中泄露敏感信息，如数据库结构、文件路径等；应启用详细的日志记录，以便在发生安全事件时进行追踪和分析。

7. 安全意识培训

应提升开发团队对 Web 应用安全的认识和重视程度；应定期进行安全培训和演练，以提高开发团队应对安全事件的能力。

8. 其他安全措施

- 实施内容安全策略（CSP），防止 XSS 攻击。

- 使用安全的头部（如 X-Content-Type-Options、X-Frame-Options 等）来增强应用的安全性。
- 定期进行安全审计和渗透测试，以发现并修复潜在的安全漏洞。

5.1 Flask 中的错误响应

Flask 支持处理常见 HTTP 错误（如 404、500），将自动返回对应状态码和默认错误页面。开发者可通过@app.errorhandler()装饰器自定义错误响应，返回 JSON 或渲染模板，提升用户体验，同时避免泄露敏感信息，保障应用安全。在 Flask 中，自定义 500（服务器内部错误）状态码页面是一个非常常见的需求，可以通过注册错误处理程序来实现这一需求。以下是具体的步骤和实例代码。

1. 注册 500 Internal Server Error 错误处理程序

为了自定义 500 状态码页面，需要注册一个处理 500 Internal Server Error 错误的处理程序。

【500.py】

```
from flask import Flask, render_template

app = Flask(__name__)

@app.errorhandler(500)
def internal_server_error(e):
    # 返回自定义的 500 状态码页面
    return render_template('500.html'), 500

# 其他路由
@app.route('/')
def index():
    # 故意制造一个错误来触发 500 状态码页面
    1 / 0  # 这将引发一个 ZeroDivisionError，导致 500 Internal Server Error 错误
    return 'Hello, World!'

if __name__ == '__main__':
    app.run(debug=False)
```

在上面的代码中，我们创建了一个名为 internal_server_error 的函数，并使用@app.errorhandler(500)装饰器来注册该函数作为 500 Internal Server Error 错误的处理程序。当服务器内部发生错误时，Flask 会自动调用这个函数，并返回指定的 500 状态码页面（如 500.html）。

2. 自定义 500 状态码页面

需要在 templates 目录下创建 500.html 文档，用于自定义 500 状态码页面。

【templates/500.html】

```
<!DOCTYPE html>
<html lang="en">
<head>
<meta charset="UTF-8">
    <title>ZeroDivisionError</title>
</head>
<body>
    <h1>ZeroDivisionError</h1>
    <p>ZeroDivisionError: division by zero.</p>
```

```
    </body>
    </html>
```

这样，当服务器内部发生错误时，Flask 会返回自定义的 500 状态码页面。

3. 运行

打开终端（快捷键为 Ctrl + Alt + T），进入项目所在目录，执行以下命令（注意 debug 为 False），查看运行结果，如图 5-1 所示。

```
$ python3 500.py
```

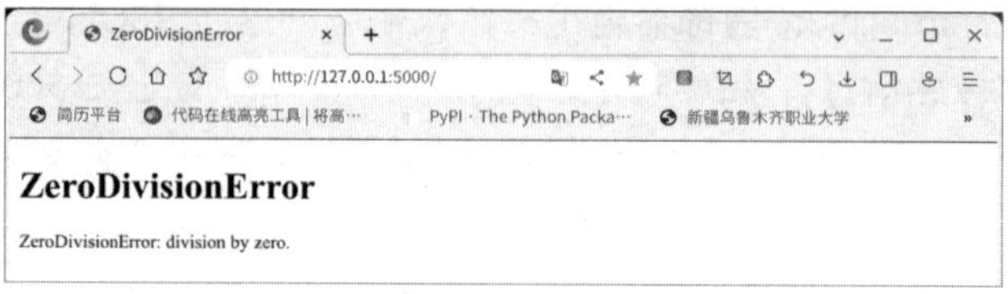

图 5-1　在 Flask 中自定义错误响应

为了使读者更好地理解 Flask 中的错误响应，我们把 templates 目录下的 500.html 删除后，再运行 500.py，运行结果如图 5-2 所示。

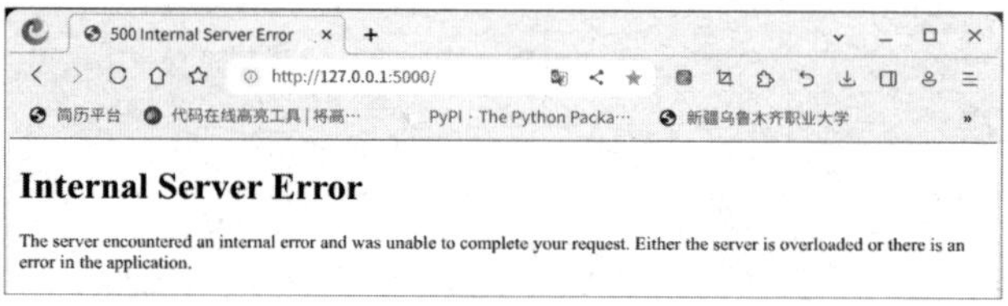

图 5-2　没有自定义错误响应的情况

通过图 5-2 可以看出，如果没有自定义错误响应，那么我们很难判断错误发生在哪儿。

另外，说一下代码层面的 Web 应用安全问题，即如果在生产服务器上部署 Flask Web 应用时忘记关闭调试模式（即 app.py 最后一行代码还是 debug=True），则 ZeroDivisionError 错误会泄露服务器 Web 应用目录及源代码，如图 5-3 所示。

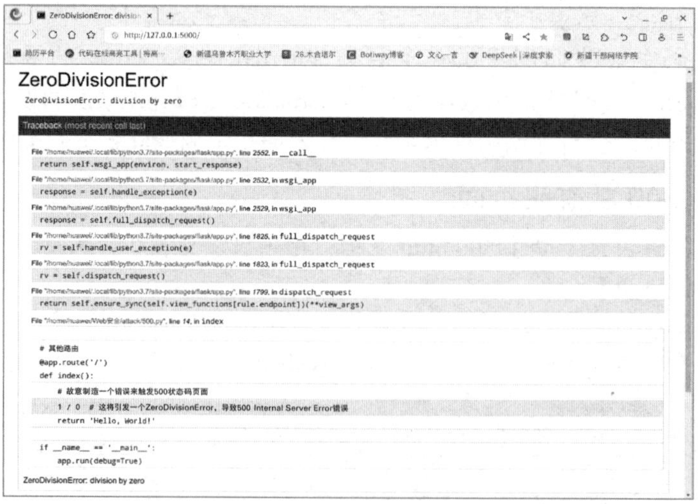

图 5-3　泄露服务器 Web 应用目录及源代码

5.2 Flask 内容安全策略

Flask 内容安全策略（Content Security Policy，CSP）是一种额外的安全层，用于增强 Web 应用的安全性，特别是降低和防范跨站脚本（XSS）攻击与数据注入等安全风险。以下是对 Flask 内容安全策略的详细解释。

在 Flask 中设置 CSP 通常涉及修改响应头。这可以通过在视图函数中使用 response.headers 属性来完成，或者通过中间件/装饰器来进行全局设置。

实例：在视图函数中设置 CSP。

【CSP.py】

```
from flask import Flask, Response

app = Flask(__name__)

@app.route('/')
def index():
    resp = Response("Hello, World!", content_type='text/plain')
    resp.headers['Content-Security-Policy'] = "default-src 'self'; script-src 
'self' 'unsafe-inline'"
    return resp

if __name__ == '__main__':
    app.run(debug=True)
```

以下是对 Flask Web 应用代码的解释。

```
from flask import Flask, Response
```

这行代码用于导入必要的类：Flask 是 Flask 框架的核心类，用于创建 Flask Web 应用实例。Response 类用于构造 HTTP 响应的对象。

```
app = Flask(__name__)
```

这行代码用于创建 Flask Web 应用实例：__name__是当前 Python 模块的名称，Flask 使用它来确定应用的根路径，以便找到相对于应用的静态文件和模板等。

```
@app.route('/')
def index():
    resp = Response("Hello, World!", content_type='text/plain')
    resp.headers['Content-Security-Policy'] = "default-src 'self'; script-src 
'self' 'unsafe-inline'"
    return resp
```

这段代码用于定义路由和视图函数。

- @app.route('/')是一个路由装饰器，用于将 URL（/）与 index 视图函数相关联。当用户访问应用的根目录时，将调用 index 函数。
- index 是一个视图函数，定义了当访问根目录时应该执行的操作。
- Response("Hello, World!", content_type='text/plain')创建了一个 HTTP 响应对象，响应体是字符串“Hello, World!”，内容类型是“text/plain”。
- resp.headers['Content-Security-Policy'] ="default-src 'self'; script-src 'self' 'unsafe-inline'"：向响应头添加 Content-Security-Policy（内容安全策略）头部，用于指定浏览器如何加载资源（如脚本、样式表等）。在这个实例中，策略设置为只允许加载来自自身源（self）的资源，并且允许内联脚本执行（unsafe-inline）。

```
    if __name__ == '__main__':
        app.run(debug=True)
```

这些代码用于运行 Flask Web 应用。

- if 条件判断用于确保只有当脚本作为主程序运行时才执行以下代码块。如果脚本被其他脚本导入为模块，则不会执行以下代码块。
- app.run 方法用于以调试模式启动 Flask Web 应用的开发服务器。
- debug=True 表示启用调试模式，这意味着服务器会在代码更改后自动重新加载，并且会提供详细的错误跟踪信息。

设置 Content-Security-Policy 头部可以增强应用的安全性，但应谨慎配置，以避免意外地阻止合法资源的加载。unsafe-inline 表示允许内联脚本执行，这可能会降低某些类型的攻击（如 XSS）的防护效果。

打开终端（快捷键为 Ctrl+Alt+T），进入项目所在目录，运行 python3 CSP.py 命令，运行结果如图 5-4 所示。

```
    $ python3 CSP.py
     * Serving Flask app 'CSP'
     * Debug mode: on
    WARNING: This is a development server. Do not use it in a production deployment.
Use a production WSGI server instead.
     * Running on http://127.0.0.1:5000
    Press CTRL+C to quit
```

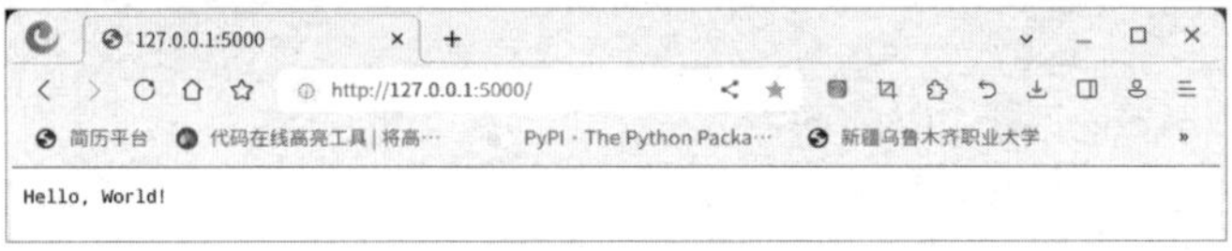

图 5-4　Flask 内容安全策略

Flask 与 Web 应用安全的结合需要我们在多方面采取措施，以确保 Web 应用的安全性。通过遵循最佳实践、使用安全工具和框架，可以有效地降低安全风险并保护用户数据的安全。

5.3 用 Flask 实现 DoS 攻击

DoS 攻击是指通过洪泛目标系统，耗尽其带宽、内存或 CPU 资源，使其无法处理合法请求，进而导致服务瘫痪的手段。DoS 攻击常见类型包括流量洪泛、资源耗尽攻击等，可造成服务中断、经济损失和声誉损害。提供用于实施 DoS 攻击的代码是不道德的，也是非法的，因为它会对目标系统造成损害。DoS 攻击的目的是通过向服务器发送大量请求来使其过载，从而使其无法处理正常的请求。

本节将展示如何模拟高并发请求以测试 Flask Web 应用的性能，以及如何在 Flask Web 应用中实施一些基本的防护措施来防止潜在的 DoS 攻击。但请注意，这些防护措施并不是万能的，而且 DoS 攻击的形式和复杂性可能远远超过这些基本的防护措施所能应对的范围。

5.3.1 DoS 攻击实例

本节将展示如何使用 Python 的 requests 库和 threading 模块来简单地模拟多个并发请求。

【DoS.py】

```
import requests
import threading

# Flask Web 应用的 URL
url = 'http://127.0.0.1:5000/'

# 线程函数，用于发送请求
def send_request():
    try:
        response = requests.get(url)
        print(f'Status code: {response.status_code}')
    except Exception as e:
        print(f'Error: {e}')

# 创建并启动多个线程
num_threads = 10000  # 可以根据需要调整线程数量
threads = []
for _ in range(num_threads):
    thread = threading.Thread(target=send_request)
    threads.append(thread)
    thread.start()

# 等待所有线程执行完成
for thread in threads:
    thread.join()
```

以下是对 Python 代码的解释。

```
import requests
import threading
```

这段代码导入了必要的库和模块。

- requests 库用于发送 HTTP 请求。
- threading 模块用于实现多线程编程。

```
url = 'http://127.0.0.1:5000/'
```

这行代码定义了 Flask Web 应用的 URL：这里定义了一个变量 url，它指向本地主机（127.0.0.1）上的 Flask Web 应用，端口号为 5000。

```
def send_request():
    try:
        response = requests.get(url)
        print(f'Status code: {response.status_code}')
    except Exception as e:
        print(f'Error: {e}')
```

这段代码定义了线程函数：send_request 函数尝试使用 requests.get 方法向 url 发送 GET 请求。如果请求成功，那么它会打印响应的状态码；如果请求失败（例如，网络或服务器出现错误），那么它会捕获异常并打印错误消息。

```
num_threads = 10000  # 可以根据需要调整线程数量
threads = []
for _ in range(num_threads):
    thread = threading.Thread(target=send_request)
    threads.append(thread)
    thread.start()
```

这段代码创建并启动了多个线程：num_threads 定义了要创建的线程数量，这里设置为 10 000；threads 是一个空列表，用于存储创建的线程对象；使用 for 循环创建 num_threads 个线程，每个线程的目标函数是 send_request，线程创建后，被添加到 threads 列表中，并启动。

```
for thread in threads:
    thread.join()
```

这段代码用于等待所有线程执行完成：使用 for 循环遍历 threads 列表中的每个线程，并调用 join 方法。join 方法会阻塞调用它的线程（在这种情况下是主线程），直到被调用的线程执行完成。这确保了主线程会等待所有子线程都执行完成后再继续执行。

在这个实例中，程序创建了 10 000 个线程，每个线程都向 Web 应用发送一个 GET 请求。我们可以通过增加 num_threads 的值来模拟更高的并发量。

首先打开一个终端（快捷键为 Ctrl + Alt + T），进入目标项目所在目录，启动目标 Web 应用（如在 3.7.2 节中介绍的在线聊天系统）。

```
$ python3 app.py
```

打开两个浏览器（一个是统信 UOS 自带的浏览器，另一个是 Chrome 浏览器），在两个浏览器地址栏中分别输入 http://127.0.0.1:5000，打开在线聊天系统，用不同的账号登录系统并互相发送聊天信息，看一看网络反应速度。

再打开另一个终端（快捷键为 Ctrl+Alt+T），进入 DoS.py 所在目录，运行以下命令，启动高并发请求。

```
$ cd attack
$ python3 DoS.py
```

这时，再次互相发送聊天信息，看一看网络反应速度，将看到网络反应速度明显下降。

5.3.2 基本防护措施

在 Flask Web 应用中，可以采取一些基本的防护措施来减轻 DoS 攻击的影响。

- 限制请求速率：使用像 Flask-Limiter 这样的库来限制每个 IP 地址或用户的请求速率。
- 使用反向代理和负载均衡器：将 Flask Web 应用部署在反向代理（如 Nginx）和负载均衡器后面，以分散和限制请求。
- 监控性能指标：实时跟踪服务器资源的使用情况，设置自动化告警。
- 启用日志记录功能：详细记录请求数据，便于事后分析和攻击溯源。
- 增强服务器和网络的健壮性：确保服务器和网络配置能够抵御高流量攻击。

需要注意的是，这些防护措施只能减轻一部分 DoS 攻击的影响。DoS 攻击是一个复杂的领域，需要综合使用多种技术和策略来应对。

在 Flask Web 应用中，Flask-Limiter 是一个用于限制请求速率的扩展，基于 Flask 和 Redis（或其他存储后端）实现。通过 Flask-Limiter，可以轻松地限制每个 IP 地址或用户的请求速率，以防止滥用和潜在的 DoS 攻击。

以下是一个使用 Flask-Limiter 来限制每个 IP 地址请求速率的实例。

首先，需要安装 Flask-Limiter（如果打算使用 Redis 作为存储后端，则需要安装 Redis），可以使用 pip3 命令来安装：

```
$ pip3 install Flask-Limiter
```

然后，可以按照以下步骤来设置 Flask Web 应用。

【Limiter.py】

```
from flask import Flask, jsonify
```

```
from flask_limiter import Limiter
from flask_limiter.util import get_remote_address
from flask_limiter import RateLimitExceeded

app = Flask(__name__)

limiter = Limiter(
    app = app,
    key_func=get_remote_address,  # 使用远程地址（IP 地址）作为限制速率的键
    default_limits=["200 per day", "50 per hour"]  # 设置默认速率限制
)

@app.route("/")
@limiter.limit("5 per minute")  # 为此视图设置特定的速率限制
def limited():
    return jsonify({"message": "This is a rate-limited endpoint!"})

@app.errorhandler(RateLimitExceeded)
def ratelimit_handler(e):
    return jsonify(error="rate limit exceeded %s" % e.description), 429

if __name__ == "__main__":
    app.run()
```

以下是对 Flask Web 应用代码的解释。

```
from flask import Flask, jsonify
from flask_limiter import Limiter
from flask_limiter.util import get_remote_address
from flask_limiter import RateLimitExceeded
```

这几行代码导入了必要的类和函数。

- Flask 类用于创建 Flask Web 应用实例。
- jsonify 是一个工具函数，用于将 Python 字典转换为 JSON 格式的响应。
- Limiter 类用于限制请求速率。
- get_remote_address 是一个实用函数，用于获取远程客户端的 IP 地址，作为限制速率的键。
- RateLimitExceeded 是当请求超过速率限制时抛出的异常。

```
app = Flask(__name__)
```

这行代码用于创建 Flask Web 应用实例：创建了一个 Flask Web 应用实例，并将其赋值给变量 app。

```
limiter = Limiter(
    app = app,
    key_func=get_remote_address,  # 使用远程地址（IP 地址）作为限制速率的键
    default_limits=["200 per day", "50 per hour"]  # 设置默认速率限制
)
```

这段代码用于配置速率限制器：创建了一个 Limiter 实例，并将其赋值给变量 limiter。

- key_func 指定了使用客户端的 IP 地址作为限制速率的键。
- default_limits 设置了默认的速率限制：每天最多发送 200 次请求，每小时最多发送 50 次请求。

```
@app.route("/")
@limiter.limit("5 per minute")  # 为此视图设置特定的速率限制
def limited():
    return jsonify({"message": "This is a rate-limited endpoint!"})
```

这段代码定义了受限制的视图：定义了一个路由/，并将其映射到 limited 视图函数上。使

用@limiter.limit("5 per minute")装饰器为这个视图设置了特定的速率限制：每分钟最多发送 5 次请求。当请求到达时，limited 函数会返回一个 JSON 响应，其包含一条消息。

```
@app.errorhandler(RateLimitExceeded)
def ratelimit_handler(e):
    return jsonify(error="rate limit exceeded %s" % e.description), 429
```

这段代码定义了速率限制异常处理器：使用@app.errorhandler(RateLimitExceeded)装饰器定义了一个异常处理器，用于处理 RateLimitExceeded 异常。当请求超过速率限制时，这个处理器会被调用，并返回一个包含错误消息的 JSON 响应，以及 HTTP 状态码 429（Too Many Requests）。

```
if __name__ == "__main__":
    app.run()
```

这段代码用于运行 Flask Web 应用：当这个脚本作为主程序运行时，会启动 Flask Web 应用。在这个实例中，我们为根路径设置了一个每分钟最多发送 5 次请求的速率限制。如果同一个 IP 地址在 1 分钟内发送的请求超过了 5 次，那么 Flask-Limiter 会拒绝后续请求并返回 429 状态码和一个自定义的错误消息。

打开终端（快捷键为 Ctrl+Alt+T），进入项目所在目录，执行以下 python3 Limiter.py 命令：

```
$ python3 Limiter.py
 * Serving Flask app 'Limiter'
 * Debug mode: off
WARNING: This is a development server. Do not use it in a production deployment.
Use a production WSGI server instead.
 * Running on http://127.0.0.1:5000
Press CTRL+C to quit
```

打开浏览器，在地址栏中输入 http://127.0.0.1:5000，将看到图 5-5 所示的信息。

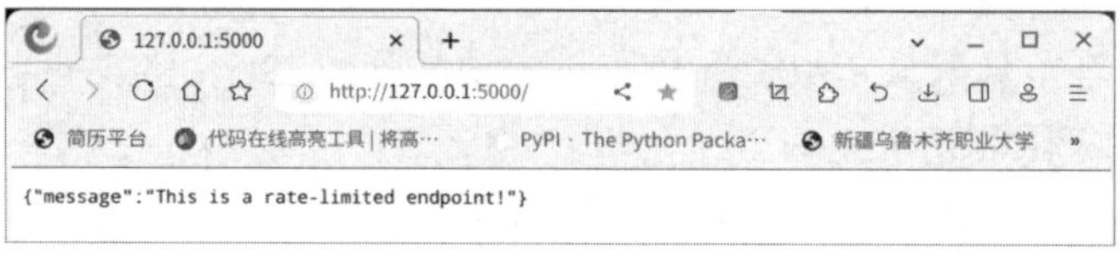

图 5-5 正常访问

如果每分钟请求的次数超过 5 次（一分钟内单击 5 次“重新加载此页”按钮），则将显示图 5-6 所示的信息。

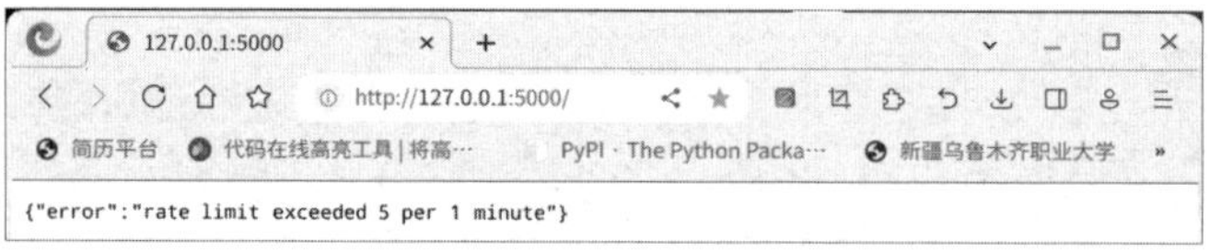

图 5-6 DoS 攻击防护

如果想根据用户身份（而不是 IP 地址）来限制请求速率，则可以通过修改 key_func 参数来返回一个基于用户身份的唯一标识符，比如用户 ID 或用户名。这通常涉及在请求处理过程中从会话、令牌或认证头中获取用户信息。

需要注意的是，为了在生产环境中使用 Flask-Limiter，应该配置一个可靠的存储后端（如 Redis 或 Memcached）来持久化速率限制数据。

- 速率限制策略：可以根据实际需求调整速率限制策略，如使用不同的时间单位（秒、分钟、小时、天）或不同的限制速率的键（如用户 ID 而不是 IP 地址）。

- 存储后端：Flask_Limiter 默认使用内存存储速率限制数据。如果需要更持久的存储或在分布式环境中实现共享存储，则可以配置使用 Redis 等外部存储后端。
- 安全性：需要注意的是，使用 IP 地址作为限制速率的键可能不足以防止某些类型的攻击，如通过代理或 VPN（Virtual Private Network，虚拟专用网络）绕过限制。VPN 通过加密网络流量和隐藏真实 IP 地址，增强隐私和安全性，常用于远程办公、绕过地理限制等场景。由于 VPN 可以更换 IP 地址，因此仅依赖 IP 地址进行速率限制可能被绕过）。在更安全的场景中，需要实现基于用户身份的速率限制。
- 异常处理：在生产环境中，需要记录速率限制异常的详细信息，以便进行监控和调试。

5.4 用 Flask 实现 SQL 注入攻击

SQL 注入攻击是指攻击者通过恶意输入篡改 SQL 查询，利用未过滤的用户输入注入恶意代码，执行非预期数据库操作（如窃取数据、破坏数据库等）的手段。其潜在危害包括数据泄露、数据库损坏和网站瘫痪。SQL 注入攻击是一个非常重要的安全问题，在开发 Web 应用时需要特别注意。虽然直接提供 SQL 注入攻击的代码实例不太合适（因为这会涉及恶意行为），但我们可以用一个简单的例子来说明如何在 Flask Web 应用中不正确地处理 SQL 查询，从而可能导致 SQL 注入攻击，并展示如何正确地防止 SQL 注入攻击。

5.4.1 SQL 注入攻击实例

下面我们来看一个简化的 Flask Web 应用，它用于接收用户输入并查询数据库。

【SQL.py】

```
from flask import Flask, request, jsonify
import sqlite3

app = Flask(__name__)

# 假设我们有一个 SQLite 文件
DATABASE = 'SQL.db'

# 初始化数据库（仅用于实例演示）
def init_db():
    conn = sqlite3.connect(DATABASE)
    c = conn.cursor()
    c.execute('''CREATE TABLE IF NOT EXISTS users
                 (id INTEGER PRIMARY KEY, username TEXT, password TEXT)''')
    conn.commit()
    conn.close()

init_db()

@app.route('/user', methods=['GET'])
def get_user():
    username = request.args.get('username')
```

```
    # 不安全的 SQL 查询（可能导致 SQL 注入攻击）
    conn = sqlite3.connect(DATABASE)
    c = conn.cursor()
    # 错误的写法：
    c.execute("SELECT * FROM users WHERE username = '" + username + "'")

    users = c.fetchall()
    conn.close()

    return jsonify(users)

if __name__ == '__main__':
    app.run(debug=True)
```

以下是对这段代码的解释。

```
from flask import Flask, request, jsonify
import sqlite3
```

这段代码导入了必要的类、对象、函数和模块。

- 从 Flask 框架中导入 Flask 类、request 对象和 jsonify 函数。Flask 类用于创建 Flask Web 应用实例，request 对象用于处理 HTTP 请求，jsonify 函数用于将 Python 字典转换为 JSON 格式的响应。
- 导入 sqlite3 模块，用于与 SQLite 交互。

```
app = Flask(__name__)
```

这行代码用于创建一个 Flask Web 应用实例，__name__是当前模块的名称。

```
# 假设我们有一个 SQLite 文件
DATABASE = 'SQL.db'
```

这行代码用于进行数据库设置：定义一个字符串变量，存储 SQLite 文件的名称。

```
# 初始化数据库（仅用于实例演示）
def init_db():
    conn = sqlite3.connect(DATABASE)
    c = conn.cursor()
    c.execute('''CREATE TABLE IF NOT EXISTS users
                 (id INTEGER PRIMARY KEY, username TEXT, password TEXT)''')
    conn.commit()
    conn.close()
```

这段代码用于初始化数据库：init_db 函数用于创建数据库和表（如果它们尚不存在）。

```
init_db()
```

这行代码用于执行数据库初始化操作：调用 init_db 函数以创建数据库和表。

```
@app.route('/user', methods=['GET'])
def get_user():
    username = request.args.get('username')

    # 不安全的 SQL 查询（可能导致 SQL 注入攻击）
    conn = sqlite3.connect(DATABASE)
    c = conn.cursor()
    # 错误的写法：
    c.execute("SELECT * FROM users WHERE username = '" + username + "'")

    users = c.fetchall()
    conn.close()

    return jsonify(users)
```

这段代码用于定义路由和处理函数。

➢ 定义一个路由/user，该路由仅响应 GET 请求。
➢ 定义处理 GET 请求的 get_user 函数。
➢ 从 URL 的查询参数中获取 username 的值。
➢ 展示了一个不安全的 SQL 查询实例（直接将用户输入的 username 拼接到 SQL 字符串中，未做任何过滤或转义），这可能导致 SQL 注入攻击。
➢ c.fetchall 方法用于获取查询结果（获取查询结果的所有行，返回一个列表）。
➢ 返回查询结果作为 JSON 响应。

```
if __name__ == '__main__':
    app.run(debug=True)
```

这段代码用于运行 Flask Web 应用：判断当前脚本是否作为主程序运行，若是，则以调试模式运行 Flask Web 应用。调试模式将自动重新加载代码并显示详细的错误跟踪信息。

在上面的代码中，如果我们将 username 的值设置为' OR '1'='1（这是一个常见的 SQL 注入攻击模式），那么 SQL 查询将变成：

```
SELECT * FROM users WHERE username = '' OR '1'='1'
```

这将返回表中的所有用户，因为'1'='1'总是为真。这就是 SQL 注入攻击的一个简单实例。

打开 DB Browser for SQLite，从项目所在目录中打开 SQL.db，添加几个用户信息（用户名和密码），如图 5-7 所示。

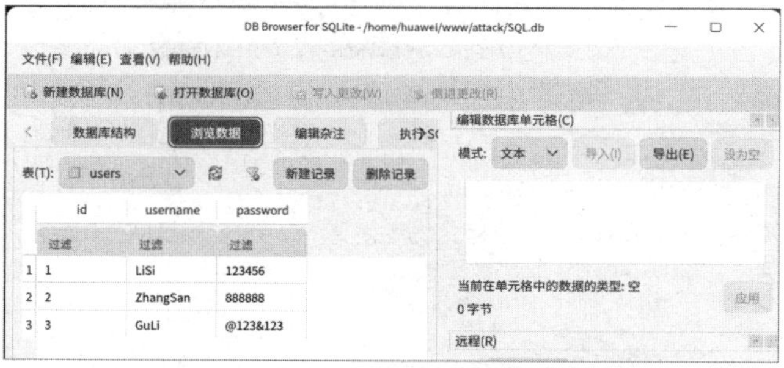

图 5-7　添加用户信息

打开终端（快捷键为 Ctrl+Alt+T），执行以下命令，启动项目：

```
$ python3 SQL.py
```

打开浏览器，在地址栏中输入以下命令，可以查看后台数据库中的所有用户信息，包括用户名和密码，如图 5-8 所示。

```
http://127.0.0.1:5000/user?username=' OR '1'='1
```

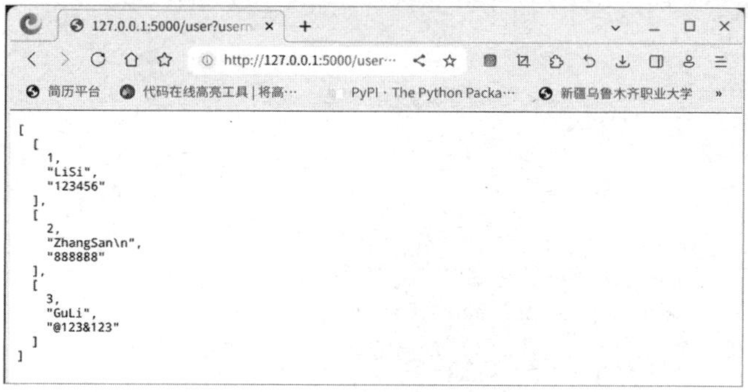

图 5-8　SQL 注入攻击

5.4.2 防止 SQL 注入攻击

为了防止 SQL 注入攻击，我们应该始终使用参数化查询。在 5.4.1 节的代码中，展示了一个不安全的 SQL 查询实例（直接将用户输入的 username 拼接到 SQL 字符串中，未做任何过滤或转义），下面展示正确的参数化查询方式：

```
c.execute("SELECT * FROM users WHERE username = ?", (username,))
```

这种方式确保了用户输入能够被正确地转义，从而防止 SQL 注入攻击。

5.5 用 Flask 实现 XSS 攻击

跨站脚本（XSS）攻击是一种安全漏洞，允许攻击者将恶意脚本注入网页，从而在用户浏览该网页时执行这些脚本。在 Flask Web 应用中，如果不正确地处理用户输入或输出，就可能存在 XSS 攻击漏洞。

5.5.1 XSS 攻击实例

下面是一个简单的 Flask Web 应用实例，它包含一个 XSS 攻击漏洞。需要注意的是，这个实例仅用于教学，以展示如何识别和修复 XSS 攻击漏洞，而不是鼓励或促进恶意行为。

【XSS.py】

```
from flask import Flask, request, render_template_string

app = Flask(__name__)

# 这是一个简单的模板，它显示了一个用户提交的消息
template = '''
<!doctype html>
<html>
    <head><title>XSS Demo</title></head>
    <body>
        <h1>Hello, Flask!</h1>
        <form method="POST">
            <label for="message">Enter a message:</label>
            <input type="text" id="message" name="message">
            <input type="submit" value="Submit">
        </form>
        {% if message %}
            <h2>You entered: {{ message | safe }}</h2>
        {% endif %}
    </body>
</html>
'''

@app.route('/', methods=['GET', 'POST'])
def index():
    if request.method == 'POST':
        # 这里没有对用户输入进行任何处理或转义，存在 XSS 攻击漏洞
        message = request.form['message']
        return render_template_string(template, message=message)
    return render_template_string(template)

if __name__ == '__main__':
```

```
    app.run(debug=True)
```

这段代码是一个使用 Flask 框架构建简单 Flask Web 应用的实例，但其中包含一个严重的安全问题——XSS 攻击漏洞。以下是对这段代码的解释。

```
from flask import Flask, request, render_template_string
```

这行代码导入了 Flask 框架的核心类 Flask、用于处理 HTTP 请求的 request 对象，以及用于渲染模板字符串的 render_template_string 函数。

```
app = Flask(__name__)
```

这行代码创建了一个 Flask Web 应用实例，__name__用于确定应用的根目录，这样 Flask 就可以找到相对路径下的资源（如模板和静态文件）。

```
template = '''
<!doctype html>
<html>
...
</html>
'''
```

这段代码定义了 HTML 模板：这是一个简单的 HTML 模板，包含一个表单，用户可以在其中输入消息。表单通过 POST 请求方法提交。如果提交了消息（即 message 变量存在），则显示用户输入的消息。这里使用 Jinja2 模板引擎的语法{{ message | safe }}来渲染 message 变量。safe 过滤器表示 Flask 不会对该变量的内容进行 HTML 转义，这会导致出现 XSS 攻击漏洞。

```
@app.route('/', methods=['GET', 'POST'])
def index():
    if request.method == 'POST':
        message = request.form['message']
        return render_template_string(template, message=message)
    return render_template_string(template)
```

这段代码定义了路由和视图函数：这个视图函数用于处理根路径（/）的 GET 和 POST 请求。如果接收 POST 请求，则该视图函数会从表单中提取 message 字段的值，并使用 render_template_string 函数渲染模板，将 message 变量传递给模板。这里没有对用户输入进行任何形式的验证或转义。

```
if __name__ == '__main__':
    app.run(debug=True)
```

这段代码用于运行 Flask Web 应用：如果当前脚本作为主程序运行，则启动 Flask Web 应用的开发服务器，并开启调试模式。

在这个实例中，如果用户输入了一个包含 JavaScript 代码的消息，比如：

```
<script>alert('Your cookie is ' + document.cookie);</script>
```

那么这段代码将在用户的浏览器中执行，弹出一个警告框。

打开终端（快捷键为 Ctrl+Alt+T），进入项目所在目录，执行以下命令：

```
$ python3 XSS.py
```

打开浏览器，在地址栏中输入 http://127.0.0.1:5000，将看到 XSS 攻击实例主页，如图 5-9 所示。

图 5-9　XSS 攻击实例主页

在 Enter a message 输入框中输入“<script>alert('警告：你已经受到 XSS 攻击！');</script>”，并单击“Submit”按钮，会显示警告信息，如图 5-10 所示。

图 5-10　XSS 攻击警告信息

5.5.2　修复 XSS 攻击漏洞

在 Jinja2 模板中，默认情况下，变量输出是自动转义的。在本实例中，我们刻意使用“| safe”过滤器来禁止转义。但是，为了明确起见，我们可以使用“| escape”过滤器来显式转义变量（尽管在大多数情况下这是不必要的，因为默认行为已经足够了）。

在 Enter a message 输入框中输入“<script>alert('警告：你已经受到 XSS 攻击！');</script>”，并单击“Submit”按钮，输入的脚本命令不会被执行而只是在网页上显示输入的内容，如图 5-11 所示。

图 5-11　修复 XSS 攻击漏洞

然而，更重要的是要确保在任何地方处理用户输入时都保持警惕，特别是在将用户输入插入 HTML 文档、JavaScript 代码、CSS 样式或任何其他可能被浏览器解析为代码的地方时。

总之，要防止 XSS 攻击，应该：

- 使用模板引擎（如 Jinja2）来处理 HTML 输出，并信任模板引擎的默认转义行为。
- 在任何需要直接操作 HTML 字符串的情况下，使用库（如 bleach，这是一个 Python 安全库，专门用于清理和转义 HTML/文本数据，以防止 XSS 攻击和其他安全威胁。它的核心功能是过滤掉 HTML 中的恶意代码，仅保留安全的标记和属性，适用于 Web 应用开发中处理用户输入的场景）来清理和转义用户输入。
- 避免将用户输入直接插入 JavaScript、CSS 或 URL，除非已经采取了适当的转义和编码措施。

第 6 章　Flask 与 HTTPS

HTTPS（HyperText Transfer Protocol Secure，超文本传输安全协议）是 HTTP 的安全版本，通过 SSL/TLS 协议对数据进行加密传输，确保了网络通信的隐私性和完整性。与传统的 HTTP 相比，HTTPS 能有效防止数据在传输过程中被窃听、篡改或中间人攻击，广泛应用于登录认证、支付交易等敏感场景。其核心机制包括数字证书验证（由 CA 机构签发）、对称/非对称加密及数据签名。现代浏览器对未启用 HTTPS 的网站标记为“不安全”，而搜索引擎也优先收录 HTTPS 站点。作为 Web 安全的基础，HTTPS 已成为保护用户数据、提升信任度的必备技术，并推动着 HTTP/2、HTTP/3 等新一代协议的发展。

6.1 OpenSSL 安装和配置

OpenSSL 是一个强大的开源工具包，用于实现 SSL/TLS 协议，以及提供加密功能。它广泛应用于安全通信和数据加密场景，支持多种加密算法和协议。OpenSSL 提供了丰富的命令行工具，用于生成密钥、证书、证书签名请求（CSR）等，同时提供了库函数，供开发者在应用程序中使用加密功能。在教育信息化领域，OpenSSL 可以用于保障数据传输的安全，确保敏感信息在传输过程中不被窃取或篡改。

OpenSSL 的安装和配置过程因操作系统而异。以下是在统信 UOS 上安装和配置 OpenSSL 的基本步骤。

1. 安装 OpenSSL

（1）更新软件包列表：更新软件包列表是为了确保系统可以获取最新的软件源信息（包括 OpenSSL 的版本和依赖关系）。统信 UOS 通过 apt 软件包管理器维护本地软件包缓存，定期更新可避免因缓存过期导致的安装失败、版本冲突或安全漏洞。尤其是在安装关键工具（如 OpenSSL）前，更新能同步官方仓库的最新补丁，保障稳定性和安全性。这是统信 UOS 系统维护的标准最佳实践。

```
$ sudo apt update
```

（2）安装 OpenSSL：以下命令将同时安装两个包。openssl：提供命令行工具（如加/解密、证书管理）。libssl-dev：包含开发所需的头文件（.h）和库（.so），供编程调用（如 Python 的 ssl 模块依赖它）。两者结合既满足了运行时需求，又支持开发环境，从而避免了在编译软件时因缺失依赖而报错（如 openssl/ssl.h not found）。这是常见做法。

```
$ sudo apt install openssl libssl-dev
```

（3）验证安装：以下命令用于快速查询当前系统安装的 OpenSSL 库的版本信息，包括版本号、发布日期及使用的协议。

```
$ openssl version
OpenSSL 1.1.1d  10 Sep 2019
```

2. 配置 OpenSSL

OpenSSL 的配置通常涉及生成私钥、证书签名请求、自签名证书，以及配置服务器等。以下是一个简单的配置实例。

1）生成私钥

打开终端（快捷键为 Ctrl+Alt+T），进入项目所在目录，执行以下命令，生成私钥 private.key：

```
$ openssl genpkey -algorithm RSA -out private.key -pkeyopt rsa_keygen_bits:2048
..........................................................................
.............+++++
..........................................................................
.+++++
```

2）生成证书签名请求

打开终端，执行以下命令，在项目所在目录中生成证书签名请求 csr.csr。在这个过程中，需要输入一些信息，如国家、组织、域名等[FQDN 是全限定域名/全称域名的缩写，全称为 Fully Qualified Domain Name，是在互联网上唯一标识一台计算机或其他设备（如服务器、打印机等）的完整域名]。

```
$ openssl req -new -key private.key -out csr.csr
You are about to be asked to enter information that will be incorporated
into your certificate request.
What you are about to enter is what is called a Distinguished Name or a DN.
There are quite a few fields but you can leave some blank
For some fields there will be a default value,
If you enter '.', the field will be left blank.
-----
Country Name (2 letter code) [AU]:CN
State or Province Name (full name) [Some-State]:XinJiang
Locality Name (eg, city) []:Urumqi
Organization Name (eg, company) [Internet Widgits Pty Ltd]:Urumqi Vocational
University
Organizational Unit Name (eg, section) []:School of Information Engineering
Common Name (e.g. server FQDN or YOUR name) []:127.0.0.1
Email Address []:muhtar_xjedu@163.com

Please enter the following 'extra' attributes
to be sent with your certificate request
A challenge password []:123456
An optional company name []:UVU
```

3）生成自签名证书（仅适用于测试环境）

打开终端，执行以下命令，在项目所在目录中生成自签名证书 certificate.crt：

```
$ openssl x509 -req -days 365 -in csr.csr -signkey private.key -out
certificate.crt
Signature ok
subject=C = CN, ST = XinJiang, L = Urumqi, O = Urumqi Vocational University, OU
= School of Information Engineering, CN = 127.0.0.1, emailAddress =
muhtar_xjedu@163.com
Getting Private key
```

4）配置服务器

将生成的私钥 private.key 和自签名证书 certificate.crt 配置到服务器（如 Gunicorn、Tornado）中。

需要注意的是，自签名证书仅适用于测试环境。在生产环境中，应该使用由受信任的证书颁发机构（CA）签发的证书。

6.2 在 Flask 中启用 HTTPS 支持

在 Flask 中启用 HTTPS 支持，需要确保应用能够处理加密的 HTTP 请求。这通常涉及配置 Web 应用服务器（如 Gunicorn、Tornado、uWSGI 或 Nginx）以使用 SSL/TLS 证书，这些证书用于加密客户端和服务器之间的通信。

以下是在 Flask 中启用 HTTPS 支持的一般步骤。

1. 获取 SSL/TLS 证书

可以从证书颁发机构（CA）购买证书，或者通过像 Let's Encrypt 这样的自动化和开放的证书颁发机构来获取免费的证书。本实例使用在 6.1 节中用 OpenSSL 生成的测试用证书。

2. 配置 Web 应用服务器

根据所选的 Web 应用服务器（Gunicorn、Tornado、uWSGI 或 Nginx 等），配置 SSL/TLS 证书以启用 HTTPS 安全连接。这通常涉及指定证书文件和私钥文件的路径（在本实例中，证书文件和私钥文件存放在项目根目录下）。

3. 重定向 HTTP 到 HTTPS（可选）

如果希望强制所有请求都通过 HTTPS 发送，则可以在 Web 应用服务器或 Flask Web 应用中配置重定向规则（以下代码用于在 Flask Web 应用中配置重定向规则）。

【app.py】

```
@app.before_request
def before_request():
    if not request.is_secure:
        url = request.url.replace('http://', 'https://', 1)
        return redirect(url, code=301)
```

4. 运行 Flask Web 应用

使用配置好的 Web 应用服务器运行 Flask Web 应用，并确保它监听 HTTPS 端口（通常是 443）。

以下是一个简单的实例，将展示如何在 Gunicorn 和 Tornado 服务器中启用 HTTPS 支持。

1）在 Gunicorn 服务器中启用 HTTPS 支持

打开终端（快捷键为 Ctrl+Alt+T），执行以下命令（其中，SSL 证书文件 certificate.crt 和私钥文件 private.key 存放的位置必须正确）：

```
$ gunicorn  -c gunicorn_config.py app:app --certfile=certificate.crt --
keyfile=private.key
```

2）在 Tornado 服务器中启用 HTTPS 支持

【tornado_server_SSL.py】

```
from tornado.wsgi import WSGIContainer
```

```
from tornado.httpserver import HTTPServer
from tornado.ioloop import IOLoop
from app import app

# SSL 证书文件和私钥文件的路径
ssl_certfile = 'certificate.crt'
ssl_keyfile = 'private.key'

# 创建 HTTP 服务器实例，并启用 SSL
http_server = HTTPServer(WSGIContainer(app), ssl_options={
    "certfile": ssl_certfile,
    "keyfile": ssl_keyfile,
})

# 监听端口
http_server.listen(443)

# 启动 Tornado I/O 循环
IOLoop.instance().start()
```

在尝试使用小于 1024 的端口（这里是 443 端口）时，普通用户没有足够的权限。在大多数操作系统中，小于 1024 的端口被视为特权端口，只有具有 root 权限的用户才能使用。在 Linux 系统中，我们可以使用 setcap 命令为 Python 解释器赋予绑定特权端口的能力。

打开终端（快捷键为 Ctrl+Alt+T），执行以下命令。首先找到 Python 解释器的路径，然后执行 setcap 命令，最后启动 Tornado 服务器。这里，/usr/bin/python3 是 Python 解释器的路径（用户需要根据实际情况进行替换）。设置之后，普通用户运行的 Python 脚本也可以绑定特权端口。不过，这种方法存在一定的安全风险，使用时需要谨慎。

```
$ which python3
/usr/bin/python3
$ REAL_PATH=$(readlink -f /usr/bin/python3)
$ sudo setcap 'cap_net_bind_service=+ep' $REAL_PATH
$ python3 tornado_server_SSL.py
SSL Error on 10 ('127.0.0.1', 34440): [SSL: SSLV3_ALERT_CERTIFICATE_UNKNOWN]
sslv3 alert certificate unknown (_ssl.c:1056)
SSL Error on 11 ('127.0.0.1', 34442): [SSL: SSLV3_ALERT_CERTIFICATE_UNKNOWN]
sslv3 alert certificate unknown (_ssl.c:1056)
SSL Error on 10 ('127.0.0.1', 34444): [SSL: SSLV3_ALERT_CERTIFICATE_UNKNOWN]
sslv3 alert certificate unknown (_ssl.c:1056)
404 GET /favicon.ico (127.0.0.1) 1.34ms

$ python3 tornado_server_SSL.py
```

记住，启用 HTTPS 支持是一个重要的安全步骤，它有助于保护用户数据免受中间人攻击和泄露的风险。

3）测试 HTTPS 连接

在浏览器中访问域名（使用 https://前缀），确保 HTTPS 连接已成功建立，并且没有证书错误。

打开浏览器，在地址栏中输入 https://127.0.0.1 并按 Enter 键（注意：前缀是 https://，而且不必输入端口号，因为 HTTPS 协议有默认端口号 443，浏览器会自动匹配，用户无须手动指定），将看到图 6-1 所示的页面。

图 6-1　您的连接不是私密连接

单击“高级”按钮，显示图 6-2 所示的页面。

单击“继续前往 127.0.0.1（不安全）”超链接，将打开在线聊天系统登录页面，如图 6-3 所示。

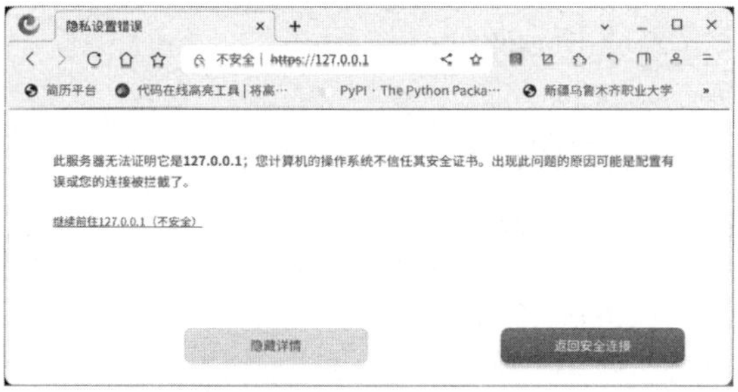

图 6-2　继续前往（不安全）

图 6-3　在线聊天系统登录页面

单击浏览器地址栏上的“不安全”字样，将显示一个对话框，如图 6-4 所示。

选择“证书无效”选项，可以显示证书信息，如图 6-5 所示。

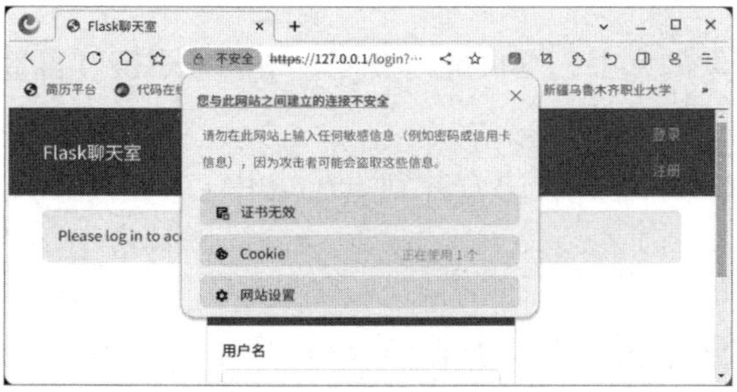

图 6-4　证书无效

图 6-5　证书信息

6.3 浏览器为什么提示“不安全”

在 Flask 中使用 OpenSSL 生成的自签名证书启用 HTTPS 支持后，浏览器仍然提示“不安全”，主要有以下几个原因。

1. 自签名证书未被浏览器信任

- 原因：自签名证书不是由受信任的证书颁发机构（CA，如 Let's Encrypt、DigiCert、GeoTrust 等）签发的，而是我们自己生成的。浏览器默认会检查证书的信任链，如果证书不在其信任列表中，就会标记为“不安全”。
- 解决方法：
  - 将自签名证书手动导入操作系统的信任列表中（具体方法因操作系统而异）。
  - 在生产环境中使用受信任的 CA 签发的证书（如 Let's Encrypt 签发的免费证书）。

2. 证书主题信息不匹配

- 原因：如果证书的 Common Name（CN）或 Subject Alternative Name（SAN）与访问的域名（或 IP 地址）不匹配，则浏览器会警告证书无效。
- 解决方法：
  - 在生成证书时，确保 CN 或 SAN 包含要访问的域名或 IP 地址。例如：

```
    openssl req -x509 -newkey rsa:4096 -nodes -out cert.crt -keyout key.key -days
365 -subj "/CN=yourdomain.com"
```

  - 如果是本地开发，则可以用 localhost 或 127.0.0.1 作为 CN。

3. 证书已过期或未生效

- 原因：自签名证书可能设置了过短的有效期（如 1 天），或者系统时间错误导致浏览器认为证书无效。
- 解决方法：
  - 检查证书有效期：openssl x509 -in cert.crt -noout -dates。
  - 重新生成证书并设置合理的有效期（如-days 365）。

4. 缺少中间证书（仅适用于 CA 签发的证书）

- 原因：如果是 CA（如 Let's Encrypt）签发的证书，则可能需要配置中间证书链。自签名证书则无须执行此步骤。
- 解决方法：如果是 CA 签发的证书，则需要将中间证书合并到 cert.crt 中。

5. 浏览器缓存或强制 HTTPS 问题

- 原因：浏览器可能缓存了之前的错误状态，或页面中存在混合内容（HTTP+HTTPS 资源）。

➢ 解决方法：
   ✧ 清除浏览器缓存或尝试无痕模式。
   ✧ 确保所有资源（如 JavaScript 代码、CSS 样式、图片）都通过 HTTPS 加载。

6. Flask 配置问题

➢ 原因：未正确加载证书或未启用 HTTPS。
➢ 解决方法：确保 Flask 启动时正确加载证书和私钥（如果 app.run()不带 ssl_context 参数，则不启用 HTTPS）：

```
app.run(ssl_context=('cert.crt', 'key.key'), host='0.0.0.0', port=443)
```

自签名证书的“不安全”提示是正常行为，因为浏览器无法自动验证其真实性。在生产环境中，应使用受信任的 CA 签发的证书，而在开发环境中，可手动忽略警告或将证书导入操作系统的信任列表中。

6.4 【扩展】将浏览器还原为原始默认设置

单击浏览器右上角的“三线”按钮，在弹出的下拉列表中，选择“设置”选项，如图 6-6 所示。

图 6-6　选择“设置”选项

在显示的设置页面中，单击左上角的“设置”按钮，如图 6-7 所示。

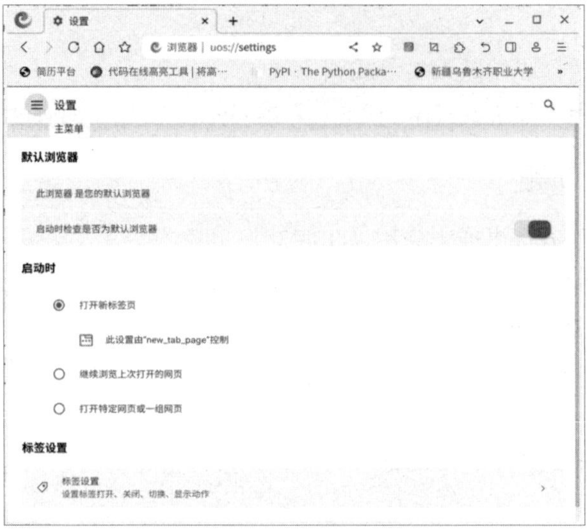

图 6-7　单击“设置”按钮

在弹出的下拉列表中，选择“重置清除”选项，如图 6-8 所示。

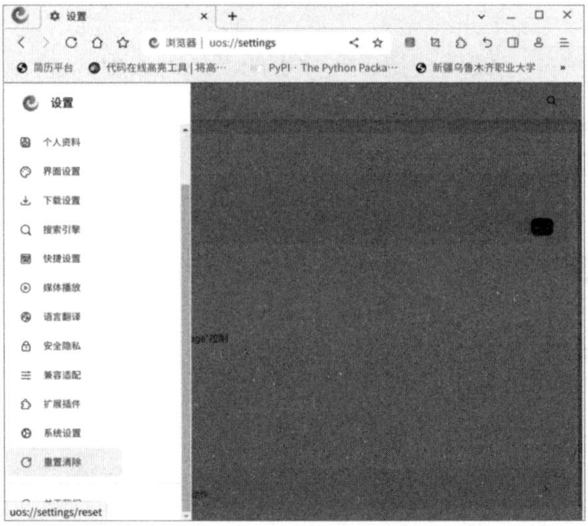

图 6-8　选择“重置清除”选项

在显示的页面中单击“将设置还原为原始默认设置”按钮，在弹出的对话框中单击“重置设置”按钮，如图 6-9 所示。

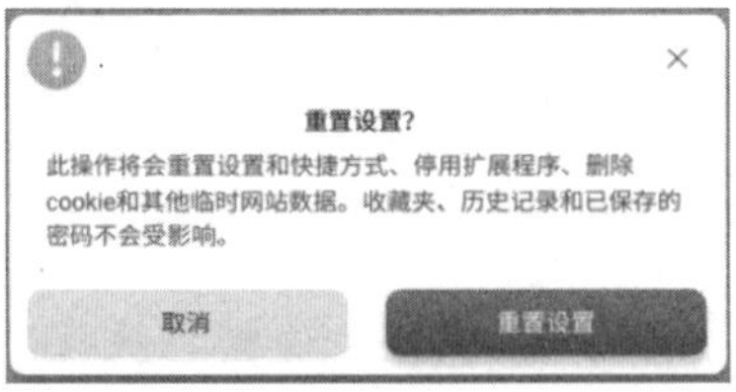

图 6-9　单击“重置设置”按钮

第 7 章　Web 信息收集

在渗透测试中，Web 信息收集是至关重要的一环，分为被动信息收集和主动信息收集两种方式。以下是对这两种信息收集方式的详细解释。

1. 被动信息收集方式

被动信息收集是指不直接与目标系统进行交互，而是通过公开渠道收集信息。这种方式通常不会留下访问痕迹，但收集到的信息依赖于搜索引擎等公开资源，因此准确性和质量可能无法得到保证。

2. 主动信息收集方式

主动信息收集是指直接与目标系统进行交互，通过扫描、探测等方式收集信息。这种方式获取的信息更为准确和全面，但容易留下明显的攻击访问痕迹，易被发现和溯源。

3. 注意事项

在进行信息收集时，渗透测试人员需要注意以下几点。

- 合法性：信息收集必须在法律允许的范围内进行，避免侵犯他人的合法权益。
- 隐私保护：尊重他人隐私，避免收集敏感信息，如个人隐私信息、敏感数据等。
- 准确性：确保收集到的信息的准确性和可靠性，避免误判和漏判。
- 安全性：在信息收集过程中，要注意保护自己的安全，避免被目标系统发现或攻击。

综上所述，被动信息收集和主动信息收集在渗透测试中各有优劣。渗透测试人员应根据实际情况和目标系统的特点选择合适的信息收集方式，并结合多种方法和工具进行综合信息收集和分析。

7.1 被动信息收集

7.1.1 IP 地址查询

IP 地址查询通过公开数据库或历史记录获取 IP 地址地理位置、归属等信息，无须直接访问目标系统，用于网络安全分析、追踪恶意活动。与主动查询不同，它可以避免向目标系统发送请求，从而减少被察觉的风险。socket 模块是 Python 中用于网络通信的标准库之一，其中的 gethostbyname 函数可以用来根据主机名获取其对应的 IP 地址。以下是使用 gethostbyname 函数进行 IP 地址查询的实例。

```
$ python3
Python 3.7.3 (default, Aug 26 2024, 03:40:53)
[GCC 8.3.0] on linux
Type "help", "copyright", "credits" or "license" for more information.
```

```
>>> import socket
>>> ip = socket.gethostbyname('www.***.edu.cn')
>>> print(ip)
60.13.176.201
```

以下是对这段代码的解释。

```
$ python3
```

启动 Python 3 交互式解释器，显示当前 Python 版本、编译环境和操作系统信息。

```
import socket
```

这行代码导入了 Python 的 socket 模块，socket 是 Python 标准库模块，提供了底层网络通信接口（TCP/UDP）。

```
ip = socket.gethostbyname('www.***.edu.cn')
```

这行代码调用了函数 socket.gethostbyname(hostname)，通过 DNS 解析将域名（如 www.***.edu.cn）转换为 IPv4 地址，返回字符串形式的 IP 地址。

```
print(ip)
```

这行代码用于打印解析后的 IP 地址，证明域名 www.***.edu.cn 当前指向 60.13.176.201。

【ip1.py】

```
import socket

def get_ip_address(hostname):
    try:
        # 使用 gethostbyname 函数根据主机名获取其对应的 IP 地址
        ip_address = socket.gethostbyname(hostname)
        print(f"The IP address of {hostname} is {ip_address}")
    except socket.gaierror as e:
        # 捕获并处理可能发生的异常，如主机名不存在
        print(f"Error: Unable to get IP address for {hostname}. Reason: {e}")

# 实例用法
hostname = "www.***.edu.cn"
get_ip_address(hostname)
```

以下是对这段代码的解释。

```
import socket
```

这行代码导入了 Python 的 socket 模块，该模块提供了许多与网络通信相关的功能，包括解析主机名到 IP 地址。

```
def get_ip_address(hostname):
    try:
        # 使用 gethostbyname 函数根据主机名获取其对应的 IP 地址
        ip_address = socket.gethostbyname(hostname)
        print(f"The IP address of {hostname} is {ip_address}")
    except socket.gaierror as e:
        # 捕获并处理可能发生的异常，如主机名不存在
        print(f"Error: Unable to get IP address for {hostname}. Reason: {e}")
```

这段代码定义了一个名为 get_ip_address 的函数，它接收一个参数 hostname，即要解析的主机名。

函数内使用 socket.gethostbyname 函数尝试将提供的主机名解析为 IP 地址。如果解析成功，则该函数会返回一个字符串，表示该主机对应的 IP 地址，并使用格式化字符串字面量（f-string）打印出主机名和对应的 IP 地址。

如果在解析主机名到 IP 地址的过程中出现错误（例如，主机名不存在或 DNS 解析失败），则会捕获 socket.gaierror 异常（gai 代表“GetAddrInfo”）。

在捕获异常后，打印出错误消息，包括无法解析的主机名和异常的原因。

```
#实例用法
hostname = "www.***.edu.cn"
get_ip_address(hostname)
```

这段代码定义了一个变量 hostname，并赋值为要解析的主机名；调用 get_ip_address 函数，并传入 hostname 作为参数，以获取并打印该主机名对应的 IP 地址。

需要注意的是，socket.gethostbyname 函数仅返回 IPv4 地址。如果需要获取 IPv6 地址，则可以使用 socket.getaddrinfo 函数。此外，gethostbyname 函数在 Python 3.3 之后被标记为已弃用，因此建议在新代码中使用 socket.gethostbyname_ex 函数或 socket.getaddrinfo 函数。

在终端执行以下命令，将看到“www.***.edu.cn”对应的 IP 地址。

```
$ python3 ip1.py
The IP address of www.***.edu.cn is 60.13.176.201
```

【ip2.py】

```
import socket

def get_all_ip_addresses(hostname):
    try:
        # 使用 socket.getaddrinfo 函数获取所有可能的 IP 地址
        addresses = socket.getaddrinfo(hostname, None)
        ip_addresses = [addr[4][0] for addr in addresses if addr[4]] # 过滤出 IPv4 地址
        print(f"The IP addresses of {hostname} are {', '.join(ip_addresses)}")
    except socket.gaierror as e:
        print(f"Error: Unable to get IP addresses for {hostname}. Reason: {e}")

# 实例用法
hostname = "www.***.edu.cn"
get_all_ip_addresses(hostname)
```

这个实例使用 socket.getaddrinfo 函数获取所有可能的 IP 地址，并过滤出 IPv4 地址。以下是对这段代码的解释。

```
import socket
```

这行代码导入了 Python 的 socket 模块，该模块提供了底层的网络接口。

```
def get_all_ip_addresses(hostname):
    try:
        # 使用 socket.getaddrinfo 函数获取所有可能的 IP 地址
        addresses = socket.getaddrinfo(hostname, None)
        ip_addresses = [addr[4][0] for addr in addresses if addr[4]] # 过滤出 IPv4 地址
        print(f"The IP addresses of {hostname} are {', '.join(ip_addresses)}")
    except socket.gaierror as e:
        print(f"Error: Unable to get IP addresses for {hostname}. Reason: {e}")
```

这段代码定义了一个名为 get_all_ip_addresses 的函数，它接收一个参数 hostname，即要查询 IP 地址的主机名。

函数内调用了 socket 模块的 getaddrinfo 函数，传入主机名和 None（因为我们只关心 IP 地址，不关心端口）。该函数返回一个列表，其中包含了与指定主机名关联的所有可能的地址信息。

列表推导式[addr[4][0] for addr in addresses if addr[4]]遍历了 addresses 列表，对于每个元素（一个包含 5 个元素的元组），它检查 addr 是否存在（if addr[4]，即元组的第 5 个元素，索引为 4），如果存在，则提取出 IP 地址（addr[4][0]）。

使用 print 函数和格式化字符串字面量（f-string）打印出主机名的所有 IPv4 地址。

最后捕获了在调用 getaddrinfo 函数时可能发生的 gaierror 异常（如主机名不存在），并打印出错误消息。

```
# 实例用法
hostname = "www.***.edu.cn"
get_all_ip_addresses(hostname)
```

这段代码调用了 get_all_ip_addresses 函数，并传入了主机名“www.***.edu.cn”作为参数。

上述代码只提取和打印 IPv4 地址。socket.gaierror 是 socket 模块定义的一个异常类，用于表示与地址信息相关的错误。在实际使用中，可能需要根据返回的地址列表进行进一步的处理，而不仅仅是打印出错误消息。

在终端执行以下命令，将看到“www.***.edu.cn”的所有 IP 地址。

```
$ python3 ip2.py
The IP addresses of www.***.edu.cn are 60.13.176.201, 60.13.176.201,
60.13.176.201
```

上述代码中返回的 3 个 IP 地址均为 60.13.176.201，可能的原因是服务器配置了 TCP 多路复用或冗余网关，导致同一 IP 地址对应多个网络接口。

7.1.2 Whois 查询

Whois 查询用于获取域名或 IP 地址的 Whois 注册信息，如注册人、注册商、注册日期及到期日期等，常用于网络安全调查、域名归属验证。通过公开数据库或注册机构提供数据，Whois 查询可帮助用户研究网络基础设施或追踪恶意活动。以下是一个使用 Python 进行 Whois 查询的实例。这个实例使用了 Python-Whois 库，它可以帮助用户查询域名的 Whois 注册信息。

首先，需要确保安装了 Python-Whois 库。如果没有安装，则可以使用以下命令进行安装：

```
$ pip3 install python-whois
```

然后，可以使用以下 Python 代码进行 Whois 查询。

【whois.py】

```
from whois import whois

# 要查询的域名
domain = 'baidu.com'

# 进行 Whois 查询
domain_info = whois(domain)

# 打印查询结果
print(domain_info)
```

以下是对这段代码的解释。

```
from whois import whois
```

这行代码从 whois 模块中导入了 whois 函数。whois 库是一个 Python 第三方库，用于查询域名的 Whois 注册信息。

```
# 要查询的域名
domain = 'baidu.com'

# 进行 Whois 查询
domain_info = whois(domain)

# 打印查询结果
```

```
    print(domain_info)
```

这段代码首先定义了一个变量 domain，并将其赋值为要查询的域名字符串“baidu.com”。然后调用 whois 函数，传入之前定义的域名变量 domain 作为参数。函数返回的结果（即域名的 Whois 注册信息）被赋值给变量 domain_info。这个信息通常是一个包含多个字段的字典或字符串，具体取决于 whois 库的实现和域名的 Whois 注册信息。最后打印变量 domain_info 的内容，即之前通过 Whois 查询获得的域名的 Whois 注册信息。

在进行 Whois 查询时，需注意以下几点。

- 在 Whois 查询中，通常不需要包含 www.前缀。然而，有些 whois 库或服务器可能能够处理带有 www.前缀的域名查询，但结果可能不如直接查询顶级域名（如 baidu.com）准确或完整。
- 在实际应用中，进行网络请求（如 Whois 查询）时可能会遇到各种异常（如网络错误、域名不存在等）。因此，建议添加异常处理逻辑来捕获并处理这些潜在的错误。
- 不同版本的 Python-Whois 库可能在 API 和行为上有所不同。因此，在使用之前，请查阅该库的文档以获取最新的使用指南和兼容性信息。
- Whois 注册信息可能包含域名所有者的个人联系信息。在处理这些信息时，要遵守相关的隐私保护法规和政策。

这个脚本会输出 baidu.com 域名的 Whois 注册信息，包括注册人、注册商等详细信息。

```
$ python3 whois.py
{
  "domain_name": "BAIDU.COM",
  "registrar": "MarkMonitor, Inc.",
  "registrar_url": "http://www.markmonitor.com",
  ...
}
```

Whois 注册信息可能会因域名注册商（registrar_url 指的是注册商的官方网站地址 http://www.markmonitor.com，可通过此地址访问注册商平台进行域名管理或购买服务）和隐私保护设置的不同而有所差异。此外，某些域名可能启用了隐私保护服务，导致 Whois 查询结果中只显示注册商的信息，而不显示真实的注册人信息。

7.1.3 IP 地址地理位置查询

查询 IP 地址地理位置，可通过公开数据库或历史记录获取 IP 地址所在国家、城市等信息，无须直接访问目标。其常用于网络安全分析、追踪恶意活动，避免了主动探测可能留下的痕迹。以下是一个使用 Python 查询 IP 地址地理位置的简单实例。这个实例使用了 requests 库来发送 HTTP 请求，并使用了 ipinfo.io 这个免费的 IP 地址查询服务。

首先，需要确保安装了 requests 库。如果没有安装，则可以使用以下命令进行安装：

```
 $ pip3 install requests
```

然后，可以使用以下 Python 代码来查询 IP 地址地理位置。

【ipinfo.py】

```
import requests

def get_ip_info(ip):
    try:
```

```
        # 发送 HTTP GET 请求到 ipinfo.io
        response = requests.get(f'https://ipinfo.io/{ip}/json')
        response.raise_for_status()  #如果请求失败，则抛出 HTTPError 异常

        # 解析 JSON 响应
        ip_info = response.json()

        # 输出 IP 地址地理位置信息
        print(f"IP: {ip_info['ip']}")
        print(f"City: {ip_info['city']}")
        print(f"Region: {ip_info['region']}")
        print(f"Country: {ip_info['country']}")
        print(f"Loc: {ip_info['loc']}")
        print(f"Organization: {ip_info['org']}")

    except requests.exceptions.RequestException as e:
        print(f"Error occurred: {e}")

# 实例：查询 8.8.8.8 的 IP 地址地理位置信息
get_ip_info('8.8.8.8')
```

以下是对这段代码的解释。

```
import requests
```

这行代码导入了 requests 库，它是一个用于发送 HTTP 请求的第三方库。

```
def get_ip_info(ip):
    try:
        # 发送 HTTP GET 请求到 ipinfo.io
        response = requests.get(f'https://ipinfo.io/{ip}/json')
        response.raise_for_status()  #如果请求失败，则抛出 HTTPError 异常

        ...
```

这段代码定义了一个名为 get_ip_info 的函数，它接收一个参数 ip，这个参数是一个表示 IP 地址的字符串。

在函数内部，使用 requests.get 方法发送一个 HTTP GET 请求到 https://ipinfo.io/{ip}/json 中。这里使用了 f-string（格式化字符串字面量）来动态地插入 IP 地址到 URL 中。

raise_for_status 方法用于检查 HTTP 请求是否成功。如果服务器返回了一个错误状态码（如 404 或 500），则 raise_for_status 方法将抛出一个 HTTPError 异常。

如果请求成功，则 response.json 方法将 HTTP 响应的内容解析为 JSON 格式，并将结果存储在变量 ip_info 中。

```
print(f"IP: {ip_info['ip']}")
print(f"City: {ip_info['city']}")
print(f"Region: {ip_info['region']}")
print(f"Country: {ip_info['country']}")
print(f"Loc: {ip_info['loc']}")
print(f"Organization: {ip_info['org']}")
```

这些代码行从 ip_info 字典中提取 IP 地址地理位置信息，并使用 print 函数输出。这些信息包括 IP 地址、城市、地区、国家、经纬度和组织[ISP（Internet Service Provider，互联网服务提供商）或公司]。

```
    except requests.exceptions.RequestException as e:
        print(f"Error occurred: {e}")
```

如果在发送请求或解析响应时发生异常（如网络问题、无效的 URL 等），则将捕获 RequestException 异常，并打印出错误消息。

```
#实例：查询 8.8.8.8 的 IP 地址地理位置信息
get_ip_info('8.8.8.8')
```

这行代码调用了 get_ip_info 函数，并传入 IP 地址 8.8.8.8 作为参数。这将导致函数发送一个请求到 https://ipinfo.io/8.8.8.8/json 中，并打印出该 IP 地址地理位置信息。

在这个实例中，get_ip_info 函数首先接收一个 IP 地址作为参数，并向 ipinfo.io 发送一个 HTTP GET 请求来获取该 IP 地址地理位置信息；然后解析 JSON 响应并打印出 IP 地址、城市、地区、国家、经纬度及组织等信息。

在终端运行 ipinfo.py，将看到 IP 地址 8.8.8.8 的地理位置信息，如 IP（IP 地址）、City（城市）、Region（地区）、Country（国家）、Loc（经纬度）和 Organization（组织）。

```
$ python3 ipinfo.py
IP: 8.8.8.8
City: Mountain View
Region: California
Country: US
Loc: 37.4056,-122.0775
Organization: AS15169 Google LLC
```

需要注意的是，ipinfo.io 虽然提供了免费的 IP 地址查询服务，但有一定的请求限制。如果需要更高级的功能（如企业级 API、历史数据查询等）或更高的请求限额（如放宽每分钟/每日的查询次数限制），则可以考虑购买其付费服务。

7.1.4　子域名挖掘

子域名挖掘通过公开数据库或第三方服务收集域名信息，无须主动扫描，用于网络安全评估、威胁情报收集。与主动收集不同，它可以避免直接向目标系统发送请求，减少了被检测的风险。以下是一个使用 Python 进行子域名挖掘的实例。这个实例使用了 BeautifulSoup 库，它是一个强大的工具。

首先，需要确保安装了 BeautifulSoup 库。如果没有安装，则可以使用以下命令进行安装：

```
$ pip3 install beautifulsoup4
```

然后，可以使用以下 Python 代码进行子域名挖掘。

【subdomain.py】

```
import requests
from bs4 import BeautifulSoup
from urllib.parse import urlparse
import sys

def bing_search(site, pages):
    Subdomain = []
    headers = {'User-Agent': 'Mozilla/5.0 (X11; Linux x86_64; rv:60.0)
Gecko/20100101 Firefox/60.0',
               'Accept': '*/*',
               'Accept-Language': 'en-US,en;q=0.5',
               'Accept-Encoding': 'gzip,deflate',
               'referer':
"http://cn.bing.com/search?q=email+site%3abaidu.com&qs=n&sp=-
1&pq=emailsite%3abaidu.com&first=2&FORM=PERE1"
               }
```

```
        for i in range(1,int(pages)+1):
            # 构造 Bing 搜索 URL（site%3a 表示"site:"语法，用于限制搜索范围为目标网站）
            url = "https://cn.bing.com/search?q=site%3a"+site+"&go=Search&qs=
ds&first="+ str((int(i)-1)*10) +"&FORM=PERE"
            conn = requests.session()
            # 首次访问主页，以初始化 Cookies 并模拟真实用户
            conn.get('http://cn.bing.com', headers=headers)
            html = conn.get(url, stream=True, headers=headers, timeout=8)
            soup = BeautifulSoup(html.content, 'html.parser')
            job_bt = soup.findAll('h2')# 获取搜索结果标题（含子域名超链接）
            for i in job_bt:
                link = i.a.get('href')
                domain = str(urlparse(link).scheme + "://" + urlparse(link).netloc)
                if domain in Subdomain:
                    pass
                else:
                    Subdomain.append(domain)
                    print(domain)

    if __name__ == '__main__':
        # site=baidu.com
        if len(sys.argv) == 3:
            site = sys.argv[1]
            page = sys.argv[2]
        else:
            print ("usage: %s baidu.com 10" % sys.argv[0])
            sys.exit(-1)
        bing_search(site, page)
```

这段代码的目的是使用 Bing 搜索引擎来查找给定网站的子域名，并打印出找到的子域名列表。它使用了 requests 库来发送 HTTP 请求，BeautifulSoup 库来解析 HTML 或 XML 文档，以及 urlparse 库来解析 URL。以下是对这段代码的解释。

```
import requests
from bs4 import BeautifulSoup
from urllib.parse import urlparse
import sys
```

这些代码导入了必要的库。requests 用于发送 HTTP 请求。BeautifulSoup 库从 bs4 库中导入，用于解析 HTML 或 XML 文档。urlparse 库从 urllib.parse 库中导入，用于解析 URL。sys 库用于访问与 Python 解释器紧密相关的变量和函数，这里主要用于获取命令行参数。

```
def bing_search(site, pages):
    Subdomain = []
    ...
    for i in range(1,int(pages)+1):
        ...
        for i in job_bt:
            ...
```

这段代码定义了 bing_search 函数。

参数：site（要搜索的网站，不带 http://或 https://）、pages（要搜索的页数）。

在函数内，首先初始化一个空列表 Subdomain 来存储找到的子域名。

然后设置 HTTP 请求的头部信息，包括用户代理（User-Agent）等，以模拟浏览器访问。

接着使用一个 for 循环来遍历指定的页数。构造 Bing 搜索的 URL，包括搜索查询（"site%3a" + site）、页码等信息。创建一个 requests.session()对象来维持会话状态（自动处理 Cookies），并通过访问 Bing 主页发起搜索请求来模拟真实用户行为。使用 BeautifulSoup 解

析 HTML 文档。查找所有<h2>标签（在 Bing 搜索结果中，每个搜索结果的标题通常都包含在<h2>标签内）。

最后遍历这些<h2>标签，提取每个结果中的超链接（<a>标签的 href 属性）。使用 urlparse 函数解析超链接，提取方案（scheme，如 http 或 https）和网络位置（netloc，即域名部分）。如果这个域名已经存在于 Subdomain 列表中，则跳过；否则，将其添加到列表中并打印出来。

```
if __name__ == '__main__':
    # site=baidu.com
    if len(sys.argv) == 3:
        site = sys.argv[1]
        page = sys.argv[2]
    else:
        print ("usage: %s baidu.com 10" % sys.argv[0])
        sys.exit(-1)
    bing_search(site, page)
```

这段代码是主程序。

首先检查命令行参数的数量。如果参数数量不正确（不是 3 个，包括脚本名称），则打印用法信息并退出。

然后从命令行参数中获取要搜索的网站和页数。

最后调用 bing_search 函数并传递这些参数。

这个脚本可能会受到 Bing 搜索 API 使用条款和限制的影响，特别是当频繁发送大量请求时，可能会导致 IP 地址被封禁。在实际应用中，应该考虑实施适当的请求速率限制和错误处理机制。此外，子域名挖掘可能会受到目标网站的安全措施和隐私设置的影响。在进行子域名挖掘时应遵守相关法律法规和道德规范，不得用于非法途径。

```
$ python3 subdomain.py baidu.com 10
https://wwww.***.com
https://wap.***.com
https://baike.***.com
https://www.***.com
https://tieba.***.com
https://home.***.com
https://moo.***.com
```

这个脚本会输出***.com 域名的所有子域名。

7.2 主动信息收集

7.2.1 基于 TCP/UDP 的主机发现

基于 TCP/UDP 的主机发现，通过发送探测包扫描目标网络来识别活跃主机。基于 TCP 的主机发现发送 SYN 包到常用端口中，根据 SYN-ACK 响应确认主机是否存活；基于 UDP 的主机发现发送数据包并等待 ICMP 端口不可达回复。TCP 发现方式的准确性较高但易受防火墙限制，UDP 发现方式可能会绕过部分限制但可靠性较低。基于 TCP/UDP 的主机发现用于网络映射、漏洞扫描或资产管理，可帮助用户识别攻击面或优化资源配置。以下是基于 TCP/UDP 的主机发现的 Python 代码实例。

1. 基于 TCP 的主机发现

【tcp.py】

```
import socket

def tcp_ping(host, port):
    try:
        # 创建一个 socket 对象
        s = socket.socket(socket.AF_INET, socket.SOCK_STREAM)
        # 设置超时时间
        s.settimeout(1)
        # 尝试连接目标主机和端口
        s.connect((host, port))
        print(f"TCP Ping: {host} is alive!")
        s.close()
    except socket.error as e:
        print(f"TCP Ping: {host} is down or port {port} is closed.")

# 使用实例
tcp_ping('192.168.1.1', 80)
```

这段代码定义了一个名为 tcp_ping 的函数，用于检查指定主机和端口是否可达。它通过使用 TCP 套接字尝试与目标主机和端口建立连接来实现这一功能。以下是对这段代码的解释。

```
import socket
```

这行代码导入了 socket 模块，该模块提供了 Python 中与网络相关的功能。

```
def tcp_ping(host, port):
    try:
        # 创建一个 socket 对象
        s = socket.socket(socket.AF_INET, socket.SOCK_STREAM)
        ...
        s.close()
    except socket.error as e:
        print(f"TCP Ping: {host} is down or port {port} is closed.")
```

这段代码定义了名为 tcp_ping 的函数，该函数接收两个参数：host（目标主机地址）和 port（目标端口号）。

在函数内部，首先尝试创建一个 TCP 套接字对象 s，指定地址族为 IPv4（socket.AF_INET），套接字类型为 TCP 流套接字（socket.SOCK_STREAM）。然后设置套接字的超时时间为 1 秒，这意味着如果连接在 1 秒内没有成功，则将抛出一个超时异常。最后使用 connect 方法尝试连接到指定的主机和端口。如果连接成功，则将打印一条消息表示目标主机和端口是可达的，并关闭套接字。如果在连接过程中发生任何 socket.error 异常（例如，连接超时、目标主机不可达、端口关闭等），则将捕获该异常并打印一条消息表示目标主机或端口不可达。

```
# 使用实例
tcp_ping('192.168.1.1', 80)
```

这行代码提供了一个使用实例，调用 tcp_ping 函数检查 IP 地址为 192.168.1.1、端口号为 80 的主机和端口是否可达。

2. 基于 UDP 的主机发现

【udp.py】

```
import socket

def udp_ping(host, port):
```

```
    try:
        # 创建一个 socket 对象
        s = socket.socket(socket.AF_INET, socket.SOCK_DGRAM)
        # 设置超时时间
        s.settimeout(1)
        # 发送一个空的 UDP 数据包
        s.sendto(b'', (host, port))
        # 接收响应（这里不期望有响应，只用于观察是否会抛出异常）
        s.recvfrom(1024)
        print(f"UDP Ping: {host} is alive!")
        s.close()
    except socket.error as e:
        print(f"UDP Ping: {host} is down or port {port} is closed.")

# 使用实例
udp_ping('192.168.1.1', 123)
```

以下是对这段代码的解释。

```
import socket
```

这行代码导入了 Python 的 socket 模块，它提供了对套接字接口的访问，使得 Python 程序能够执行网络通信。

```
def udp_ping(host, port):
    try:
        # 创建一个 socket 对象
        s = socket.socket(socket.AF_INET, socket.SOCK_DGRAM)
        ...
        s.close()
    except socket.error as e:
        print(f"UDP Ping: {host} is down or port {port} is closed.")
```

这段代码定义了一个名为 udp_ping 的函数，它接收两个参数：host（目标主机的 IP 地址或主机名）和 port（目标主机上的端口号）。

在 try 块中，首先创建了一个 socket 对象 s。socket.AF_INET 指定了地址族为 IPv4，socket.SOCK_DGRAM 指定了套接字类型为数据报（UDP）。然后设置了 socket 的超时时间为 1 秒，如果在 1 秒内没有接收任何数据，则 recvfrom 方法将抛出一个 socket.timeout 异常。接着向指定的 host 和 port 发送了一个空的 UDP 数据包（b''是一个空字节串）。由于 UDP 是无连接的协议，因此这个数据包不一定会得到响应。最后尝试从 socket 接收最多 1024 字节的数据。由于前面发送的是一个空的 UDP 数据包，并且通常 UDP ping 操作不期望得到响应，因此这样设置的主要目的是检查在尝试接收数据时是否会抛出异常。如果没有抛出异常，就意味着在超时时间内没有发生错误（例如，目标主机可达且端口没有被防火墙阻止）。随后，函数会打印一条消息表示主机是活跃的，并关闭 socket。如果在尝试发送或接收数据时发生了 socket.error 异常（例如，由于网络不可达、主机不可达、端口被防火墙阻止等），则 except 块将捕获该异常，并打印一条消息表示主机不可达或端口关闭。

```
# 使用实例
udp_ping('192.168.1.1', 123)
```

这行代码调用了 udp_ping 函数，尝试对 IP 地址为 192.168.1.1 的主机上的 123 端口执行 UDP ping 操作。

UDP 是无连接的协议，因此发送的数据包不一定会得到响应。udp_ping 函数通过检查是否抛出异常来判断主机是否可达，而不是通过接收的响应来判断。在实际应用中，可能需要设计更复杂的逻辑来处理不同的异常情况（例如，区分网络不可达和主机不可达等）。由于 UDP 的特性，这个函数可能无法准确判断端口是否真正开放，因为即使端口开放，也可能由于各种原因（如防火墙规则、应用层过滤等）而不响应 UDP 数据包。

- 权限：在某些操作系统上，发送 UDP 数据包可能需要拥有管理员权限。
- 防火墙：目标主机的防火墙可能会阻止 ICMP、TCP 或 UDP 数据包，导致无法准确判断主机状态。
- 端口选择：TCP 和 UDP 的端口选择很重要，通常选择常见的服务端口（如 HTTP 的 80 端口、HTTPS 的 443 端口等）可以提高发现成功率。

综上，这两个脚本分别通过 TCP 和 UDP 尝试与目标主机通信，从而判断主机是否存活。

3. Netcat 网络测试操作指南

Netcat（nc）是一款功能强大的网络工具，被称为“网络瑞士军刀”，可用于 TCP/UDP 端口扫描、数据传输、端口监听、网络调试等。它通过简单的命令行操作实现端口测试（检查端口是否开放）、文件传输（替代 FTP/SCP）、反向 Shell（网络安全测试）、代理/隧道（转发网络流量）、服务模拟（快速搭建临时服务），支持 IPv4/IPv6 地址、跨平台（Linux/Windows/macOS）使用，是运维、开发及渗透测试的常用工具。因具有强大的灵活性，其常被应用于安全审计和漏洞利用场景。

- 获取 root 权限。

```
$ sudo -i
```

sudo：以超级用户权限执行命令。-i：模拟 root 用户初始登录环境，切换后将获取 root 用户权限，加载 root 用户的环境变量，且工作目录切换至/root。

- 验证当前环境。

```
root@user-PC:~# pwd
/root
```

pwd：显示当前工作目录。输出/root，确认已获取 root 用户权限，当前位于 root 用户的家目录。

- 启动 TCP 监听器。

```
$ nc -vlnp 80
```

Netcat 命令参数说明如表 7-1 所示。

表 7-1 Netcat 命令参数说明

参数	说明
-v	详细输出（verbose）
-l	监听模式（listen）
-n	禁用 DNS 解析（直接使用 IP 地址）
-p	指定监听端口

输出：

```
Listening on [0.0.0.0] (family 2, port 80)
Connection from 172.16.118.180 42632 received!
```

监听所有网络接口（0.0.0.0），family 2 表示使用 IPv4 协议。

当有连接建立时会显示来源 IP 地址和端口。

➢【扩展】启动 UDP 监听器。

```
$ nc -vulnp 80
```

新增参数如下。

-u：使用 UDP 协议（默认为 TCP 协议）。

➢ 注意事项：需要获取 root 用户权限才能监听 1024 以下端口；测试完成后应及时关闭监听器；生产环境中慎用，可能存在安全风险。

TCP/UDP 协议对比说明如表 7-2 所示。

表 7-2　TCP/UDP 协议对比说明

特性	TCP 协议	UDP 协议
连接方式	面向连接	无连接
可靠性	可靠传输	可能丢包
命令差异	默认模式	需要添加-u 参数
适用场景	HTTP/SSH 等可靠传输	DNS/DHCP 等实时性要求高的场景

建议在测试环境中使用 Netcat，在生产环境中应配置正规的服务监听程序。

7.2.2　端口探测

端口探测通过发送请求到目标端口，根据响应判断端口开放状态，用于网络安全评估、服务识别。直接发送 TCP/UDP 探测包，准确性高，但可能触发防火墙或入侵检测系统警报。以下是一个使用 Python 进行端口探测的代码实例。这个脚本需要以管理员或 root 权限来运行，因为它涉及原始套接字的创建，这在多数操作系统上需要进行权限提升。

【port.py】

```
import sys
import socket
import optparse
import threading
import queue

# 端口扫描类，继承自 threading.Thread
class PortScaner(threading.Thread):
    # 需要传入端口队列、目标 IP 地址、探测超时时间
    def __init__(self, portqueue, ip, timeout=3):
        threading.Thread.__init__(self)
        self._portqueue = portqueue
        self._ip = ip
        self._timeout = timeout

    def run(self):
        while True:
            # 判断端口队列是否为空
            if self._portqueue.empty():
                # 若端口队列为空，则说明已经探测完成，需跳出循环
                break
            # 从端口队列中取出端口，超时时间为 0.5 秒
            port = self._portqueue.get(timeout=0.5)
            try:
                s = socket.socket(socket.AF_INET, socket.SOCK_STREAM)
```

```
                s.settimeout(self._timeout)
                result_code = s.connect_ex((self._ip, port))
                # sys.stdout.write("[%d]Scan\n" % port)
                # 若端口开放，则返回 0
                if result_code == 0:
                    sys.stdout.write("[%d] OPEN\n" % port)
            except Exception as e:
                print(e)
            finally:
                s.close()

    def StartScan(targetip, port, threadNum):
        # 端口列表
        portList = []
        portNumb = port
        # 判断是单个端口还是端口范围
        if '-' in port:
            for i in range(int(port.split('-')[0]), int(port.split('-')[1])+1):
                portList.append(i)
        else:
            portList.append(int(port))
        # 目标 IP 地址
        ip = targetip
        # 线程列表
        threads = []
        # 线程数量
        threadNumber = threadNum
        # 端口队列
        portQueue = queue.Queue()
        # 生成端口，加入端口队列
        for port in portList:
            portQueue.put(port)
        for t in range(threadNumber):
            threads.append(PortScaner(portQueue, ip, timeout=3))
        # 启动线程
        for thread in threads:
            thread.start()
        # 阻塞线程
        for thread in threads:
            thread.join()

    if __name__ == '__main__':
        parser = optparse.OptionParser('Example: python %prog -i 127.0.0.1 -p 80 \n
python %prog -i 127.0.0.1 -p 1-100\n')
        # 添加目标 IP 地址参数-i
        parser.add_option('-i', '--ip', dest='targetIP',default='127.0.0.1',
type='string',help='target IP')
        # 添加端口参数-p
        parser.add_option('-p', '--port', dest='port', default='80', type='string',
help='scann port')
        # 添加线程数量参数-t
        parser.add_option('-t', '--thread', dest='threadNum', default=100,
type='int', help='scann thread number')
        (options, args) = parser.parse_args()
        StartScan(options.targetIP, options.port, options.threadNum)
```

这段代码实现了一个多线程端口扫描（探测）器，旨在并行扫描（探测）指定 IP 地址上的指定端口范围或单个端口，以检测哪些端口是开放的。以下是对这段代码的解释。

```
import sys
import socket
import optparse
import threading
import queue
```

这些代码导入了相关的库和模块。

- sys 库用于访问与 Python 解释器紧密相关的变量和函数，这里主要用于标准输出。
- socket 模块提供对套接字接口的访问，用于网络连接。
- optparse 模块用于解析命令行参数。
- threading 模块提供与线程相关的操作，允许并行执行任务。
- queue 是 Python 的标准库模块，提供了线程安全的队列，用于在线程间安全地传递数据。

```
# 端口扫描类，继承自 threading.Thread
class PortScaner(threading.Thread):
    # 需要传入端口队列、目标 IP 地址、探测超时时间
    def __init__(self, portqueue, ip, timeout=3):
        threading.Thread.__init__(self)
        ...

    def run(self):
        while True:
            ...
            except Exception as e:
                print(e)
            finally:
                s.close()
```

这段代码定义了 PortScaner 类，其继承自 threading.Thread，表示这是一个线程类。

- __init__方法接收端口队列、目标 IP 地址和探测超时时间作为参数，并初始化这些参数。
- run 是线程启动时执行的函数。它从端口队列中循环获取端口，尝试连接到目标 IP 地址对应的端口，如果连接成功（connect_ex 方法返回 0），则打印出开放的端口号。

```
def StartScan(targetip, port, threadNum):
    # 端口列表
    portList = []
    ...
    # 阻塞线程
    for thread in threads:
        thread.join()
```

这段代码定义了 StartScan 函数。

它首先接收目标 IP 地址、端口（可以是单个端口或端口范围）和线程数量作为参数。

然后根据端口参数生成端口列表。如果端口参数中包含“-”，则假设是端口范围，否则认为是单个端口。通过创建一个队列来存储待扫描的端口。

接着根据线程数量创建相应数量的 PortScaner 线程实例，每个实例都使用同一个端口队列和目标 IP 地址。

最后启动所有线程，并等待它们全部执行完成。

```
if __name__ == '__main__':
    ...
    (options, args) = parser.parse_args()
    StartScan(options.targetIP, options.port, options.threadNum)
```

这段代码是主程序。首先使用 optparse 模块解析命令行参数，包括目标 IP 地址、端口和线程数量。然后调用 StartScan 函数，传入解析得到的参数。

命令行参数：

-i 或--ip：指定目标 IP 地址，默认值为 127.0.0.1。

-p 或--port：指定要扫描的端口或端口范围，默认值为 80。如果是范围，则使用-连接，如 1-100。

-t 或--thread：指定扫描时使用的线程数量，默认值为 100。

在命令行中运行该 Python 脚本文件：

```
$ python3 port.py -i 192.168.1.1 -p 1-3500 -t 100
```

该脚本文件将输出每个端口的状态（开放或关闭），并列出所有开放的端口。

上述代码中存在一个潜在的性能问题：每个线程在检查完一个端口后，即使队列为空也会尝试再次获取（带有超时），这可能会导致一些不必要的等待。一种改进方法是让线程在检测到队列为空时直接退出循环。另外，代码中的 sys.stdout.write 方法用于输出扫描结果，但由于使用的是多线程环境，因此输出可能会交错。如果需要更清晰的输出，则可以考虑使用线程锁来同步输出。

端口探测可能会被目标主机的防火墙或其他安全设备阻止。在进行端口探测之前，要确保有权对目标主机进行此类探测，并遵守相关的网络使用政策和法律法规。某些端口可能由于服务未运行、防火墙规则或其他原因而显示为关闭，即使它们实际上可能在其他情况下是开放的。

7.2.3 操作系统识别

操作系统识别通过发送探测包并分析响应特征，如 TCP 窗口大小、TTL（Time To Live，生存时间）值等，推断目标主机操作系统类型及版本。操作系统识别用于网络安全评估、威胁情报收集，以帮助用户识别潜在漏洞或定制攻击。操作系统识别的准确性较高，但可能会受到网络配置或防火墙的影响。要识别远程操作系统的类型，通常需要使用一些网络探测工具和技术。然而，使用纯 Python 来实现完整的操作系统识别功能是比较复杂的，因为它涉及网络数据包的发送、接收和分析，以及对操作系统特征的匹配。

下面是一个 Python 代码实例。

【os.py】

```
from optparse import OptionParser
import os
import re

def ttl_scan(ip):
    ttlstrmatch = re.compile(r'ttl=\d+')
    ttlnummatch = re.compile(r'\d+')
    result = os.popen("ping -c 1 "+ip)
    res = result.read()
    for line in res.splitlines():
        result = ttlstrmatch.findall(line)
        if result:
            ttl = ttlnummatch.findall(result[0])
            if int(ttl[0]) <= 64:  # 判断目标主机响应包中的 TTL 值是否小于或等于 64
                print("%s  is Linux/Unix"%ip)  # 若是，则为 Linux/UNIX
```

```
            else:
                print("%s is Windows"%ip)  # 反之，则为Windows
        else:
            pass

def main():
    parser = OptionParser("Usage:%prog -i <target host> ")   # 输出帮助信息
    # 获取 IP 地址参数
    parser.add_option('-i',type='string',dest='IP',help='specify target host')
    options,args = parser.parse_args()
    ip = options.IP
    ttl_scan(ip)

if __name__ == "__main__":
    main()
```

以下是对这段代码的解释。

```
from optparse import OptionParser
import os
import re
```

这段代码导入了相关的类和模块。

- OptionParser 类用于解析命令行参数。
- os 模块提供了与操作系统交互的功能，这里主要用于执行系统命令。
- re 模块提供了正则表达式的功能，用于文本匹配。

```
def ttl_scan(ip):
    ttlstrmatch = re.compile(r'ttl=\d+')
    ...
    for line in res.splitlines():
        result = ttlstrmatch.findall(line)
        if result:
            ...
        else:
            pass
```

这段代码定义了 ttl_scan 函数。

该函数首先接收一个 IP 地址作为参数，用于通过 ping 命令探测该 IP 地址的 TTL 值。

然后使用正则表达式匹配 TTL 值所在的字符串和数字部分。执行 ping -c 1 命令（发送一个 ICMP 回显请求包），并读取返回结果。

最后遍历结果中的每一行，查找包含 TTL 值的字符串，并提取数字部分。根据 TTL 值判断操作系统类型（这里逻辑有误，因为 TTL 值不能准确区分 Linux/UNIX 和 Windows）。

```
def main():
    parser = OptionParser("Usage:%prog -i <target host> ")
    ...
    ttl_scan(ip)
```

这段代码定义了 main 函数。

在函数内部，首先使用 OptionParser 类定义命令行参数的使用说明和选项。

然后解析命令行参数，获取用户指定的 IP 地址。

最后调用 ttl_scan 函数进行 TTL 值扫描。

```
if __name__ == "__main__":
    main()
```

这段代码是程序入口，判断是否直接运行该脚本，如果是，则调用 main 函数。

程序将进行操作系统识别，并输出相应的结果。

在终端运行 os.py（参数为-i 127.0.0.1），将会看到本机的操作系统为 Linux/UNIX（本机实际操作系统是统信 UOS 专业版）。

```
$ python3 os.py -i 127.0.0.1
127.0.0.1  is Linux/Unix
```

7.2.4 识别网站所用技术

识别网站所用技术通过发送请求并分析响应特征（如 HTTP 头、内容或行为），识别网站所用技术栈。识别网站所用技术用于竞品分析、安全审计或性能优化，以帮助用户了解网站架构或潜在漏洞，但可能会受到反爬机制的影响。builtwith 是一个第三方库，用于识别网站所用技术栈。

首先，需要安装 builtwith 库：

```
$ pip3 install builtwith
```

以下是使用 builtwith 库来识别网站所用技术栈的一个实例：

```
$ python3
Python 3.7.3 (default, Aug 26 2024, 03:40:53)
[GCC 8.3.0] on linux
Type "help", "copyright", "credits" or "license" for more information.
>>> import builtwith
>>> builtwith.parse('http://www.***.edu.cn')
{'web-servers': ['Apache', 'Apache Tomcat'], 'operating-systems': ['Windows
Server'], 'web-server-extensions': ['mod_jk'], 'javascript-frameworks': ['jQuery']}
>>> exit()
```

7.2.5 基于爬虫技术的漏洞分析

基于爬虫技术的漏洞分析通过自动化扫描网站页面，识别潜在安全漏洞，如 XSS、SQL 注入攻击等。基于爬虫技术的漏洞分析用于安全审计或漏洞发现，以帮助用户确定修复优先级。该功能高效且强大，但在使用时要注意合法合规，避免侵犯隐私或触发反爬机制。BeautifulSoup 是一个用于从 HTML 和 XML 文档中提取数据的 Python 库。它创建了一棵解析树，从中可以提取和操作数据。由于在处理网页数据方面具有强大的功能，因此 BeautifulSoup 常被应用于网络爬虫场景，以从网页中抓取所需信息。

以下是一个使用 BeautifulSoup 进行网络爬虫的简单实例。

1. 安装 BeautifulSoup 和请求库

首先，需要安装 BeautifulSoup 和用于发送 HTTP 请求的库，如 requests，可以使用 pip3 来安装它们：

```
$ pip3 install beautifulsoup4 requests
```

2. 发送 HTTP 请求并获取网页内容

使用 requests 库发送一个 GET 请求到目标网页中，并获取其 HTML 内容。

```
import requests

url = 'http://example.com'  # 替换为目标网页的 URL
response = requests.get(url)
response.encoding = 'utf-8'
```

3. 解析 HTML 内容

使用 BeautifulSoup 解析获取的 HTML 内容。

```
from bs4 import BeautifulSoup

soup = BeautifulSoup(response.text, 'html.parser')
```

4. 提取所需数据

使用 BeautifulSoup 提供的方法来提取网页中的特定数据。例如，提取所有段落文本：

```
paragraphs = soup.find_all('p')
for p in paragraphs:
    print(p.get_text())
```

5. 处理更复杂的数据结构

对于更复杂的数据结构，可能需要使用更具体的选择器来定位数据。例如，通过 CSS 类名、ID 或属性来查找元素。

6. 保存或进一步处理数据

提取数据后，可以将其保存到文件、数据库中或进行进一步的处理和分析。

【soup.py】

```
import requests

url = 'http://www.***.edu.cn/'
response = requests.get(url)

# 手动设置正确编码（通常为 utf-8 或 gbk）
response.encoding = 'utf-8'
# 当 response.encoding = 'utf-8'仍出现乱码时，依次尝试以下两种方法
# （1）response.encoding = 'gbk'
# （2）response.encoding = response.apparent_encoding  # 让 requests 自动推断
from bs4 import BeautifulSoup
soup = BeautifulSoup(response.text, 'html.parser')

paragraphs = soup.find_all('p')
for p in paragraphs:
    print(p.get_text())
```

需要注意的是，网络爬虫应遵守目标网站的 robots.txt 文件的规定和使用条款。有些网站可能不允许进行自动化数据抓取，或者对抓取频率有限制。在进行网络爬虫之前，请务必了解并遵守这些规定。

此外，由于网页结构可能会发生变化，因此使用 BeautifulSoup 提取数据的代码可能需要定期更新和维护。为了增强代码的健壮性和可维护性，建议使用更高级的数据抓取框架，如 Scrapy，它提供了更强大的功能和更好的错误处理机制。

第 8 章　信息收集综合实例

这个实例是一个用于收集、分析并可视化网络信息的应用，主要功能是从指定的网站收集数据、分析关键词，并生成报告。

具体步骤如下。

（1）收集目标网站主页超链接数量，找出内部超链接（网站内部导航），画出网站主页词云图。词云通过将文本中出现频率较高的“关键词”予以视觉上的突出，从而过滤掉大量的文本信息，使浏览者只要一眼扫过“关键词”就可以领略文本的主旨。

（2）找出目标网站中出现的无效超链接地址（不存在页面或无法访问资源的超链接）。无效超链接属于 Web 应用安全常见漏洞。存在无效超链接，也将损伤网站的整体形象。

（3）进行主题爬虫，即根据给定的关键词表，找出网站中出现的关键词及地址。主题爬虫也被称为聚焦爬虫（舆情监测是主题爬虫应用场景之一），主要用于采集与某些预先设定好的主题相关的 Web 页面。

1. 关键词表

在项目根目录下创建 sys_Keywords.xls 文件，如图 8-1 所示。在 Python 代码中，当 keysRow=0 时，取 A 列的内容作为关键词；当 keysRow=1 时，取 B 列的内容作为关键词。

	A	B	C	D
1	博士	教育		
2	硕士	学生		
3	学士	教师		
4	高中生	家长		
5	初中生	班级		
6	小学生	数学		
7	幼儿	语文		
8				

图 8-1　sys_Keywords.xls

2. 实例代码

【yuQing.py】

```
"""
网上教育舆情分析与可视化实例

Created on Fri Jun 18 12:09:22 2021

@author: Muhtar Sadik
"""

# 导入所需库
import requests
from bs4 import BeautifulSoup

from docx import Document
from docx.oxml.ns import qn
from docx.shared import Pt
```

```
from docx.enum.text import WD_ALIGN_PARAGRAPH
from docx.enum.text import WD_PARAGRAPH_ALIGNMENT
#from docx.enum.dml import MSO_THEME_COLOR_INDEX

from pypinyin import lazy_pinyin, Style
import jieba
from wordcloud import WordCloud #2021.04.09
from collections import Counter
import matplotlib.pyplot as plt
import sys
import datetime
import xlrd
import random
#import nltk
#import re
#from docx.shared import RGBColor
#禁用提示信息
requests.packages.urllib3.disable_warnings()
jieba.setLogLevel(jieba.logging.INFO)

# 定义有关函数
# 设置表格字体
def table_font():
    for row in table.rows:
        for cell in row.cells:
            paragraphs = cell.paragraphs
            for paragraph in paragraphs:
                for run in paragraph.runs:
                    font = run.font
                    font.size= font_size5

def num_to_str(arg):
    switcher = {
        '0': '零',
        '1': '一',
        '2': '二',
        '3': '三',
        '4': '四',
        '5': '五',
        '6': '六',
        '7': '七',
        '8': '八',
        '9': '九'
    }
    return switcher.get(arg, arg)

# 爬取信息
def scrapy(strURL):
    try:
        #爬取网页内容
        page=requests.get(strURL,headers=http_headers)
        page.encoding = 'utf-8'
        pageContent=page.content
        soup=BeautifulSoup(pageContent,"lxml")
        text = soup.find_all(string=True)
        #查找关键词
        strSoup=''.join(str(txt) for txt in text)
        for key in listKeywords:
            if key in strSoup:
                listKeyin.append(key)
                listkeyLink.append(strURL)
                indx=strSoup.find(key)
```

```
                listkeyContext.append('...' + strSoup[indx-6:indx+7] + '...')
        for lnk in soup.findAll("a"):
            if 'href' in lnk.attrs:
                if (lnk.text.strip() != '') and ('javascript' not in
lnk.attrs['href']):
                    listLink.append(lnk.attrs['href'])
                    listText.append(lnk.text.strip())
        tt=soup.findAll("title")
        print(tt,strURL)
    except:
        print('无效超链接：',strURL)
        listerrLink.append(strURL)

# 初始化
deep=1 #爬取深度，0 表示只爬取主页
doctitle='***大学门户网站主题爬虫分析报告'
url='http://www.***.edu.cn'

data = xlrd.open_workbook('./sys_Keywords.xls')
sheet=data.sheets()[0]
#当 keyRow=0 时，获取 sys_Keywords.xls 中的 A 列内容，当 keyRow=1 时，获取 B 列内容
keysRow=1
listKeywords=sheet.col_values(keysRow) #关键词

ua_list = ["Mozilla/5.0 (Macintosh; Intel Mac OS X 10.6; rv2.0.1) Gecko/20100101
Firefox/4.0.1","Mozilla/5.0 (Windows NT 6.1; rv2.0.1) Gecko/20100101
Firefox/4.0.1","Opera/9.80 (Macintosh; Intel Mac OS X 10.6.8; U; en) Presto/2.8.131
Version/11.11","Opera/9.80 (Windows NT 6.1; U; en) Presto/2.8.131
Version/11.11","Mozilla/5.0 (Macintosh; Intel Mac OS X 10_7_0) AppleWebKit/535.11
(KHTML, like Gecko) Chrome/17.0.963.56 Safari/535.11"]
useragent = random.choice(ua_list)
http_headers = {
    'User-Agent':useragent,
    'Accept': 'text/html'
}

font_size2=Pt(22) #二号
font_size3=Pt(16) #三号
font_size4=Pt(12) #小四号
font_size5=Pt(9)  #小五号

doc = Document()
doc.styles['Normal'].font.name = u'宋体'
doc.styles['Normal'].font.size = font_size4 #三号
doc.styles['Normal']._element.rPr.rFonts.set(qn('w:eastAsia'), u'宋体')

p = doc.add_paragraph('')# 这里不填标题内容
p.alignment = WD_ALIGN_PARAGRAPH.CENTER
run  = p.add_run(doctitle)
run.font.bold = True # 设置字体加粗
run.font.size = font_size2

p = doc.add_paragraph('')# 这里不填标题内容
p.alignment = WD_ALIGN_PARAGRAPH.CENTER

run  = p.add_run(f'（爬取深度：{deep}）')
run.font.size = font_size4

strKeywords=', '.join(listKeywords)
p = doc.add_paragraph('')
run  = p.add_run(f'关键词：{strKeywords}')
```

```
    run.font.size = font_size4
    run.italic = True

    # 开始
    print('开始')
    starttime = datetime.datetime.now()

    listLink=[]
    listText=[]

    listLink_self=[] #站内地址
    listTitle_self=[]

    listerrLink=[]

    listkeyLink=[]
    listKeyin=[]
    listkeyContext=[]
    #爬取网页信息，搜索关键词，获取网页上的超链接
    scrapy(url)

    listerrLink = list(set(listerrLink))

    listLink_self = [(url + lnk) for lnk in listLink if ('http' not in lnk) and
('www' not in lnk) and ('https' not in lnk)]
    listLink_self = list(set(listLink_self))

    #判断有无内部超链接（网站内部导航）
    if len(listLink_self) == 0:
        print('主页没有内部超链接')
    sys.exit(0)

    strText='/'.join(str(txt) for txt in listText)
    p = doc.add_paragraph('')
    run = p.add_run(f'1、网站主页共有{len(listLink)}个超链接，其中内部超链接有
{len(listLink_self)}个。词云通过将文本中出现频率较高的“关键词”予以视觉上的突出，从而过滤掉大量
的文本信息，使浏览者只要一眼扫过“关键词”就可以领略文本的主旨。下图是网站主页词云图：')
    #词云
    strTextcut = jieba.cut(strText, cut_all = False)
    listWord = [word for word in strTextcut]
    strWord=' '.join(listWord)
    wc = WordCloud(
        font_path='./usr/share/fonts/wps-office-fonts/FZSSK.TTF',
        background_color='white',              #背景颜色
        width=576,
        height=300,
        max_font_size=60,                      #最大字体大小为 60pt
        min_font_size=6,                       #最小字体大小为 6pt
        mask=plt.imread('./sys_Heart.jpg'), #背景图片
        max_words=len(listWord)
    )
    wc.generate(strWord) #strWord
    wc.to_file('./imgCloud.png')
    doc.add_picture('./imgCloud.png')

    # 深度页
    for i in range(deep):
        for url in listLink_self:
            scrapy(url)
            listerrLink = list(set(listerrLink))
        #linkself#
        listLink_self = [(url + lnk) for lnk in listLink if ('http' not in lnk) and
```

```
('www' not in lnk) and ('https' not in lnk)]
        listLink_self = list(set(listLink_self))
        #判断有无内部超链接
        if len(listLink_self) == 0:
            print('深度页没有内部超链接')
            continue

    strText='/'.join(str(txt) for txt in listText)
    with open(f'./strText.txt',"w",encoding='UTF-8') as f:
        f.writelines(strText)
        f.close()

    with open(f'./listText.txt',"w",encoding='UTF-8') as f:
        for i,tt in enumerate(listText):
            f.writelines('【'+tt +'】'+ listLink[i]+'\n')
        f.close()

    with open(f'./listTitle_self.txt',"w",encoding='UTF-8') as f:
        for tt in listTitle_self:
            f.writelines(tt +'\n')
        f.close()

    p = doc.add_paragraph('')
    run = p.add_run('2、无效超链接属于 Web 应用安全常见漏洞。存在无效超链接，也将损伤网站的整体
形象。以下是网站中出现的无效超链接地址：')
    if len(listerrLink) == 0:
        run = p.add_run('\n 无')
    else:
        ##table
        table = doc.add_table(rows=1, cols=2)
        #设定表格格式
        table.style ='Table Grid'
        hdr_cells = table.rows[0].cells
        hdr_cells[0].paragraphs[0].add_run('序号').bold = True
        hdr_cells[1].paragraphs[0].add_run('地址').bold = True
        hdr_cells[0].paragraphs[0].alignment = WD_PARAGRAPH_ALIGNMENT.CENTER #居中
        hdr_cells[1].paragraphs[0].alignment = WD_PARAGRAPH_ALIGNMENT.CENTER #居中
        for ii,lnk in enumerate(listerrLink):
            row_cells = table.add_row().cells
            row_cells[0].text = str(ii+1)
            row_cells[1].text = lnk
            #改变表格字体大小
            table_font()

    p = doc.add_paragraph('') #2020-12-15
    run = p.add_run(f'3、主题爬虫也被称为聚焦爬虫（舆情监测是主题爬虫应用场景之一），主要用于采
集与某些预先设定好的主题相关的 Web 页面。以下是网站中出现的关键词及地址：')

    if len(listkeyLink) == 0:
        run = p.add_run('\n 无')
    else:
        color_list = ['#00429d','#7f40a2','#a653a1','#c76a9f','#e4849c']
        key_top = Counter(listKeyin).most_common()
        key_count=[]
        key_name=[]
        key_color=[]
        x=[]
        counter=0
        iii=0
        for ii in range(0,len(key_top)):
            # key_name.append(key_top[ii][0])
            key_name_pin = ' '.join(lazy_pinyin(key_top[ii][0]))
```

```
        key_name.append(key_name_pin)  #2025.01.11

        if counter != key_top[ii][1] and counter > 0:
            iii+=1
        key_color.append(color_list[iii % len(color_list)])
        counter=key_top[ii][1]
        key_count.append(counter)
        x.append(ii)
    fig,axes = plt.subplots()

    ###解决汉字标题
    from matplotlib.font_manager import FontProperties
    # 指定字体文件路径
    font_path = 'simhei.ttf'
    # 创建 FontProperties 对象，并加载字体
    font = FontProperties(fname=font_path)
    ###

    plt.rcParams['font.sans-serif']=['SimHei']
    plt.rcParams['axes.unicode_minus'] = False

    # plt.xticks(rotation=45) #2025.01.11
    plt.xlabel('词汇', fontproperties=font)
    plt.ylabel('出现次数', fontproperties=font)
    patches = axes.bar(x,key_count,tick_label=key_name,color=key_color)
    # 给条形图添加数据标注
    for y, x in enumerate(key_count):
        axes.text(y+0.03, x-0.08, "%s" %x)
    #删除所有边框
    axes.spines['right'].set_visible(False)
    axes.spines['top'].set_visible(False)

    plt.savefig('./imgBar.png')
    doc.add_picture('./imgBar.png')
    ##table
    table = doc.add_table(rows=1, cols=3)
    #设定表格格式
    table.style ='Table Grid'
    hdr_cells = table.rows[0].cells
    hdr_cells[0].paragraphs[0].add_run('关键词').bold = True
    hdr_cells[1].paragraphs[0].add_run('上下文').bold = True
    hdr_cells[2].paragraphs[0].add_run('地址').bold = True
    hdr_cells[0].paragraphs[0].alignment = WD_PARAGRAPH_ALIGNMENT.CENTER #居中
    hdr_cells[1].paragraphs[0].alignment = WD_PARAGRAPH_ALIGNMENT.CENTER #居中
    hdr_cells[2].paragraphs[0].alignment = WD_PARAGRAPH_ALIGNMENT.CENTER #居中
    for ii,lnk in enumerate(listkeyLink):
        row_cells = table.add_row().cells
        row_cells[0].text = listKeyin[ii]
        row_cells[1].text = listkeyContext[ii]
        row_cells[2].text = lnk
    #改变表格字体大小
    table_font()

doc.save(doctitle + '.docx')
endtime = datetime.datetime.now()
print(u'结束! 所用时间: %s 秒'%(endtime-starttime).seconds)
```

3. 运行结果

打开终端（快捷键为 Ctrl + Alt + T），执行以下命令，命令执行结束后，在项目代码所在

目录下创建“***大学门户网站主题爬虫分析报告.docx”文档，其内容如图 8-2 所示。

```
$ python3 yuQing.py
开始
[<title>***大学</title>] http://www.***.edu.cn
无效超链接： http://www.***.edu.cnxxgk/xrld/index.htm
...
[<title>*大学</title>] http://www.*.edu.cn#
无效超链接： http://www.*.edu.cnxwdt/5458.htm
[2025-02-21 07:56:39.088] unknown:0 - QSocketNotifier: Can only be used with threads started with QThread
findfont: Font family ['sans-serif'] not found. Falling back to DejaVu Sans.
findfont: Generic family 'sans-serif' not found because none of the following families were found: SimHei
结束！所用时间：12 秒
```

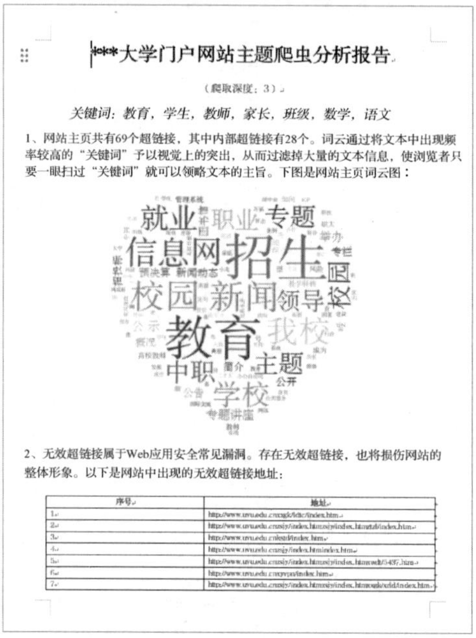

***大学门户网站主题爬虫分析报告

（爬取深度：3）

关键词：教育，学生，教师，家长，班级，数学，语文

1、网站主页共有69个超链接，其中内部超链接有28个。词云通过将文本中出现频率较高的“关键词”予以视觉上的突出，从而过滤掉大量的文本信息，使浏览者只要一眼扫过“关键词”就可以领略文本的主旨。下图是网站主页词云图：

2、无效超链接属于Web应用安全常见漏洞。存在无效超链接，也将损伤网站的整体形象。以下是网站中出现的无效超链接地址：

序号	地址
1	http://www.uvu.edu.cnxxgk/ldtc/index.htm
2	http://www.uvu.edu.cnzsjy/index.htmzsjy/index.htmztzl/index.htm
3	http://www.uvu.edu.cnlestd/index.htm
4	http://www.uvu.edu.cnzsjy/index.htmindex.htm
5	http://www.uvu.edu.cnzsjy/index.htmzsjy/index.htmxwdt/5437.htm
6	http://www.uvu.edu.cnxyvpn/index.htm
7	http://www.uvu.edu.cnzsjy/index.htmzsjy/index.htmxxgk/xrld/index.htm

图 8-2　网站主题爬虫分析报告

4. 代码解释

以下是对上述代码的解释。

1）导入库

```
import requests
from bs4 import BeautifulSoup
from docx import Document
from docx.oxml.ns import qn
from docx.shared import Pt
from docx.enum.text import WD_ALIGN_PARAGRAPH
from docx.enum.text import WD_PARAGRAPH_ALIGNMENT
from pypinyin import lazy_pinyin, Style
import jieba
from wordcloud import WordCloud
from collections import Counter
import matplotlib.pyplot as plt
import sys
import datetime
```

```
import xlrd
import random
```

- requests：用于发送 HTTP 请求，获取网页内容。
- BeautifulSoup：用于解析 HTML 或 XML 文档，提取数据。
- docx：用于创建和编辑 Word 文档。从 docx 导入的 Document 用于创建和操作 Word 文档；从 docx.oxml.ns 导入的 qn 用于解决非拉丁字符（如中文）的字体显示问题；从 docx.shared 导入的 Pt 用于设置字体大小、行距等尺寸相关属性；从 docx.enum.text 导入的 WD_ALIGN_PARAGRAPH 和 WD_PARAGRAPH_ALIGNMENT 用于设置段落对齐方式（标题居中、正文两端对齐），功能完全相同。
- pypinyin：用于将汉字转换为拼音。从 pypinyin 导入的 lazy_pinyin 用于将汉字字符串转换为对应的拼音列表（懒加载模式，不包含声调数字），Style 用于定义拼音转换的输出风格（如是否带声调、首字母是否大写等）。
- jieba：用于中文分词。
- WordCloud：用于生成词云图。
- Counter：用于统计词频。
- matplotlib.pyplot：用于绘制图表。
- sys：用于系统环境的访问。
- datetime：用于实现日期、时间、时间间隔等操作。
- xlrd：用于读取 Excel 文件。
- random：用于随机选择用户代理（User-Agent）。

2）定义函数

- table_font()：设置表格中的字体大小。
- num_to_str(arg)：将数字转换为汉字。
- scrapy(strURL)：爬取指定 URL 的网页内容，查找关键词，并提取超链接。

3）初始化

```
deep = 1  # 爬取深度，0 表示只爬取主页
doctitle = '***大学门户网站主题爬虫分析报告'
url = 'http://www.***.edu.cn'
```

- deep：爬取深度，0 表示只爬取主页，1 表示爬取主页及其链接的页面。
- doctitle：生成的 Word 文档的标题。
- url：目标网站的 URL。

4）读取关键词

```
data = xlrd.open_workbook('./sys_Keywords.xls')
sheet = data.sheets()[0]
keysRow=1
listKeywords = sheet.col_values(keysRow)
```

以上代码用于从 Excel 文件中读取关键词列表。

5）设置 HTTP 请求头

```
ua_list = ["Mozilla/5.0 (Macintosh; Intel Mac OS X 10.6; rv2.0.1) Gecko/20100101 Firefox/4.0.1", ...]
useragent = random.choice(ua_list)
http_headers = {
```

```
    'User-Agent': useragent,
    'Accept': 'text/html'
}
```

以上代码用于选择一个用户代理（User-Agent）来模拟浏览器请求。

6）创建 Word 文档

```
doc = Document()
doc.styles['Normal'].font.name = u'宋体'
doc.styles['Normal'].font.size = font_size4
doc.styles['Normal']._element.rPr.rFonts.set(qn('w:eastAsia'), u'宋体')
```

以上代码用于创建一个 Word 文档，并设置默认字体为宋体。

7）爬取网页内容

```
scrapy(url)
```

以上代码用于调用 scrapy 函数爬取指定 URL 的网页内容，查找关键词，并提取超链接。

8）生成词云图

```
strTextcut = jieba.cut(strText, cut_all=False)
listWord = [word for word in strTextcut]
strWord = ' '.join(listWord)
wc = WordCloud(font_path='./usr/share/fonts/wps-office-fonts/FZSSK.TTF', ...)
wc.generate(strWord)
wc.to_file('./imgCloud.png')
doc.add_picture('./imgCloud.png')
```

以上代码使用 jieba 进行中文分词，生成词云图，并将其插入 Word 文档。

9）处理无效超链接

```
if len(listerrLink) == 0:
    run = p.add_run('\n 无')
else:
    table = doc.add_table(rows=1, cols=2)
    ...
```

如果存在无效超链接，则将其添加到 Word 文档的表格中。

10）生成关键词统计图

```
key_top = Counter(listKeyin).most_common()
...
plt.savefig('./imgBar.png')
doc.add_picture('./imgBar.png')
```

以上代码用于统计关键词出现的频率，生成柱状图，并将其插入 Word 文档。

11）保存 Word 文档

```
doc.save(doctitle + '.docx')
```

以上代码用于保存生成的 Word 文档。

12）输出运行时间

```
endtime = datetime.datetime.now()
print(u'结束! 所用时间: %s 秒' % (endtime - starttime).seconds)
```

以上代码用于输出脚本运行的总时间。

这个脚本的主要功能是从指定网站爬取数据，分析关键词，生成词云图和关键词统计图，并将结果保存到 Word 文档中。它适用于舆情监测、网站内容分析等场景。